古典文獻研究輯刊

三五編

潘美月・杜潔祥 主編

第 **8** 冊

詩經世本古義

（第四冊）

陳 開 林 校證

國家圖書館出版品預行編目資料

詩經世本古義（第四冊）／陳開林 校證 -- 初版 -- 新北市：
花木蘭文化事業有限公司，2022〔民 111〕
目 2+244 面；19×26 公分
（古典文獻研究輯刊 三五編；第 8 冊）
ISBN 978-626-344-110-1（精裝）
1.CST：詩經 2.CST：研究考訂
011.08　　　　　　　　　　　　　　　　　111010303

ISBN-978-626-344-110-1

9 786263 441101

古典文獻研究輯刊
三五編 第 八 冊　　　　　ISBN：978-626-344-110-1

詩經世本古義（第四冊）

作　　者　陳開林 校證
主　　編　潘美月、杜潔祥
總 編 輯　杜潔祥
副總編輯　楊嘉樂
編輯主任　許郁翎
編　　輯　張雅淋、潘玟靜、劉子瑄　美術編輯　陳逸婷
出　　版　花木蘭文化事業有限公司
發 行 人　高小娟
聯絡地址　235 新北市中和區中安街七二號十三樓
　　　　　電話：02-2923-1455／傳真：02-2923-1452
網　　址　http://www.huamulan.tw 信箱 service@huamulans.com
印　　刷　普羅文化出版廣告事業
初　　版　2022 年 9 月
定　　價　三五編 39 冊（精裝）新台幣 98,000 元　　版權所有・請勿翻印

詩經世本古義
（第四冊）

陳開林　校證

目次

詩經世本古義卷之十一

閩儒何楷玄子氏學

周康王之世詩五篇

何氏小引

《采菽》，康王即位，召公、畢公為東、西二伯，率諸侯來朝，王錫命之。

《昊天有成命》，祀成王之詩，道成王之德也。成王，能明文昭、能定武烈者也。

《下武》，康王祭成王廟，受釐陳戒之詩。

《噫嘻》，康王春祈穀也。既得卜於禰廟，因戒農官。

《甘棠》，思召公也。

采菽

《采菽》，康王即位，召公、畢公為東、西二伯，率諸侯來朝，王錫命之。《書·康王之誥》篇云：「王出在應門之內，太保率西方諸侯入應門左，畢公率東方諸侯入應門右。」此詩第四章有「平平左右」，亦是率從之語，故知為朝康王詩也。《樂記》云：「武王克商，分周公左、召公右。」班固云：「自陝以東，周公主之。自陝以西，召公主之。」王肅云：「畢公代周公為東伯。」孔穎達云：「二公率領諸侯，知其為二伯各率其所掌諸侯，《曲禮》所謂『職方』者，此之義也。」又按：《儀禮·覲禮》篇云：「天子袞冕，負斧依。

侯氏入門右，坐奠圭，再拜稽首。擯者謁。侯氏坐，取圭，升致命，王受之玉，侯氏降，階東北面，再拜稽首。擯者延之，曰升。升成拜，乃出。四享，皆束帛加璧，庭實惟國所有。」及事畢，「天子賜侯氏以車服，迎於外門外，再拜。重賜無數。」今據《康王之誥》篇所載「諸侯布乘黃朱，賓稱奉圭兼幣，曰：『一二臣衛，敢執壤奠。』皆再拜稽首」，則所謂圭幣庭實之獻固有之矣。而天子之賜，泯焉無聞，深屬可疑。此詩言「何錫予之」、「路車乘馬」、「玄袞及黼」，則正賜以車服之禮，謂《詩》足補《書》之闕可也。又，《覲禮》：事畢，賜車服之時，「諸公奉篋服，加命書於其上，升自西階，東面，大史是右。侯氏升，西面立，大史述命。侯氏降西〔註1〕階之間，北面，再拜稽首。升成拜，大史加書於服上，侯氏受。」是詩言「天子命之」，則正其事也。其第四章「殿天子之邦」云云，是命中語，而《康王之誥》篇記王報誥庶邦侯甸男衛之辭，有曰「乃命建侯樹屏，在我後之人。雖爾身在外，乃心罔不在王室」，則亦於殿邦之旨深有合焉。愚所以定為康王之詩者以此。《孔叢子》載孔子曰：「於《采菽》見古之明王所以敬諸侯也。」

采菽《左傳》、《國語》、陸德明本、《子貢傳》、《申培說》俱作「叔」。豐氏本作「尗」。采菽，筥豐本作「匚」。之筥語韻。之。君子來朝，音潮。後同。何錫予語韻。《白虎通》作「與」。後同。之。雖無予之，路車乘馬。叶虁韻，滿補翻。又何《白虎通》「何」下有「以」字。予之，玄袞及黼。虁韻。○興也。「采」，《說文》云：「捋取也。」「菽」，大豆也。又，羅願云：「菽者，眾豆之總名，其類最多，故九穀之中居其二，於用甚多。羞籩之實，餭餌粉餈，皆搗粉熬大豆以為表也。又以為豉，又以為粥。」「筐」、「筥」，解見《采蘋》篇。陳祥道云：「聘禮：君使卿歸饔餼，賓與上介，皆米百筥，筥半斛。夫人使大夫歸饔餼，賓上介，米八筐；士介，六筐；筐五斛。夫百筥以多為榮，而所實少。八筐、六筐以少為貴，而所實多。則筐大而筥小矣。於文，筐正而筥圍之，則筐方而筥員矣。」詩意以菽興車馬衣服，采菽而貯以筐筥，將以待不時之需。諸侯來朝，有錫予之禮，而可不亟儲其具乎？「君子」，謂五等之諸侯也。後同。凡諸侯見於天子曰朝。此則因康王初即位而來朝也。「錫」，通作「賜」，《說文》云：「予也。」「予」，《說文》云：「推予也。」字象上下相予之形。愚按：予字乃以上與下之義，觀字形下引可見。「何錫予之」，

〔註1〕「西」，四庫本同，《儀禮·覲禮》作「兩」。

心口相問之辭，言將賜何物以予之乎。旋即自計曰：雖無他可以予之，然如下文車馬之賜，不可闕也。「路」，即《周禮》「五路」之「路」。杜預謂「行於道路，故以路名」。鄭玄云：「王在焉曰路。」賈公彥云：「謂若路門、路寢、路車、路馬皆稱路，故廣言之。」鄧元錫云：「《周禮》車直名路，於路切也。五路惟玉路不以賜，其餘金路以封同姓，象路以封異姓，革路以封四衛，木路以封蕃國。四馬為乘，乘馬所以駕路車者。」按：《韓奕》之詩曰：「其贈維何？乘馬路車。」即諸侯來朝而錫予之事也。「又何予之」，言車馬之外於禮，又當有所予也。「玄袞」，鄭云：「玄衣而畫以卷龍也。凡冕服皆玄衣纁裳。」按：古者天子服十二章。《虞書》「舜曰：『予欲觀古人之象，日、月、星、辰、山、龍、華蟲、作會、宗彝、藻、火、粉米、黼、黻、絺繡』」是也。繪繡各六，衣用繪，裳用繡，共為十二象，天數也。公則自山而下，以次遞減。故《皋陶謨》曰「五服五章哉」。鄭《注》以為「十二也，九也，七也，五也，三也」，是其遞減之數，理或然也。至周以日、月、星、辰畫於旌旗，為大常服，止九章，而稍變其序。登龍於山，登火於宗彝，尊其神明也。九章，初一曰龍，次二曰山，三華蟲，四火，五宗彝，六藻，七粉米，八黼，九黻。龍取其變，山取其鎮，華蟲取其文，火取其明，宗彝取其孝，藻取其潔，粉米取其養，黼取其斷，黻取其別。公之服與王同，衣五章，自龍至宗彝；裳四章，自藻至黼。侯伯則衣三章，自華蟲至宗彝；裳四章，與公同。凡七。子男亦衣三章，起宗彝而升藻粉米於衣，其裳止黼黻二章耳。凡五。以上衣皆用繪，裳皆用繡，降是，孤衣止一章，刺粉米，無畫。裳二章，同子男。凡三。又降是卿大夫衣，無文，裳刺黻而已。蓋鄭康成說如此。鄭所以云然者，以《周禮》推之。《周禮·司服》職云：「王祀昊天上帝，則服大裘而冕，祀五帝亦如之。享先王則袞冕，享先公、饗、射則鷩冕，祀四望山川則毳冕，祭社稷五祀則希冕，祭群小祀則玄冕。凡兵事，韋弁服。眡朝，則皮弁服。凡甸，冠弁服。凡凶事，服弁服。凡弔事，弁絰服。公之服，自袞冕而下如王之服；侯伯之服，自鷩冕而下如公之服；子男之服，自毳冕而下如侯伯之服；孤之服，自希冕而下如子男之服；卿大夫之服，自玄冕而下如孤之服；士之服，自皮弁而下如大夫之服。」配冕之服五，通大裘而六，配弁之服則止於五。大裘之制未詳。《司裘》職云：「掌為大裘，以共王祀天之服。」鄭司農以為「黑羔裘」也，服以祀天，示質也。然《郊特牲》云：「祭之日，王被袞以象天。」若與

《周禮》不同者。《家語》云：「郊之日，天子大裘以黼之，被裘象天。既至泰壇，王脫裘矣，服袞以臨燔柴。」據此《家語》之說，最為明白。曰「大裘以黼之」者，言先服大裘而後服黼衣。黼衣即袞衣也。若《玉藻》所謂「被袞象天」，則謂以大裘被於袞之上，正指大裘也。及燔柴之時，始去大裘而露其袞。若宗廟之祭，則惟用袞而已。羔裘色玄，與天同色，故曰象天。必取裘者，袞外服裘，猶裳有黻，示不忘古。不然，則如祭群小祀之，玄衣足矣。固知古人制禮，自有深意。公自袞以下，皆如王服，惟不敢服大裘，以此為異。故《玉藻》云：「唯君有黼裘以誓省，大裘非古也。」白黑謂黼，謂狐白與黑羔合為黼文，惟諸侯得服之，以誓眾田獵。其後皆僭用天子之大裘矣。故議之云非古也。「袞」，鄭玄云：「卷龍衣也。」孔云：「袞之言卷也，謂龍首卷然。《玉藻》曰：『龍卷以祭。』知為龍首卷也。《說文》云：『天子享先王，卷龍繡於下幅，一龍蟠阿上向。』」按：龍本衣之章。而《說文》謂「繡於下幅」，似未為允。此四字當是指裳言。「一龍蟠阿上向」，乃是正解袞義。「阿」，曲也，謂龍蟠曲之狀。其首上向，即卷意也。又，《王制》云：「三公一命卷，若有加，則賜也。不過九命。」考《周禮》云：「三公八命，其出封，加一等。」然則所謂「一命卷」者，謂進八命，而九命始服卷龍耳。但王服卷，公亦服卷；王九章，公亦九章。將何所別，終不能無疑。按：《白虎通》引《傳》曰：「天子升龍，諸侯降龍。」賈公彥以為據衣服而言。鄭玄注《覲禮》，謂「上公袞，無升龍」，蓋本於此。此其說可信。天子之龍蟠阿上向，故名為卷，此即升龍也。袞字從衣從公，可知袞但為上公之服，必與天子有異。卷、袞同是畫龍，而升降有別。以聲音相鄰，傳訛遂混。其實天子之服當名卷，上公之服則名袞也。請以俟知者。自袞以下，皆名褘衣。《禮記・曾子問》云：「諸侯褘冕。」《覲禮》：「侯氏褘冕。」鄭玄謂「褘之言埤也。天子大裘為上，其餘為褘也。」所以知侯伯之章始於華蟲者，以侯伯服鷩冕。鷩者，赤雉也。雉又名華蟲，以其有文采，故稱華。以其頸毛及尾似蛇，兼有細毛似獸，故以蟲名。《考工記》謂之鳥獸蛇，言鳥之似獸似蛇者，即雉也。侯伯服以鷩冕，故知始華蟲也。所以知子男之章始於宗彝者，以子男服毳冕。獸之細毛名毳。鄭玄以毳畫虎蜼，謂宗彝也。宗彝者，宗廟彝尊之飾。彝與爵相似。《周禮》六彝，有雞彝、鳥彝、斝彝、黃彝、虎彝、蜼彝。其序以遠代者在後，如六尊之次，曰犧、象、著、壺、大、山。大者，虞氏之尊也。山者，夏后之尊也。《明堂位》云：「夏

后氏雞彝，殷以斝，周以黃、鳥。」彝序在雞、斝之間，知必皆三代之彝。而宗彝之會於衣，自舜已有之，其非三代之彝可知。故鄭斷其為虎蜼。蜼形如母猴，與虎皆淺毛細毳，又與《周禮》毳冕之義合也。子男服以毳冕，故知始宗彝也。所以知孤繡粉米者，以孤服希冕。希與絺同，本作黹，《說文》云：「箴縷所紩衣也。」紩者，縫也，即刺繡也。章在裳者刺繡，其在衣者繪畫而已。今升粉米於衣，粉米不可畫之物，雖在衣，亦刺之不變，故得希名。粉米而下，唯有黼、黻二章。乃在裳者，故知孤章始粉米也。孔又謂以此推毳冕之粉米，當亦刺之也。卿大夫知衣無文者，以卿大夫服玄冕。祭服衣本是玄，今但言玄，知其無文。又自九章而下，降殺以兩，至此當得一章，則所餘者惟黻而已，故知但裳刺黻也。《易》云：「黃帝、堯、舜垂衣裳而天下治，蓋取諸乾坤。」衣法天，故章數奇；裳法地，故章數偶。七章以下，其數漸少，則裳上之章亦漸勝於衣也。所以知凡冕服皆玄衣纁裳者，亦以衣法天，天色玄；裳法地，地色黃。但土無正位，託於南方。火色赤，與黃相兼，即纁色也。凡此皆鄭、孔諸儒以意推之，而著其說如此。雖未足盡信，然亦彷彿近之。今據此詩「玄袞」，明上公之衣亦玄色。《周禮》言玄冕，謂衣之無文者，其本色是玄，然則凡冕服之皆玄衣，其說確矣。鄭又知登龍於山者，若如舜時山在龍上，則袞冕不為最尊，故知登龍於山也。知登火於宗彝者，若不登火則五章之服自藻而下不得稱為毳冕，故知當登火，以間於華蟲之下、宗彝之上也。然宗彝之下有藻、火兩章，知不登藻而登火者，以火有光明之盛。《春秋傳》云：「火龍黼黻。」《禮記》：「殷火，周龍章。」是火貴於藻，故知登火不登藻也。備錄於此。或疑自古衣裳十二章，周道尚文，不應遂簡其三。按：《左傳》：「子大叔曰：『為九文、六采、五章，以奉五色。』」所謂九文，即九章也。九文之說，自《左傳》已著之，其非漢儒臆揣明甚。又，「臧哀伯曰：『三辰旂旗，昭其明也。』」是又漢儒所云「日、月、星、辰畫於旌旗」之證也。或又舉《郊特牲》云「祭之日，王被袞以象天，戴冕，璪十有二旒，則天數也」，謂袞備十二章，所以象天，以此破九章之說。豈知被袞、戴冕，原分二事。大裘色玄，被於袞上，象天之色。冕璪十有二旒，法天之數。何相涉之有？又按：五服雖異，而冕則一。《周禮·弁師》職云：「掌王之五冕，皆玄冕，朱裏，延紐，五采繅十有二就，皆五采玉十有二，玉笄，朱紘。諸侯之繅斿九就，璪玉三采，其餘如王之事。」又云：「諸侯及孤卿大夫之冕，各以其等為

之。」《注》謂：「『諸侯之繅斿九就』，『侯』當為『公』之誤也。」斿，即旒也。天子前後十二旒。諸公九命，故九旒。侯伯七命，七旒。子男五命，五旒。王之三公八命，其卿六命，其大夫四命，公之孤四命，其大夫再命，子男之卿再命，其大夫一命，凡旒數各視其命數為差。鄭又謂「一命之大夫，冕而無旒」，未知然否。自天子之下皆以一冕冠數服，服之章極於九，從九而遞殺；冕之旒極於十二，從十二而遞殺。各不相同。士則無冕。黼有二義。《考工記》、《說文》皆謂「白與黑相次謂之黼」。舊說又謂「黼作斧形」。《周禮注疏》云：「斧之謂黼。」蓋半白半黑，似斧，刃白而身黑。又云：「近刃白，近上黑，取斷割焉。」公衣五章，裳四章，而衣以袞為首。子男衣三章，裳二章，而裳以黼為首。此言「玄袞及黼」者，舉公及子男以該侯伯也。又，詩若概舉九章，當始於袞，終於黻。《古爾雅》訓袞為黻，黻者，袞之盡也。此不言黻者，以卿大夫止有裳一章。刺黻無黼，故但言黼，以別於卿大夫，明此所錫予者止於來朝之諸侯，不為卿大夫設也。凡此皆先王待諸侯之常制。是時諸侯尚未來朝，而王者已預為之儲俱如此。《國語》：「秦穆公燕公子重耳，賦《采菽》，子餘使公子降拜。秦伯降辭。子餘曰：『公以天子之命服命重耳，重耳敢有安志？敢不降拜？』」《左·昭十七年》：「小邾穆公來朝，公與之宴，季平子賦《采菽》，穆公賦《菁菁者莪》。昭子曰：『不有以國，其能久乎？』」秦穆公、季平子皆僭歌天子之詩，以自誇大，其失禮均矣。〇觱《說文》作「畢」。豐本作「潷」。沸檻《說文》作「濫」。泉，言采其芹。文韻。亦叶微韻，渠希翻。羅願云：「芹，今蘄多有之。蘄之為蘄，以有芹也。蘄即芹，亦有祈音。」**君子來朝，言觀其斿。**微韻。亦叶文韻，巨斤翻。**其斿淠淠，**霽韻。**鸞**豐本作「鑾」。**聲嘒嘒。**霽韻。**載驂載駟，**實韻。**君子所屆。**叶實韻，居吏翻。亦叶霽韻，居例翻。《晏子春秋》作「誡」。〇興也。「觱」字本作「觱」，羌人所吹以驚馬也。此狀水噴出之貌，與觱發同意。「沸」，《說文》云：「水騰湧也。」「檻泉」，《爾雅》云：「正出。」「正出」者，湧出也。李巡云：「水泉從下上出曰湧泉。」愚按：「檻」，當依《說文》作「濫」，云：「汜也。」「芹」，《爾雅》、《說文》皆云：「楚葵也。」陸佃云：「水菜也。一名水英。潔白而有節，其氣芬芳。」羅云：「二月三月作英時，可作菹。及熟，爁食之。葉似芎藭，花白色而無實，根赤白色。《周禮·醯人》加豆之實用水艸，則有芹菹深蒲。」《本草注》云：「芹有兩種。荻芹取根，白色。赤芹取莖，葉並堪作菹及

生菜。」詩意以檻泉自下上出興君子自下國而朝於王朝,檻泉之旁有芹可採興君子之來朝亦有儀從可觀也。「旟」,建在車上,解見《庭燎》篇。「浂浂」,毛云:「動也。」字從水,如水之動也。「鸞」,解見《蓼蕭》、《采芑》篇。「嘒」,《說文》云:「小聲也。」王安石云:「言其聲之細,則無敢馳驅故也。」車行在道,旟不一其動,鸞不一其聲,故連言之。「載」,則也。驂有三義。《禮記》注「外驂曰驂」,謂「服外兩馬」。《詩》「騑驪是驂」是也。《說文》謂「駕三馬」。王肅云「夏駕兩謂之麗,殷益一騑謂之驂,周又益一騑謂之駟」是也。此以驂、駟並言,四馬為駟,則兩服兩騑兼舉之,不應重言兩騑,當是驂乘之驂。顏師古云:「乘車之法,尊者居左,御者居中,又一人處右,以備傾側。是以戎車則曰居右,餘曰驂乘。驂者,三也,蓋取三人為義。」「屆」,《說文》云:「極也。」徐鍇云:「極即至也。」見旟聞鸞,漸來漸近,至此而見其車上之人,又見其駕車之馬,則君子於是至矣。又,《晏子春秋》云:「翟王子羨臣於景公,以重駕,公觀之而不說也。嬖人嬰子說之,因為之請,曰:『厚祿之。』公許諾。晏子曰:『《詩》曰:載驂載駟,君子所屆。夫駕八,固非制也。今又重,此其為非制也。不滋甚乎!田獵則不便,道行致遠則不可,然而用馬數倍,此非御下之道也。淫於耳目,不當民務,此聖王之所禁也。』」○赤芾《白虎通》作「紱」。豐本作「市」。在股,㘱韻。邪幅在下。叶㘱韻,後五翻。彼《荀子》作「匪」。交匪《韓詩外傳》作「庶」。紓,叶語韻,神與翻。天子所予。語韻。樂音雒。後同。只君子,天子命叶真韻,眉辛翻。之。樂只君子,福祿申真韻。之。賦也。「赤芾」,解見《侯人》、《車攻》、《采芑》、《素冠》諸篇。「芾」,本作「市」,通作「韍」。毛《傳》云:「諸侯赤芾。」鄭玄云:「冕服謂之芾,其他服謂之韠。」孔云:「士之有爵弁,猶大夫以上有冕也。士有韎韐,猶大夫以上有芾也。《士冠禮》:『陳服於房中,爵升,韎韐,皮弁,素韠,玄端,爵韠。』《祭記》謂『士弁而祭於公』,即爵弁也。士服爵弁,以韎韐配之,則服冕者以芾配之。故知冕服謂之芾。士服皮弁、玄端,皆服韠,是他服謂之韠。以冕為主,非冕謂之他也。韍、韠俱是蔽膝之象,其制則同,但尊祭服,異其名耳。」愚按:芾、韍通稱。《說文》解韍為韠,解韠為韍。隨便言之,必以祭服名芾,則《采芑》乃大閱之禮,《車攻》乃大田之禮,何以云朱芾、赤芾乎?「股」,《說文》云:「髀也。」鄭云:「脛本曰股。」「邪」,通作「衺」,不正之謂。「幅」,即《左傳》「帶裳

幅舄」之「幅」。毛云：「偪也，所以自偪束也。」鄭云：「如今行縢也。偪束
其脛，自足至膝，故曰在下。」孔云：「邪纏於足，謂之邪幅。」劉熙云：「言
以裏腳，可以跳騰輕便也。」按：《內則》「子事父母有偪」即此。或云：今之
布襪，是邪幅之遺制。此兩句紀諸侯入朝之禮。芾為膝衛，謹拜跪也。幅以束
脛，利趨蹌也。「彼」，彼諸侯也。「交」，謂上交於天子。「匪」，通作「非」。
「紓」，毛《傳》、《說文》皆云：「緩也。」新君嗣位，相率趨朝，不敢紓緩也。
「予」，首章「錫予」之「予」，即車服是也。向所儲以待其來者，而今始可以
予之矣。朱善云：「『彼交匪敖』，則萬福之所求。『彼交匪紓』，則天子之所予。」
鄒忠胤云：「孔子謂於《采菽》見明王所以敬諸侯。夫非獨君敬其臣，亦緣臣
自為敬，則『彼交匪紓』盡之矣。」「樂」，喜好也。「只」，助語詞。「命之」，
謂天子有言以襃勉之，下章「殿天子之邦」等語是也。「申」者，申束堅固之
意。《律曆志》云：「堅於申。」《說文》云：「七月陰氣成，自申束。」此申之
義也。「福祿申之」，有加無已，即下章言「萬福攸同」也。鄭云：「天子賜之
神，則以福祿申重之，所謂人謀鬼謀也。」孔云：「《祭統》曰：『古者明君爵
有德而祿有功，必賜爵祿於太廟，示不敢專也。』則賜或在廟，故神得福之。」
○維柞之枝，其葉蓬蓬。東韻。樂只《左傳》作「旨」。君子，殿天子
之邦。叶東韻，悲工翻。樂只《左傳》作「旨」。君子，萬福《左傳》「萬
福」作「福祿」。攸同。東韻。平平《韓詩》作「便便」。《左傳》作「便蕃」。
左右，亦是率《左傳》作「帥」。從。叶東韻，粗叢翻。○興也。「柞」，解
見《車轄》篇。「蓬」，乃艸之不理者，葉散生，遇風輒拔而旋。今以柞葉之渙
然似之，故曰「蓬蓬」。詩意以柞興朝廷，枝興召、畢二公，葉興東西二方之
諸侯。劉彝云：「柞之所以有枝以衛其株、枝之所以有葉以庇其幹者，皆緣根
本堅固，氣脈盛大俾之然。根本，天子也。枝葉者，諸侯也。氣脈者，朝廷之
寵命也。故葉之蓬蓬者，根本氣脈之所及，反以衛其根株而為之堅固也。」
又，鄭云：「以柞為興者，柞之葉新將生，故乃落於地，喻繼世相承以德。」
亦通。「樂只君子」，殿天子之邦。此天子襃勉之辭，上章所謂「命之」者也。
「殿」，毛云：「鎮也。」孔云：「軍行在後曰殿，取其鎮重之義。」愚按：《說
文》「殿」乃「擊聲」。然古者以屋之高嚴通呼為殿，及軍後名殿，皆不詳其
說。意此「殿」當通作「奠」，奠之為言置也，定也，與「奠高山大川」之「奠」
同意，即「四方無虞，一人以寧」是也。「萬福」，極言其福之盛。「攸同」者，

同於天子，所謂君臣並受其福也。「平平」、「率從」，預期後日之辭。「平平」，依《韓詩》通作「便便」。《史記》「平章」、「平秩」、「平在」之「平」，皆作「便」，蓋以音取之。「便」，《說文》云：「安也。」「便便」，《韓詩》云：「閑雅之貌。」贊辭也。「左右」，指應門左右而言。時東西方諸侯俱分列左右，故云然。「率」，通作「衛」，統領之義。「從」，《說文》云：「隨也。」言繼此以往，凡此嫻習禮儀之諸侯自應門左右而入者，亦如今日之統率而相從，以脩職貢於天子，永永勿替可也。《左·襄十一年》：「晉侯以樂賜魏絳，曰：『子教寡人和諸戎狄，以正諸華。八年之中，九合諸侯，如樂之和，無所不諧，請與子樂之。』辭曰：『夫和戎狄，國之福也，臣何力之有焉？抑臣願君安其樂而思其終也。《詩》曰：樂旨君子，殿天子之邦。樂旨君子，福祿攸同。便蕃左右，亦是帥從。夫樂以安德義以處之，禮以行之，信以守之，仁以厲之，而後可以殿邦國，同福祿，來遠人，所謂樂也。』」○汎汎楊舟，紼纚《爾雅》作「縭」。維支韻。之。樂只君子，天子葵支韻。之。樂只君子，福祿膍支韻。《韓詩》作「肶」。之。優哉游哉，《韓詩外傳》作「游哉優哉」。亦是戾叶支韻，郎之翻。矣。○興也。「汎汎楊舟」，解見《菁莪》篇。「紼」，《說文》云：「亂絲也。」《爾雅》、毛《傳》皆云：「絆也。」孫炎云：「大索也。」蓋以亂絲為大索也。「纚」，當依《爾雅》通作「縭」，《說文》云：「以絲介履也。」《爾雅注》云：「介猶閡也。」孫炎云：「舟止繫之於樹木也。」凡四角繫之為維。《爾雅》：「天子方舟，諸侯維舟。」《注》謂「方舟比船為橋也，維舟連四船也」。楊木之舟浮於水上，汎汎然將逐流而去，舟人以大索掛之於樹，且並其四船而同聯絡之，使不得他適，興諸侯朝事已畢，行當辭歸，而欲致其挽留之意也。「葵」，菜名。詳見《七月》篇。其性向日。曹植云：「若葵藿之傾葉太陽，雖不為回光，然向之者誠也。」《淮南子》云：「聖人之於道，猶葵之與日也。雖不能以終始，其鄉之誠也。」羅云：「夫天有十日，葵與之終始，故葵從癸。」陸佃云：「《左傳》云：『鮑莊子之智不及葵。葵猶能衛其足。』今葵心隨日光所轉，輒低覆其根，故葵，揆也，能揆日向焉。《本艸》曰：『葵為百菜之主。』豈亦以此乎？」「天子葵之」，言天子鑒其忠於王朝，亦如葵之向日，故即以葵擬之也。「膍」，《說文》云：「牛百葉也。」《周禮》「醢人脾析」，即此。「析」者，言其狀分析也。此言福祿之多，不可數紀，亦如牛肚之有百葉然也。葵、膍皆實字活用，見詩人用字之奇。三章言「福祿

申之」，乃屬望其後而期之之辭。此章言「福祿膍之」，則俯鑒其忠而必之之辭。語意自別。「優」，通作「憂〔註2〕」，《說文》云：「行之和也。」水行曰游。「優哉游哉」，從容和緩之貌，欲其不急於行也。一說：萬時華云：「優游，忠愛自然之意。君尊而臣卑者，固有局迫疑畏之形。君弱而臣強者，亦有飛揚跋扈之色。如何說得優游？」亦通。「戾」，「鳶飛戾天」之「戾」，通作「麗」，言附著於此而不去也。蓋錫予之不足而眷留之無已如此。

《采菽》五章，章八句。韋昭但謂「王錫諸侯命服之樂」，而不能知其世。《序》則以為「刺幽王也。侮慢諸侯，諸侯來朝，不能錫命以禮數，徵會之而無信義，君子見微而思古焉」。舊說皆謂此幽王舉火戲諸侯以悅褒姒之事。今按：通篇皆交泰歡悅之辭，絕無幾微諷刺之意，其為盛世詩無疑。況又有《孔叢子》一言可證。據乎《序》之所云，大抵為毛《傳》篇次惑耳。若《申培說》以為「諸侯免喪入朝，天子錫賚之詩」。鄒忠胤駁之，謂：「此不過從《韓奕》篇，竊仿其意。然彼云『韓侯受命』，此云『君子來朝』，語意固自不類。且來朝者豈必終王世告至耶？」其論覈矣。《子貢傳》謂「天子燕諸侯之作」。玩本文，何曾涉燕字一語？朱子謂「天子所以答《魚藻》，則彼言豈樂，此言來朝，絕不相蒙」。皆不足信。

昊天有成命

《昊天有成命》，祀成王之詩，出朱《傳》。道成王之德也。成王，能明文昭、能定武烈者也。出《國語》。○朱子云：「此康王以後之詩。」鄒忠胤云：「《竹書》紀康王三年，吉禘於先王，更定樂章。此類是已。」此詩為頌成，雖微《國語》，亦自曉然，而證之《國語》尤信。黃佐云：「此為祀成王之頌。《大雅·下武》篇為此頌受釐之雅，其為一時之樂無疑也。」按：《穆天子傳》：「祭公飲天子酒，乃歌《閟天》之詩。」舊注謂《閟天》即《昊天》也。篇中有「成王不敢康」之語，疑祭公以此規諫也。

昊《穆天子傳》作「閟」。天有成命，二后受之。成王不敢康，夙夜基《禮記》、陸德明本俱作「其」。命宥密。賈誼《新書》作「謐」。於音烏。《國語》無此字。緝熙，單《國語》作「亶」。厥心，肆其靖之。通章俱

〔註2〕按：前文多處提到「優」，通作「優」，《說文》云：「行之和也。」則此處當作「優」。

無韻。○賦也。「昊」，本作「昦」。孔安國云：「元氣昊然廣大也。」「成命」，季本云：「謂不易之定命也。」「二后」，毛公、賈誼皆云：「文、武也。」「受」，《說文》云：「相付也。」徐鍇云：「取上下相受也。」成王，名誦。「康」，《爾雅》云：「安也。」「夙夜」，謂朝夕也。「基」者，朱子云：「積累乎下以承藉乎上者也。」「命」，即「有成命」之「命」。陸化熙云：「德立於此，命承於彼，如有憑藉者然，故曰『基命』。」「宥」，《說文》云：「寬也。」「密」，當依《新書》作「謐〔註3〕」。《說文》云：「靜語也。」一曰無聲也。萬時華云：「繼世之君，多以成命可徼，於是心安逸豫，無以為承藉天命之基，如築室者基址不固，雖棟宇巍然，已有土崩之勢矣。成王以不敢康為心，故其所以基命於夙夜者，如是宥，如是密。」鄭玄云：「寬仁所以止苛刻也，安靜所以止暴亂也。」《禮·仲尼燕居》篇：「孔子曰：『夙夜其命宥密，無聲之樂也。』」今按：「密」，通為「謐」，乃無聲之義。人君以寬大之德為本，而安靜以行之，則其施之民者既無所苛，又無所擾，自然歡欣和悅，各得其所，樂孰加焉，是之謂「無聲之樂也」。又，賈誼云：「夫《昊天有成命》，頌之盛德也。其詩曰：『昊天有成命，二后受之。成王不敢康，夙夜基命宥謐。』謐者，寧也，億也。命者，制令也。基者，經也，勢也。夙，早也。康，安也。后，王也。二后，文王、武王。成王者，武王之子，文王之孫也。文王有大德而功未就，武王有大功而治未成，及成王承嗣，仁以臨民，故稱昊天焉。不敢怠安，蚤興夜寐，以繼文王之業，布文陳紀，經制度，設犧牲，使四海之內懿然葆德，各遵其道，故曰『有成』。承順武王之功，奉揚武王之德，九州之民，四荒之國，謳謠、之烈，絫九譯而請朝，致貢職以供祀。故曰『二后受之』。方是時也，天地調和，神民順億，鬼不厲祟，民不謗怨，故曰『宥謐』。」此其解頗異。要從前說為順。「於」，歎美辭。「緝」，朱子云：「繼續也。」「熙」者，光明之義。主二后之業言。《書·顧命》篇所謂「昔君文王、武王宣重光」是也。曰「緝熙」者，篤前人成烈之謂。「單」，通作「殫」，《說文》云：「極盡也。」《禮》語「歲既單矣」、「惟為社事，單出里」，《莊子》「單千金之家」，義並與「殫」同。「單厥心」者，凡可以繼續二后光明之業者，無所不盡其心也。前言「宥密」，體也；此言「單厥心」，用也。周昌年云：「『單』字作完滿看，與『盡性』之『盡』一般。」「肆」，《說文》云：「極陳也。」猶云暢言之也。「靖」，《說文》云：「立竫也。」「竫」者，亭安之義。「肆其靖之」，主天命而言，謂天之眷周安

〔註3〕「謐」，底本誤作「謚」，據四庫本、賈誼《新書·禮容語下》改。

固而不移也，與首句及「基命」句相應。徐光啟云：「武王未受命，故武王之後不可無成王。歷觀三代以至今日，繼世而後，必有變更，天心人事，其勢自爾。尋其所以，殆未易言。獨周家不然。以此知成王之功大矣。」一說：閔光德云：「『肆其靖之』，還指祭時說，言時王之能靖，正見成王保命之悠久也。」亦通。又，《周語》：「晉羊舌肸聘於周，單靖公享之，儉而敬，語說《昊天有成命》。單之老送叔向，叔向告之，曰：『昔史佚有言曰：動莫若敬，居莫若儉，德莫若讓，事莫若諮。單子之況我，禮也，皆有焉。且其語說《昊天有成命》，其詩曰：昊天有成命，二后受之。成王不敢康，夙夜基命宥。密緝，熙亶厥心，肆其靖之。是道成王之德也。成王，能明文昭，能定武烈者也。夫道成命者，而稱昊天，翼其上也。二后受之，讓於德也。成王不敢，康敬百姓也。夙夜，恭也。基，始也。命，信也。宥，寬也。密，寧也。緝，明也。熙，廣也。亶，厚也。肆，固也。靖，和也。其始也，翼上德讓，而敬百姓。其中也，恭儉信寬，帥歸於寧。其終也，廣厚其心，以固和之。始於德讓，中於信寬，終於固和，故曰成。』」此與賈說雖於詩意未必盡合，然亦可以證是詩為祀成王之詩矣。

《昊天有成命》一章，七句。《序》及蔡邕《獨斷》皆云：「郊祀天地之所歌也。」漢儒惑其說，至蘇子瞻輩猶引之，以為古者合祀天地之證。夫郊、社之分合，代有不同，紛如聚訟。乃此詩止舉天命而已，何嘗有一語言及於地？而郝敬強為之說曰：「古者冬至合祀天地於郊，此詩頌昊天而不及地，如人稱父而不及母，統於尊也。」是則然矣。然篇中「成王」二字當作何解？豈成王可配天，而郊祀之詩至康王時始有乎？求其說而難通，則不得不仍從賈、鄭、唐、韋之說。謂「成王」云者，言文、武成此王功，猶《書》言「成王畏相」者爾。就如所云，則郊祀天地之樂歌，而盛稱二后之功，已自不倫。若云以配祭，故及之，則惟文王有季秋大饗之配，未聞武王曾配帝也。推原其故，皆緣毛、鄭輩定以頌為成王之時周公所作，康王而後不容有頌。然則《執競》篇以「不顯成康」並言，非明指成王誦、康王釗而何？善乎范蜀公之言，曰：「揚雄所謂康王之時，頌誇作於下，班固亦謂成康沒而頌聲寢，言自成、康之後，不復有見於頌也。」此可以破從前諸儒之瞽說矣。朱子云：「《昊天有成命》之類便是康王詩，而今卻要解那成王做成王業，費盡氣力，要從王業上說去，不知怎生地。」乃《申培說》則以為「康王禘成王於明堂之詩」。即《子貢傳》有缺文，亦於「祀成王」下空二字，而尚存一「堂」字，蓋亦同《申培

說》之意。不知其所謂禘者,大禘乎?吉禘乎?大禘則成王無獨配始祖所自出之理,吉禘則於大廟不宜於明堂。倘謂亦如嚴父配天之說乎?果此禮世世可以通行,則若厲、若幽,將何以處之?愚已詳晰此禮於《清廟》、《我將》二《小引》之下,有以深著其不然矣。鄙儒無識,偽作古書,多見其不知量耳。

下武

《下武》,康王祭成王廟,受釐陳戒之詩。朱子云:「此詩有『成王』字,當為康王以後之詩。」愚按:此與《昊天有成命》篇同為一時之作。知為「受釐陳戒詩」者,以「昭茲來許」二章知之。

下豐氏本作「文」。武維周,世有哲陸德明本作「悊」,云:「又作『喆』。」王。陽韻。三后在天,王配于京。叶陽韻,居良翻。○賦也。「下」,堂下也。「武」,《大武》也。周公作《大武》之樂,象伐紂之事,以管播其聲,又於庭中為《大武》之舞,皆在堂下,故云「下武」。《文王世子》云:「下管《象》,舞《大武》,大合眾以事,達有神,興有德也。」《祭統》曰:「夫大嘗禘,升歌《清廟》,下而管《象》,朱干玉戚,以舞《大武八佾》,以舞《大夏》,此天子之樂也。」是皆所謂「下武」者也。《周禮・大司樂》職云:「舞《大武》以享先祖。」孔穎達謂「七廟同用樂,言先祖以總之,不斥號諡,則后稷、文、武兼親廟亦在其中,明先祖之文兼通諸廟也」。「下武維周」者,言堂下奏《大武》之樂,維我周有之也。此《大武》之樂,雖為武王而作,而積累有自,因推原於「世有哲王」,指下文「三后」也。以追王,故稱「王」。一說:萬尚烈云:「自古開國之君未有不以武者,故湯必曰武湯,亦曰武王;高宗中興,亦必曰殷武,亦曰武王。是武之於君,尚矣。然武者未必能下也。武而能下者,周乎!故曰『下武維周』。其語意猶『濬哲維商』之云也。何以言周之下武?如太王『來朝走馬』,武也;始而事狄,既而避狄,亦何下乎?如『王季其勤王家』,武也;而『王此大邦,克順克比』,亦何下乎?如文王赫怒整兵,武也;而『小心翼翼,昭事上帝』,亦何下乎?所謂『下武維周』,此類是已。」雖近牽強,理亦可通。「哲」,《說文》云:「知也。」上知天意之所向,下知民心之所歸,惟德而已。此其哲之實也。「三后」,毛《傳》云:「大王、王季、文王也。」周自大王遷居周原,國勢漸盛,其後雖有天下,猶仍遷國之號。溯肇基王跡者,必自大王焉。「在天」,與《周書》「茲殷多先哲王在天」

相類。朱子云：「既沒，而其精神上與天合也。」「王」，毛云：「武王也。」「配」者，對立之義。「京」，鄭玄云：「謂鎬京也。」愚按：「周」以「京」言，則見其有天下矣。周之當王已久，至武王而後終其業，故此在鎬京者足以配彼在天者，據時位而言也。此章專美武王。錢天錫云：「武王恢大統基，而曰克配，其義可想。」陸燧云：「『京』字重看，見化國為天下有極難配處。」○**王配于京，世德作求。**尤韻。亦叶虞韻，舉朱翻。**永言配命，成王之孚。**虞韻。亦叶尤韻，芳尤翻。○賦也。「世德」，謂先世之德。依本篇經文，但指「三后」言。「作」，《說文》云：「起也。」「求」，猶索也，當通作「逑」。按：《康誥》云：「我時其維殷先哲王德，用康乂民作求」，與此語意正相類。嚴粲云：「武王所以能配三后於京者，以其於先世之德能起而求之，善繼述也。」愚按：三后之德，積累已深，醞釀已厚，至於武王，益加振揚而光大之，天命之集自有不容已者，此其所以稱克配。若使德不至，而遏佚前光，宜王而不王，或圖度天命，不當王而王，其負愧於三后多矣，何配之有？徐光啟云：「三后事殷，武王代紂，功業不同，順逆相反，然跡逆而理順，事異而心通。三后而在，牧野之舉，必不得以已也。故詩頌武王，曾無一語道其創基立業，恢拓前功，而但曰配京、求德，見武王此舉無非曲體先人，克全孝道。雖化家為國，變侯為王，實無分毫與前人謬戾。孔子所稱『善繼述』，意本此，皆所以白聖人之心跡，扶萬世之名教。」周昌年云：「求，有參經權，通常變，無方以求之意。」「永言配命」，解見《文王》篇。成王，武王之子，名誦。鳥抱子曰孚，取抱持不失之義。武王受命，繇於作求三后之德，此武王之孝也。再傳成王，克配天命，與之相副，則以成王亦潛孚於武王之德故耳。武王述三后，成王又能述武王，故詩人長言以美之。此章兼美武王、成王。按：《昊天有成命》篇有「成王不敢康」之句。朱子以為「康王以後祀成王之詩」。此詩明稱「成王」，其為祀成王而作，無可疑者。與《周書》言「維助成王德顯」及「成王畏相」等語不同。○**成王之孚，下土之式。**職韻。**永言孝思，孝思維則。**職韻。○賦也。「下土」，兼臣民而言。君尊如天，故目四方之人為「下土」。「式」，《說文》云：「法也。」成王潛孚於武王之德，抱持不失，故下土之人咸歸心於成王而以之為法，謂遵其命，服其化也。《韓詩外傳》云：「上不知順孝，則民不知返本。君不知敬長，則民不知貴親。禘祭不敬山川失時，則民無所畏矣。不教而誅，則民不識勸也。故君子修身及孝，則民不倍矣；敬孝達乎下，則民知慈愛矣；好惡喻乎百姓，則下應其上如影響矣。是以

兼制天下，定海內，臣萬姓之要法也，明王聖主之所不能須臾而捨也。《詩》曰：『成王之孚，下土之式。』」《禮記・緇衣》篇：「子曰：『禹立三年，百姓以仁遂焉，豈必盡仁？《大雅》曰：成王之孚，下土之式。』」按：二書引《詩》之意，皆謂上當以身教，民之所取法者惟上耳。然尚非此詩正旨。此詩通章只宜以「德」之一字貫。三后之所以造周，武王之所以受命，後嗣之所以守成，皆此具也。孝根於思，謂之「孝思」，即「孚」字意。《書》曰：「奉先思孝。」「則」者，裁制之義，故亦訓法。「維則」，屬康王言。詩人長言此成王之孝，一本於其真切之思，如此孝思，乃後王之所當取法也。與「下土之式」句判不相涉。舊說合看，甚誤。孟子贊舜孝而引此詩，乃是就孝發論，謂凡為人子者所當取法耳。此章專美成王。○**媚茲一人，應侯順**《家語》、《淮南子》定本俱作「慎」。豐本作「脅」。**德。**職韻。亦叶屋韻，都木翻。**永言孝思，昭哉嗣服。**屋韻。亦叶職〔註4〕韻，鼻墨翻。○賦也。「媚」，《說文》云：「悅也。」「一人」，毛云：「天子也。」孔云：「《曲禮》：『天子自稱曰予。』『一人』，言其天下之貴，唯一人而已。」愚按：觀下文「應侯」二字，則此指武王也。「應」，通作「膺」。以言相答，故為感應之義。「侯」，諸侯也，指武王昔日為諸侯也。《左傳》云：「慈和遍服曰順。」「德」，即「世德作求」之「德」，言天下之所以悅服武王，當其為諸侯之日，即相與起而應之者，亦順其有作求三后之德耳。此二句申美武王。「昭」，明。「嗣」，繼。「服」，事也。長言此成王之孝思，與武王之德相為孚契，顯明哉其能繼續武王之事也。此二句申美成王，皆所以歆動康王也。又，《大戴禮・將軍文子》篇美顏淵，《荀子・仲尼》篇美吉人，悉引此《詩》，以其迂遠太甚，故置不錄。○**昭茲**漢碑、豐本俱作「哉」。**來許**，叶麌韻，火五翻。《後漢書注》作「慎」〔註5〕。**繩**《後漢書注》作「慎」。**其祖武。**麌韻。《後漢書注》作「父」。**於**音烏。後同。**萬斯年，受天之祜。**麌韻。○賦也。此下二章以孝思勉康王，而致其期望之意。「昭」，即上章「昭哉嗣服」之「昭」，指成王也。「茲」，此也，謂今日也。「來」，來康王也。「許」，《說文》云：「聽也。」「繩」，如繩索之相續不斷，故朱子以為「繼也」。「武」，指武王也。武王乃康王之祖，故稱「祖

〔註4〕「職」，底本誤作「屋」，據四庫本改。

〔註5〕按：下句「繩」亦稱：「《後漢書注》作『慎』」，恐有誤。呂祖謙《呂氏家塾讀詩記》卷二十五《下武》載：《《後漢・祭祀志》注》：「東平王蒼曰：『《大雅》曰：昭茲來御，慎其祖父。受天之祜，四方來賀。於萬斯年，不遐有佐。』」

武」。按：《周頌・武》篇云「嗣武受之」，亦單稱武王為武也。「於」，歎美辭。「受」，《說文》云：「相付也。」徐鍇云：「取上下相受也。」「祜」，《說文》云：「福也。」言成王嗣服之德，於今為昭，我言及此，康王尚來而聽之，當以成王為法，而繼爾祖武王之德。又歎而美之，言果能如此，則庶乎自今以往，至於萬年受天之福，無有紀極矣。篇中所舉，有「三后」，有「成王」，此獨言「繩其祖武」者，三后之德總會於武王，即成王亦不過嗣武王之德耳，繩武王，則三后與成王悉包括其中矣。周有天下，自武至康，已歷三世，而積德不替如一日，基厚則難傾，根深則不拔，萬年子子孫孫永保民，固其所也。○**受天之祜，四方來賀。**個韻。**於萬斯年，不遐有佐。**叶個韻，子賀翻。○賦也。「受天之祜」，語聯上章，當主後日子孫言。「賀」，《說文》云：「以禮相奉慶也。」朱子云：「朝賀也。周末秦強，天子致胙，諸侯皆賀。」即此賀也。「四方來賀」，所謂四海之內悉主悉臣，莫敢不來享，莫敢不來王也。「遐」，《說文》云：「遠也」。指萬年言。「佐」，孔云：「助〔註6〕也。」謂助子孫。《說文》無「佐」字。本作「左」。上ナ，ナ音左，左手也，謂以手相助。下從工，其所作為也。會意。今文書ナ皆作左，書左皆作佐。言王誠能繩祖德，而使後人蒙業而安，則自今日而遙計及萬年，吾王之於子孫，不亦遠有所佐助乎！一說：「遐」即指「四方」，「有佐」即指「來賀」，言四方之遠皆為我周之屏翰也。亦通。《韓詩外傳》云：「成王之時，有三苗貫桑而生，同為一秀，大幾滿車，長幾充箱。成王問周公曰：『此何物也？』周公曰：『三苗同一秀，意者天下殆同一也。』比期三年，果有越裳氏重九譯而止，獻白雉於周公。道路悠遠，山川幽深，恐使人之未達也，故重譯而來。周公曰：『吾何以見賜也？』譯曰：『吾受命國之黃髮曰〔註7〕：久矣，天之不迅風疾雨也，海不波溢也，三年於茲矣。意者中國殆有聖人，盍往朝之？於是來也。』周公乃敬求其所以來。《詩》曰：『於萬斯年，不遐有佐。』」黃佐云：「武王之道，繼述而已。然應侯順德，大著於當時。受祜有佐，可及於後世。效驗之文如此。能配三后，有以哉！後之謂漢家自有制度者，守漢法也；喜觀《貞觀政要》者，守唐法也。惜乎漢、唐之非法也。大甲視乃烈祖，而諸侯咸歸；武丁監於成憲，而編髮來朝。『孝思維則』也。」陸燧云：「孝者，通乎天人，貫乎今古，在武王為求德，在子孫為繩武，在今日為媚茲，在萬年為有佐，分量豈小哉？」

〔註6〕「助」，底本誤作「佐」，據四庫本改。
〔註7〕「曰」，四庫本誤作「日」。

《下武》六章，章四句。《子貢傳》、《申培說》、豐氏本篇名俱作《大武》。○《申培說》以為「康王大禘，報祀成王，奏《大武》六成既畢，受釐陳戒之詩」。今按：申說近之。然祭禮有五，禘郊祖宗，報既曰大禘矣，又曰報祀，何也？且大禘之禮，禘其祖之所自出，而以其祖配。此詩所稱，無及帝嚳之事，惡在其為大禘乎？《序》則云：「繼文也。武王有聖德，復受天命，能昭先人之功焉。」專主「武王」言，已不得詩意，況「繼文」二字尤無義味。不過以此詩篇次繫《靈臺》後，《靈臺》為文王詩，而此詩繼之，謂之「繼文」耳。後人或從而為之說，謂周家世崇文德，今言下武者，武王之賤武也。賤武，所以繼文也。夫武王以武得天下，且製為《大武》之樂，以示子孫，而乃謂其賤武，何歟？又，《子貢傳》及《申培說》俱以《下武》作《大武》。鄒忠胤詆之，謂「此即《大武》之樂章」，則《武》、《賚》、《桓》諸篇將安所置之？二書皆偽出，其以《下武》為《大武》，猶之朱子以《下武》為《文武》也，皆求下之解而不得者也。乃《傳》又以此為訓成王之詩，則愚將執「祖武」二字正之，知此詩作於康世，不作於成世，明矣。

噫嘻

《噫嘻》，康王春祈穀也。既得卜於禰廟，因戒農官。《家語》：「定公問於孔子曰：『寡人聞郊而莫同，何也？』孔子曰：『郊之祭也，迎長日之至也，大報天而主日，配以月。故周之始郊，其月以日至，其日用上辛，至於啟蟄之月，則又祈穀於上帝。此二者，天子之禮也。魯無冬至大郊之事，降殺於天子，是以不同也。』公曰：『天子之郊，其禮何，可得聞乎？』孔子對曰：『臣聞天子卜郊，則受命於祖廟，而作龜於禰宮，尊祖親考之義也。卜之日，王親立於澤宮，以聽誓命，受教諫之義也。既卜，獻命庫門之內，所以戒百官也。太廟之命，戒百姓也。』」《郊特牲疏》云：「『作龜於禰宮』者。作，灼也。禰宮，禰廟也。先告祖受命，又至禰廟卜之也。考亦禰也，尊祖故受之命，命宜繇尊者出，親禰故作龜，是事，事宜就親近之也。」《左‧襄七年》：「夏四月，三卜郊，不從。孟獻子曰：『吾乃今而後知有卜筮。夫郊祀后稷，以祈農事也。是故啟蟄而郊，郊而後耕。今既耕而卜郊，宜其不從也。』」《穀梁傳》云：「自正月至於三月，郊之時也。我以十二月下辛卜正月上辛，如不從，則以正月下辛卜二月上辛；如不從，則以二月下辛卜三月上辛；如不從，則不郊矣。郊三卜，禮也；四卜，非禮也；五卜，強也。」陳祥道云：「考之於禮，

卜筮不過三。則僖襄之四卜郊，成之五卜郊，其為非禮與強可知也。然《明堂位》曰：『孟春，乘大路，祀帝於郊，配以后稷。』《左氏》曰：『啟蟄而郊，郊而後耕。』則魯郊固在夏之孟春矣。啖助曰：『以周二月卜三月上辛，不吉，則卜中辛；又不吉，則卜下辛。』此說是也。《穀梁》謂『自夏正至三月，郊之時也，皆卜上辛』。然考之《儀禮·少牢饋食》『筮旬有一日，若不吉，則及遠日，又筮日如初』，《曲禮》曰『旬之外曰遠日』，是古人踰旬則卜，未聞踰月乃卜也。」愚按：《左傳》、《穀梁》及陳氏《禮書》所云正月、二月、三月、四月，皆主周正而言。古者一歲郊祀凡再，冬至之郊為報本也，建寅之郊為祈穀也，建寅之郊用卜，而冬至之郊不用卜。蓋以禮文徵之，《郊特牲》云：「郊之用辛也，周之始郊日以至」；《家語》亦云：「周之始郊，其月以日至，其日用上辛。」所謂始郊者，對建寅之郊而言。日不取至日而定用上辛，此以知冬至之郊不用卜也。《月令》云：「孟春之月，天子乃以元日祈穀於上帝，乃擇元辰，天子親載耒耜，躬耕帝籍。」甲乙丙丁等謂之日，子丑寅卯等謂之辰。元之為言善也。日必須卜〔註8〕，辰必須擇。據《春秋》言卜郊者皆祈穀之郊，此以知惟建寅之郊用卜也。然祈穀卜郊仍以辛日為主，則啖助之說較之《穀梁》為近。三辛推移，要不出建寅一月。若三卜不從，則孟獻子所云「既耕之後，亦可無用郊為矣」。日所以必取辛者，鄭玄謂「取人君齋戒自新之義」，陳祥道則謂「社用甲者，日之始；郊用辛者，乾之方。生物者社也，故用甲；成功者天也，故用辛」，理皆可通。若元辰之擇，舊說謂用亥日，以陰陽式法，正月亥為天倉，合於耕事。皇氏又云：「正月建寅，日月會辰在亥。」俱未知然否。愚所以定《噫嘻》之詩為詠祈穀卜郊之事者，以篇中專言勸農，而章首有「成王昭假」之語，明此詩作於康王之世，乃主作龜禰宮而言。不然，周自后稷以農事開國，即欲敕農官，何不於始祖之廟舉始祖為辭，而顧於成王何取乎？《序》及蔡邕《獨斷》亦皆云：「春夏祈穀於上帝之所歌也。」此說相傳，必非無本。今觀詩中雖言耕事，而絕無一語及祈穀者，惟章首二語，以為作龜禰宮，乃與孟春祈穀相涉耳。然孟春、仲夏雖皆有祈穀，而禮各不同。仲夏大雩，帝用盛樂以祈穀，實無作龜禰宮之事，序不應兼夏而言，疑傳說之誤，或「夏」字衍也。又，《竹書》載康王三年，申戒農官，告於廟。是詩之作，其在此時乎？

〔註8〕「卜」，四庫本誤作「十」。

噫嘻成王，既昭假豐氏本作「格」。爾。紙韻。率《韓詩》作「帥」。時農夫，播厥百穀。叶宥韻，居侯翻。駿陸德明本作「浚」。發爾私，終三十里。紙韻。亦服爾耕，十千維耦。叶宥韻，牛遘翻。裏與爾叶，耦與谷叶。蓋轆轤體。○賦也。「噫」，《說文》云：「飽食息也。」「嘻」，本作「譆」，《說文》云：「痛也。」今皆以為歎聲。鄭玄云：「噫嘻，有所多大之聲也。」孔穎達云：「孔子見顏淵死，曰：『噫！天喪予。』成湯見四面羅者，曰：『嘻！盡之矣。』則噫嘻皆是歎聲。作者有所哀多美大，而為聲以歎之也。」成王名誦，康王父也。「既」者，已事之辭。「昭」，明也。「假」，通作「徦」，《說文》云：「至也。」「爾」，爾農官也，以「率時農夫」之語推之可見，與下文「爾私爾耕」兩「爾」字不同，彼爾謂農夫也。康王將祈穀於上帝，先灼龜禰宮，既得吉卜，郊且有日，乃召農官歎息而告之，曰：祈穀而郊，重事也。頃者卜日於我成王，受命如響，是我成王於冥冥之中，其神靈貫徹，已昭昭至於爾之所事矣，爾農官可不思所以副成王之意乎？「率是農夫」以下，敕勉農官之辭也。「率」，通作「衛」，《說文》云：「將衛也。」蓋統領士卒以行者，故有統領之義。「時」之言「是」，音之近也。「農夫」，耕氓也。鄭氏以《爾雅》訓田畯為農夫，謂「是主田之吏」。今按《七月》篇云「嗟我農夫，我稼既同，上入執宮功」，此豈田畯之謂乎？「播」，《說文》云：「種也。」「百穀」，解見《七月》篇。薛君云：「穀類非一，故言百也。」「駿」，當依陸本通作「浚」，《說文》云：「抒也。」徐鍇云：「取出之也。」愚按：此即浚井之浚，謂浚田使深取土出之，即下文言「發」，《孟子》所謂「深耕」是也。「發」，猶起也。鄭以為伐也。孔云：「《冬官·匠人》云：『一耦之伐。』伐，發地也。以耜擊伐此地，使之發起也。」「私」，毛云：「民田也。」朱子云：「此必鄉遂之官，司稼之屬，其職以萬夫為界者。溝洫用貢法，無公田，故皆謂之私。」漳州陳安卿云：「周制，國中鄉遂之地，用貢法，田不井授，但為溝洫。一夫受田百畝，與同溝之人通力合作，計畝均收，大率十而賦其一。」「終」，鄭云：「竟也。」萬尚烈云：「無遺地之謂。」但言三十里者，鄭云：「《周禮》曰：『凡治野田，夫間有遂，遂上有徑，十夫有溝，溝上有畛，百夫有洫，洫上有塗，千夫有澮，澮上有道，萬夫有川，川上有路。』計此萬夫之地，方三十三里少半里也。」孔云：「《周禮》以萬夫為限，與此十千相當。又計此萬夫之地，一夫百畝，方百步，積萬夫方之，是廣長各百夫，以百乘百，是萬也。既廣長皆百夫，夫有百步，三夫為一里，則百夫為三十三里。餘百步，即三分里之一，為

少半里，是三十三里又少半里也。」愚按：古者六尺為步。廣一步，長百步曰
畝。四方長廣皆百步曰百畝。一畝之田，實積百步而方十步。一夫之田，實積
百畝而方十畝。萬夫之田，四方縱橫計之各百夫也。以一方百步之畝積之，
三百步為一里，百夫之長萬步，計得三十三里。零言三十里，舉成數耳。趙頤
孫云：「按：《遂人》云：『十夫有溝，百夫有洫。』竊意鄉遂之地，在近郊遠
郊之間。六軍之所從出，必是平原廣野，可畫為萬夫之田，有溝有洫，又有塗
路也。」又，陳祥道云：「《考工記》：『匠人為溝洫，廣尺深尺謂之𤰝。田首倍
之。廣二尺，深二尺謂之遂。九〔註9〕夫為井。井間廣四尺，深四尺謂之溝。
方十里為成。成間廣八尺，深八尺謂之洫。方百里為同。同間廣二尋，深二仞
謂之澮。』鄭康成以《匠人》有𤰝、遂、溝、洫、澮之制，而多寡與《遂人》
異，故言采地制井田，鄉遂公邑制溝洫。又謂鄉遂公邑之吏或促民以公使，
不得恤其私。諸侯專國之政，或恣為貪暴，稅民無藝，故畿內用夏貢，邦國用
商助。賈公彥之徒遂以《載師》自國中園廛以至甸稍縣都皆無過十二，是鄉
遂及四等公邑皆用貢而無助，以明鄉遂特為溝洫而已。然先王之為井田也，
使所飲同井，所食同田，所居同廛，所服同事，出入相友，守望相助，疾病相
扶持，鄉遂六軍之所寓，庸豈各授之田，而不為井法乎？《大田》之詩言『曾
孫來止』，而歌『雨我公田，遂及我私』；《噫嘻》之詩言『祈穀於上帝』，而歌
『駿發爾私，終三十里。亦服爾耕，十千維耦』；《周官・遂人》言『興鋤』，
《旅師》有『鋤粟』；此鄉遂井田之事也。《孟子》曰：『鄉田同井，請野九一
而助。』則鄉遂之為井田可知矣。先王之時，上以仁撫下，下以義事上。以仁
撫下，故先民而後公，則『駿發爾私』是也。以義事上，故先公而後已，則
『雨我公田，遂及我私』是也。又，私田稼不善則非吏，公田稼不善則非民，
庸有鄉遂公邑之吏促民以公，使不恤其私者乎？《小司徒》『九夫為井』，《匠
人》亦『九夫為井』，井間有溝，自井地言之也。《遂人》『十夫有溝』，兼溝塗
言之也。然《遂人》『百夫有洫』，而《匠人》『十里為成』，成間有洫，則九百
夫之地。《遂人》『千夫有澮』，而《匠人》『百里為同』，同間有澮，則九萬夫
之地。其不同，何耶？成間有洫，非一成之地，包以一洫而已，謂其間有洫
也。同間有澮，非一同之地，包以一澮而已，謂其間有澮也。成與同，地之廣
者也。洫與澮，溝之大者也。於成舉洫，於同舉澮，亦其大略云爾。」按：此
說甚辨，並存之。「亦」，鄭訓為「大」，朱訓為「皆」。愚按：從鄭說，則當通

〔註9〕「九」，底本誤作「危」，據四庫本、陳祥道《禮書》卷二十六改。

作「奕」。然二說俱通。「服」，鄭云：「事也。」「耕」，《說文》云：「犁也」。字從耒從井。耒，所以犁。古者井田，故從井。「亦服爾耕」者，言使之皆從事於耕也。「十千」者，一川之內萬夫之數也。《疏義》云：「一里三夫，十里三十夫，三十里則九十夫，又三里則九夫，又三分里之一則一夫，合為百夫。縱橫皆百夫，則萬夫也。」此蓋以百乘百，以三十三里有奇乘三十三里有奇之法也。「耦」，《漢志注》云：「並兩耜而耕也。」《考工記》云：「耜廣五寸，二耜為耦。」《說文》云：「耒廣五寸為伐，二伐為耦。」季本云：「古之耕者，步百為畝。畝為三畎，廣尺深尺。耜廣五寸，以二人並耕，左右起土，其深者為畎，高者為壟也。」胡一桂云：「『十千維耦』者，蓋萬夫合耦而耕，實五千耦耳。」按：《周禮‧遂人》職云：「以興鋤利甿。」《里宰》職云：「以歲時合耦於鋤。」《旅師》職云：「掌聚野之鋤粟而用之。」「興鋤」者，謂鼓舞作興之，使之通力合作也。「合耦」者，謂配合其力相等者為之，俾強不獨勞，弱不獨逸也。「鋤粟」者，謂有興鋤合耦不至者，則罰之粟，以備賑恤之用也。古者未有以牛挽犁之法，故須用兩人並耕如此。上言「駿發爾私，終三十里」，則各言之，人人發起其私田，至竟三十里之內，無一畝而不然，《說文》所謂「一耒之伐」也。此言「亦服爾耕，十千維耦」，則對言之，一人各有一耦，以舉耕犁之事，盡萬夫而皆然，《考工》所謂「二耜之耦」也。耒耜共為一器，柄曲木曰耒，耒端曰耜。《說文》、《考工》偶舉其一耳。欲播種，必先深耕，故惓惓及此。又，季云：「一夫百畝，畝百步。百畝之田，縱橫各百步，積之得萬步。以三百步為里法約之，得三十三里三分里之一，言三十者，舉成數也。田一面百步計之為一畝，以千步計之則為阡，阡為十畝，是百畝之田為十阡也。十阡之內，以耦耕之，是百畝為一耦也。」按：據此說則「三十里」、「十千」皆但主一夫百畝而言，於算法亦似可通。但古人文辭質確，不應詼詭若此。《孟子》曰：「方里而井，井九百畝。」一夫之田不過方一里中九分之一，而乃張之為三十餘里，可乎？

《噫嘻》一章，八句。朱子以為「亦戒農官之詞」，則此詩宜在《雅》，不宜在《頌》，辨已在《臣工》篇矣。《申培說》謂「康王孟春祈穀於東郊，以成王配享之詩」。愚不知成王配享祈穀載在何典。聞以后稷配矣，未聞以禰配也，豈亦將依仿於明堂嚴父之說耶？誕妄如此，大是可笑。《子貢傳》闕文。

甘棠

《甘棠》，思召公也。《序》云：「美召伯也。召伯之教明於南國。」按：
《韓詩外傳》云：「昔者周道之盛，召伯在朝，有司請營召以居。召伯曰：『嗟！
以吾一身而勞百姓，此非吾先君文王之志也。』於是出而就蒸庶於阡陌隴畝
之間而聽斷焉。召伯暴處遠野，廬於樹下，百姓大悅，耕桑者倍力以勸，於是
歲大稔，民給家足。其後在位者驕奢，不恤元元，稅賦繁數，百姓困乏，耕桑
失時，於是詩人見召伯之所休息樹下，美而歌之。」劉向《說苑》云：「召公
述職，當桑蠶之時，不欲變民事，故不入邑中，舍於甘棠之下而聽斷焉。陝間
之人皆得其所。是故後世思而歌詠之。」《漢書·王吉傳》云：「昔召公述職，
當民事時，舍於棠下而聽斷焉。是時人皆得其所。後世思其仁恩，至虖不伐
甘棠。」《史記·燕世家》云：「召公之治西方，甚得兆民和。巡行鄉邑，有棠
樹，決獄政事其下，自侯伯至庶人各得其所，無失職者。召公卒，民人思召公
之政，懷棠樹，不敢伐，歌詠之。」《焦氏易林》云：「大樹之子，百條共母。
當夏六月，枝葉盛茂。鸞鳳以庇，召伯遊暑。」數說不一，然總以見召伯之德
入人之深，故《序》謂「召伯之教明於南國」也。《左·昭二年》：「晉侯使韓
宣子來聘，公享之。季武子賦《甘棠》。宣子曰：『起不堪也，無以及召公。』」
孔穎達云：「召伯食采文王時，為伯武王時。故《樂記》曰：武王伐紂，『五成
而分陝，周公左，召公右』是也。鄭以此篇所陳巡民決訟皆是武王伐紂之後
為伯時事，以經云召伯，即此詩召公為伯時作也。若文王時，與周公共行王
化，有美即歸之於王，詩人何得感文王之化而曲美召公哉？武王之時，召公
為王官之伯，故得美之。因詩繫召公，故錄之在《召南》。」愚按：鄭《譜》
謂「文王受命，作邑于豐，乃分岐邦周召之地為周公旦、召公奭之采地，分施
政教於雍、涼、荊、豫、徐、揚六州，而採其詩為風」。愚終不能無疑。周、
召二公至武王時乃始輔佐，在文王時未嘗用事也，故《書·君奭》乃周召對語
之辭，其歷舉文王之臣，惟曰虢叔、閎夭、散宜生、泰顛、南宮适。及武王
時，虢叔先死，則曰「武王惟茲四人尚迪有祿」而已。周、召之分陝而治，在
武王得天下之後，而《甘棠》頌召伯之詩，又當在康王之時。考《竹書》，召
公以康王二十四年薨。諸書皆謂召公沒後，始作此詩。故《孔叢子》載孔子
曰：「吾於《甘棠》見宗廟之敬也。」《左·定九年》：「鄭駟歂殺鄧析，而用其
竹刑。君子謂：『子然於是不忠，用其道不棄其人。《詩》云：蔽芾甘棠，勿剪
勿伐，召伯所茇。思其人，猶愛其樹，況用其道而不恤其人乎！子然無以勸

能矣。』」襄十四年，晉士鞅言「欒黶汰虐已甚，猶可以免」，蓋武子之子也。秦伯問故，對曰：「武子之德在民，如周人之思召公焉，愛其甘棠，況其子乎！」劉歆廟議以為：「思其人，尚愛其木，況宗其道而毀其廟乎！」繹前數說，則此詩因召公已歿而作，尤其彰明較著者。不但非作於文王之時，亦非作於武王之時矣。鄒忠胤云：「周公先以成王二十一年薨。舊說《二南》皆為文王詩，周公所集，以明德化之盛，亦正未可泥耳。」

蔽芾《韓詩外傳》作「茀」。甘棠，勿翦《韓詩》作「剗」。《漢書》作「鬋」。豐氏本作「劋」。勿伐，叶隊韻，符廢翻。亦叶泰韻，蒲蓋翻。召《漢書》作「邵」。伯所茇。叶隊韻，放吠翻。亦叶泰韻，博蓋翻。《說文》、《讀詩記》並作「廢」。○賦也。「蔽」，《說文》云：「蔽蔽，小草也。」一云菱也。又云奄也。《齊語》：「使海于〔註10〕有蔽。」《注》云：「可依蔽也。」「芾」，《說文》云：「草木盛貌。」今以「蔽芾」二字連言，蓋陰翳茂盛之意。「甘棠」，郭璞云：「今之杜梨也。」陸璣云：「棠梨也。」按：《爾雅》云：「杜，赤棠，白者棠。」樊光云：「白者為棠，赤者為杜。」陸佃云：「《草木蟲魚疏》以為赤棠與白棠同爾，但子有赤白美惡，子白色為白棠，甘棠也。赤棠子澀而酢，無味。俗語曰『澀如杜』是也。」《字說》云：「《詩》言『蔽芾甘棠』，以杜之美言；『有杕之杜』，以棠之惡言。」說《詩》者以意逆志，乃能得之。《九域志》云：「召伯甘棠樹在陝州府署西南隅。」「翦」，通作「剪」，《說文》云：「齊斷也。」「伐」，《釋文》云：「斬木也。」謂斬伐其枝。曰「勿」者，是惓惓愛護而不忍傷之，故詞若相戒，言不但剪其根幹不可，雖伐其枝條亦不可也。思人愛物與睹物思人二意俱有。「召」，地名，召公奭采邑也。《史記·燕世家》云：「與周同姓。」皇甫謐云：「文王之庶子。勝殷後，封於北燕，留周佐政，食邑於召。輔成王、康王，卒，諡曰康。長子繼燕，支子繼召。」按：《左傳》富辰言文之昭十六國，無燕，似不足信。豐熙以為王季庶子，亦不知何所本也。「茇」，通作「废」，《說文》云：「舍也。」徐鍇云：「今《詩》、《周禮》皆借作『茇』。」鄭玄云：「草舍也。」《周禮·夏官》：「教茇舍。」《注》云：「草止之也。軍有草止之法。」孔云：「茇者，草也。草中止舍，故云茇。」張文潛云：「召公為天子之大臣，中分天下而治之，而治事臨務，至出於草野田畝草木之間，宜若不知體矣。然古人惟不敢遺一人，故能康一家；不敢遺

一家，故能王一國。嘗讀《西漢書》，見《循吏傳》，如美宣〔註11〕、召信臣
之徒，其治郡邑事無大小，一一立法，曲有制度，至於躬行田野，不少休息，
未嘗不愛其知為政之理，竭力勤事，而至誠愛其民也。」《考索》云：「周南，
天子所都，周公不得專有其美。召公專主諸侯，則南國之教得以稱召伯也。
在《易》二與四同功而異位，二多譽，遠也；四多懼，近也。周公近，召公
遠，有詩無詩，此其異與？」蘇轍云：「周公在內，近於文王，雖有德而不見，
則其詩不作。召公在外，遠於文王，功業明著，則詩作於下。」此理之最明者
也。○蔽芾甘棠，勿翦勿敗。叶泰韻，烏外翻。豐本作「退」。召伯所
憩。叶泰韻，丘蓋翻。原「愒」字，今文作「憩」。《釋文》、豐本俱作「愒」。
○賦也。「敗」，謂殘壞之。「憩」，本作「愒」，《說文》云：「息也。」○蔽芾
甘棠，勿翦勿拜，叶霽韻，變制翻。《廣韻》作「扒」。召伯所說。叶霽
韻，輸芮翻。《爾雅注》、豐本俱作「稅」。陸德明本作「脫」。○賦也。「拜」，
《說文》云：「首至地也。」錢氏云：「謂攀下也。攀下其枝，如人之拜。」嚴
粲云：「謂低屈之，挽其枝以至地也。」程大昌云：「三章皆曰『勿翦』，『翦』
者，斷也。『勿拜』，則不止不剪，且不敢屈其枝而垂之，敬之至也。《孟子》
論天下易事曰『為長者折枝』，即肢體之肢，與木枝一義，則拜者折枝之謂也。」
嚴云：「始則相戒，不可斬伐而去之。中則相戒，豈特不可斬伐，但殘壞之亦
不可。終則相戒，豈特不可殘壞，但低屈之亦不可。愛之愈深，護之愈至也。」
「說」，《說文》云：「釋也。」後人作「悅」，即此字，言此樹為召公所喜悅
也。太史公云：「召公奭可謂仁矣，甘棠且思之，況其人乎！燕社稷血食者八
九百歲，於姬姓獨後亡，豈非召公之烈耶？」

　　《甘棠》三章，章三句。《子貢傳》謂「召康公勤於勞民，燕人懷之，
賦《甘棠》」。《申培說》亦謂「燕人追美召公之詩。」按：李德裕《宋齊丘論》
有曰：「燕人之思召伯，甘棠勿剪。」似相吻合，然他無所出，直是見召公其
後封燕故耳。燕詩別無入國風，不如還諸召南之民之為得也。

〔註11〕「美宣」，張耒《力政篇》作「黃霸」。

詩經世本古義卷之十二

閩儒何楷玄子氏學

周昭王之世詩二篇

何氏小引

《執競》，祭成、康也。昭王之世，始以成、康備七廟，此其日祭之詩也。

《鼓鍾》，昭王南遊，宴樂於淮水之上，君子憂傷而作〔註1〕。

執競

《執競》，祭成、康也。昭王之世，始以成、康備七廟，此其日祭之詩也。朱子云：「此昭王以後之詩。」昭王名瑕，成王孫，康王子。按：天子廟制，先儒所說不同。有謂代各異制者。《禮緯稽命證》及《春秋鉤命決》皆云：「唐、虞五廟，親廟四，始祖廟一。夏四廟，至子孫五。殷五廟，至子孫六。周六廟，至子孫七。」注謂夏太祖無功而不立，惟禹與二昭二穆，故五；殷契為始祖，湯為受命王，各立其廟，與親廟四，故六；周以后稷始封，文王、武王受命而王，是以三廟不毀，與親廟四，故七也。有主四廟之說者。《喪服小記》云：「王者立四廟。」今按：四廟即謂高、曾、祖、考四親廟。《南齊志》云：「先儒說高祖以下，五世親盡，故親廟有四也。」有主五廟之說者。漢匡衡云：「在昔帝王承宗廟之休典，取象於天地，天序五行，人親五

〔註1〕《鼓鍾》正文原有「是詩」二字。

—691—

屬。天子奉天，故率其意而尊其制。是以禘嘗之序，靡有過五。受命之君，躬接於天，萬世不墜。繼烈以下，五廟而遷，上陳太祖，間歲而祫，其道應天，故福祿永終。」韋玄成等四十四人奏云：「禮，王者始受命，諸侯始封之君，皆為太祖。以下五廟而迭毀，毀廟之主藏乎太祖。五年而再殷祭，言一禘一祫也。祫祭者，毀廟與未毀廟之主皆合食於太祖。父為昭，子為穆，孫復為昭，古之正禮也。《祭義》曰：『王者禘其祖自出，以其祖配之，而立四廟。』言始受命而王，祭天以其祖配，而不為立廟，親盡也。立親廟四，親親也。親盡而迭毀，親疏之殺，示有終也。周之所以七廟者，以后稷始封，文王、武王受命而王，是以三廟不毀，與親廟四而七，非有后稷始封、文王〔註2〕受命之功者，皆當親盡而毀。成王成二聖之業，制禮作樂，功德茂盛，廟猶不世，以行為諡而已。」鄭玄亦同是說。馬融申鄭之意，謂「天子七廟者，有其人則七，無其人則五。若諸侯廟制，雖有其人，不得過五也」。有主七廟之說者。《禮器》云：「有以多為貴者，天子七廟。」孫卿云：「有天下者事七世。」《家語》：「子羔問尊卑立廟制。孔子云：『禮，天子立七廟，諸侯立五廟，大夫立三廟。』」《穀梁傳》亦云：「天子七廟，諸侯五。」劉歆云：「天子七日而殯，七月而葬。諸侯五日而殯，五月而葬。此喪事尊卑之序也，與廟數相應。故德厚者流光，德薄者流卑。」然七廟亦有二說。《王制》云：「天子七廟，三昭三穆，與太祖之廟而七。」而《祭法》則云：「王立七廟，曰考廟，曰王考廟，曰皇考廟，曰顯考廟，曰祖考廟，皆月祭之。遠廟為祧，有二祧，享嘗乃止。」王肅依據《王制》而兼取二祧之文，謂「天子七廟者，高祖之父及高祖之祖廟為二祧，並始祖及親廟四為七」。朱子為之圖說，又頗異王肅，其大槩謂太祖百世不遷，一昭一穆為宗，亦百世不遷；二昭二穆為四親廟，親盡迭毀。其制則外為都宮，內各有寢廟，別有門垣。太祖在北，東向。左昭右穆，以次而南。六廟親盡，則毀而遞遷，昭常為昭，穆常為穆。祔昭，則群昭皆動，而穆不移；祔穆，則群穆皆移，而昭不動。且引《書》「穆考文王」，《詩》「率見昭考」及《左傳》「文之昭也」、「武之穆也」以為證。蓋文為穆，則文之孫及玄孫皆穆，其子與曾孫皆昭也；武為昭，則武之孫及玄孫皆昭，其子與曾孫皆穆也。既創此六廟之後，其新陟王之升祔者，昭入於昭，穆入於穆，截然不可紊，此立廟之制也。諸侯、大夫其遷毀之次與天子同。《儀禮》所謂「以其班

〔註2〕按：「王」，《漢書》卷七十三《韋賢傳》作「武」，與前「文王、武王受命而王」相應。

祔」，《檀弓》所謂「祔於祖父」者也。有主七廟之外宗無定數之說者。王肅云：「周之文、武，受命之王，不遷之廟，權禮所施，非常廟之數。殷之三宗，宗其德而存其廟，亦不以為數。」王舜、劉歆亦云：「《左氏傳》曰：『名位不同，禮亦異數。』自上以下，降殺以兩禮也。七者，其正法數，可常數者也。宗不在此數中。宗，變也。苟有功德，則宗之不可預為設數。故於殷太甲為太宗，太戊曰中宗，武丁曰高宗。周公為無逸之戒，舉殷三宗以勸成王。繇是言之，宗無數也。然則所以勸帝者之功德博矣。」而鄭玄非之，謂「七廟自夏及周，少不減五，多不過七」。《禮器》曰：「周旅酬六尸。」一人發爵，則周七尸七廟明矣。今使文、武不在七數，豈禮也哉？故盧植、尹更始皆云：「天子七廟，據周也。」又，《石渠論》、《白虎通》云：「周以后稷、文、武特七廟。」張融亦云：「《曾子問》孔子說周事，而云『七廟無虛主』，若王肅數高祖之父、高祖之祖廟與文、武而九，主當有九，孔子何云『七廟無虛主』乎？」其後唐明皇創立太廟九室，胡致堂深非之，云：「宗廟之禮，繇子孫不忘而建。不忘者，仁也。或七廟，或五廟，或三廟者，禮也。其有功德、無功德，非子孫所當祔祧而隆殺之也。是故天子七廟而已矣。有祧焉，不患其數盈也；有禘焉，不患其乏饗也。明皇始為九廟，何所取乎？以為有功德之廟不毀，則九亦安足以盡之。一斷以先王之禮，無敢損益於其間，是則禮之盡也。」愚嘗合眾說而折衷之。四廟習其近而忘其遠，五廟沿其同而昧其別，七廟斯盡制矣，而無以處夫有功德而親盡者。至如朱子謂「初立一昭一穆，亦百世不遷」，則苟非德如文、武，安足以當之？故不如宗無常數之說於理為長。若拘摹文、武二世室之制，定為九廟，則不經之甚者也。陳祥道云：「天子七廟，諸侯五廟，自虞至周之所不變也。是故《虞書》『禋於六宗』，以見太祖；《周官》『守祧八人』，以兼姜嫄之宮。則虞、周七廟可知矣。伊尹言七世之廟，商禮也。《禮記》、荀卿、《穀梁》皆言天子七廟，不特周制也。則自虞至周，七廟又可知矣。然存親立廟，親親之至恩；祖功宗德，尊尊之大義。古之人思其人而愛其樹，尊其人則敬其位，況廟乎！法施於民則祀之，以勞定國則祀之，況祖宗乎！於是禮以義起，而商之三宗，周之文、武，漢之孝文、孝武，唐之神堯、文皇，其廟皆在三昭三穆之外，歷世不毀，此所謂不遷之廟，非謂祧也。鄭康成之徒以周制七廟，文、武為二祧，親廟四而已，則文、武不遷之廟，在七廟內。是臆說也。王肅《聖證論》曰：『禮：自上以下，降殺以兩。〔註3〕使天

〔註3〕《左傳‧襄公二十六年》：「自上以下，降殺以兩，禮也。」

子、諸侯皆親廟四，則是君臣同等，尊卑不別也。又，王祭殤五，而下及無親之孫，上不及無親之祖，不亦詭哉！』王舜、劉歆論之於漢，韓退之論之於唐，皆與蕭同，蓋理之所在者，無異致也。」又云：「父昭子穆而有常數者，禮也。祖功宗德而無定法者，義也。故周於三昭三穆之外而有文、武之廟，魯於二昭二穆之外而有魯公之世室。觀《春秋傳》稱『襄王致文武胙於齊侯』，《史記》稱『顯王致文武胙於秦孝公』，方是時，文、武固已遠矣，襄王、顯王猶且祀之，則其廟不毀可知矣。《家語》：『孔子在陳，聞魯廟火，曰：其桓、僖乎！以為桓、僖親盡，無大功德，而魯不毀，故天災之。』其言雖涉於怪，而理或有焉。若然，則魯公之室在所不毀可知矣。王舜、劉歆、王蕭、韓退之之徒皆謂天子祖功宗德之廟不在七世之列，特鄭康成以《周禮》守祧有八人，《小記》王者立四廟，則謂周制七廟，文、武為二祧，親廟四而已。是不知周公制禮之時，文、武尚為近廟，其所以宗之之禮，特起於後代也。果所以宗之者在七廟內，使繼世祖先同有豐功盛德不下文、武復在可宗之列，則親廟又益殺乎？理必不然。《祭法》曰：『遠廟為祧。』則祧者，兆也。天子以五世六世之祖為祧，所謂有二祧是也。諸侯以始祖為祧，所謂先君之祧是也。鄭氏以祧為超去之超，誤矣。既曰祧矣，又以文、武為不毀之祧，何耶？」詳觀數說，而七廟之義又益明矣。然周自武王受命，七廟自后稷而下，始自何代，經無明文。以《周禮》考之，「守祧奄八人」，《注疏》謂「天子七廟，通姜嫄為八廟。廟一人，故八人也」。是固然矣。《夏官・隸僕》職又云：「掌五寢之掃除糞灑之事，祭祀修寢。」鄭玄《注》則謂「五廟之寢也。前曰廟，後曰寢。周天子七廟，惟祧無寢」。易氏以鄭說為誤。成王之時，七廟雖立而未備，以天子之禮致六享者五：后稷、大王、王季、文、武，此為五廟五寢也。愚按：易氏之言深為可信。唐中宗時，太廟亦僅有六室。周之追王，止於大王，則自大王而上皆不得登於七廟之列。及成、康歿，而周始備七廟，是則《執競》之詩所為作也。然成王崩，周人祀之於廟，則有《昊天有成命》及《下武》二詩，而康王祀廟之詩無聞焉。《執競》之詩為成、康作，但一詩而以二王並言，則又心疑之。已乃恍然悟曰：此即所謂日祭之詩也。《周語》：「祭公謀父曰：『先王之制，邦內甸服，邦外侯服，侯衛賓服，蠻夷要服，戎翟荒服。甸服者祭，侯服者祀，賓服者享，要服者貢，荒服者王。日祭，月祀，時享，歲貢，終王，先王之訓也。』」劉歆以為去事有殺，故祖禰則日祭，曾高則月祀，二祧則時享，壇墠則歲貢，大禘則終王。德盛而遊廣，親親之殺也。彌遠則彌

藍如蓼，染綠。大藍如芥，染淺。碧槐藍如槐葉，染青。三藍皆可作澱，色成
勝母，故曰『青出藍而青於藍』。」秦子云：「園圃之藍，不異眾草，染而後
朗。」《齊民要術》云：「藍地欲得良，三遍細耕。三月中，浸子令芽出，乃畦
種之。五月中，新雨後，拔栽，三莖作一科，相去八寸。五遍為良。七月中，
刈藍。」羅願云：「《月令》：『仲夏之月，令民毋刈藍以染。』《注》謂『此月
藍始可別』。引《夏小正》曰：『五月，啟灌藍蓼。』灌，謂叢生也。種藍之體，
初必叢生。藍兒長大，始可分移，使之稀散。以言正養藍之時，非刈藍之侯
也。自四月微陰始起為政者，繼長增高，毋有壞墮。此月又陰陽爭死生分之
月，君子戒靜以待宴陰之所成，則微陰未成也。戒刈藍以損生氣，恐微陰不
勝故耶？又，是月班馬政，遊牝別群，縶駒之月。馬之為性，畏新出之灰，駒
遇輒死。石礦之灰，亦能令馬落駒。刈藍以染也，燒灰也，暴布也，三者皆有
出灰之氣。令而禁之者，蓋為馬歟？刈藍之禁，與《馬質》『禁原蠶』同意。
不然，蠶之再養，藍之早刈，聖人何留意哉？藍於草中獨有禁，故字從監。」
又按：崔寔謂「榆莢落時可種藍，五月可刈藍」。其說與《月令》異，非先王
之法也。衣蔽前謂之襜。毛《傳》、《說文》同。郭璞謂「今之蔽膝」。今按：
襜蔽前，正當蔽膝之處，非蔽膝也。陸佃云：「藍綠，易得之物。今以憂思貳
之，故雖終朝採掇，而綠不盈一匊，藍不盈一襜也。藍大於綠，又其畦植如
鱗，則其採之盈襜易矣，故《詩》以為後。綠可以染黃，藍可以染青，則皆婦
人致飾之物，故《詩》正言之。」「五日」、「六日」，以《豳風》「一之日」、「二
之日」、「三之日」、「四之日」例之，則五日為三月，六日為四月也。愚以《易》
「七日〔註18〕來復」之「七日」為五月義，亦本此。「詹」，朱子云：「與瞻同。」
仰視曰瞻。期以三月而歸，至四月猶未瞻見也，今又及采藍之時，則過五月
矣，是以不禁其憂思之如此也。《後漢書》劉瑜上疏云：「天地之性，陰陽正
紀，隔絕其道，則水旱為並。《詩》云：『五日為期，六日不詹。』怨曠作歌，
仲尼所錄。」○之子于狩，言韔陸德明本作「𩨻」。其弓。東韻。亦叶蒸
韻，姑弘翻。之子于釣，言綸之繩。蒸韻。亦叶東韻，神融翻。○賦也。
「之子」，鄭云：「是子也。」謂其君子也。「于」，往也。孔穎達云：「狩者，
獵之總名。」「言」者，發語辭。「韔」，《說文》云：「弓衣也。」亦名弢。以
革為之。「韔其弓」者，孔云：「弛弓納於韔中也。」「釣」，釣魚也。朱子云：
「理絲曰綸。」《周易》王肅《注》云：「纏裹也。」《禮記疏》云：「綸如宛轉

繩。」今按：常說皆謂合絲為繩謂之綸，是也。「繩」，《說文》云：「索也。」孔云：「釣繩以生絲為之。」此下二章皆預擬之詞。婦人苦夫之困於征役也，曰君子今遠出如此，倘使歸來，將何所事乎？假使往狩，我當為之納其弓於韔中，不使之用。所以然者，以田獵所以講武，我不欲其習於武事也。如其往釣，我則願從焉，當合絲為繩以待耳。蓋時事倥傯，故欲規其君子，但以煙波釣徒自娛。是雖閨閣之言，亦見其所遭之不幸也。觀下章言釣不言狩，則微意大可想見。又，「韔其弓」與「綸之繩」，一「其」一「之」，下字自別。「其」者，外之之辭；「之」者，內之之辭。○**其釣維何？維魴及鱮。**語韻。**維魴及鱮**，見上。**薄言觀**《韓詩》作「覩」。**者。**叶語韻，掌與翻。定本、崔靈恩《集注》並作「多」。孔云：「俗本作『觀觀』，誤。」○賦也。「魴鱮」，解見《汝墳》、《魚麗》、《敝笱》諸篇。按：陸璣云：「魴，魚之美者。鱮，魚之不美者。」今舉一美一不美，則可以樊眾魚矣。我之與子，相親相昵，於其釣而獲也，行往觀之，豈至如今怨曠。然歸果何時耶？意想如此，非有是事。或謂此與上節，皆追述昔日之子在家時所為，殊覺味短。

《采綠》四章，章四句。《序》謂「幽王之時，多怨曠者也」。今亦未有以見其然。朱子但謂「是婦人思其君子之詩，非刺也」。然則聖人錄此，有何關係？

民勞

《民勞》，召穆公刺厲王也。出《序》。皆戒同列之詞，蓋王所親信者。戒同列，即所以刺王也。季本云：「《集傳》以為『同列相戒之辭』，以詩詞觀之，大抵得之矣。但所謂同列者，必王所親信之人，故末章曰『王欲玉女』。」錢天錫云：「厲王之世，衛巫監謗，道路以目。穆公故亂其詞，言在同列，實刺王也。」

民亦勞止，汔《漢書》作「迄」。可小康。陽韻。惠此中國，以綏四方。陽韻。無《左傳》作「毋」。縱《左傳》、豐氏本俱作「從」。詭隨，以謹無《潛夫論》作「是」。良。陽韻。式遏寇虐，憯《左傳》、《家語》、陸德明本俱作「慘」。《說文》作「朁」。不畏明。陽韻。謨郎翻。柔陸本作「揉」。遠能邇，以定我王。陽韻。○賦也。「民」，中國之民也。「勞」，《說文》云：「劇也。」云「亦勞」者，凌濛初云：「下一『亦』字，視『甚』字更百

倍。」《大東》「哀我憚人，亦可息也」，亦然。鄧元錫云：「夫民之勞也，實詭隨之人貪於利，寇之虐之也。」「止」，通作「只」，語助辭。錢天錫云：「賈生有言：『安民可以行義，而危民易與為非』。民勞者，危之漸也。」「汔」，當依《漢書》作「迄」，《說文》云：「至也。」曰「可」者，見惟此時尚可，他日將不及也。曰「小」者，幾幾不敢過望之辭。「康」，鄭玄云：「安也。」顏師古云：「言人勞已久，至此可以小安逸之。」彭執中云：「民勞甚矣，未能遽望其太平也，但庶幾小康耳。」萬時華云：「開口便唱此二語，已自淒絕。」「惠」，《說文》云：「仁也。」對四夷言為中國，兼京師四國皆是。下文言「式遏寇虐」，正所以仁此中國也。「綏」，本車中靶之名，《爾雅》以為「安也」。徐鍇云：「升車必執綏，所以安也。」「四方」對「中國」而言，乃四夷也。內地堅固，則四夷皆帖息而不敢動，是乃所以撫綏之也。《淮南子》云：「聖主在上，無隱人，無軼民，無勞役，無冤刑。四海之內，莫不仰上之德。象主之指，夷狄之國，重譯而至，非戶辨而家說之也，推其誠心，施之天下而已矣。《詩》曰：『惠此中國，以綏四方。』內順而外寧矣。」又，《荀子》云：「朋黨比周之譽，君子不聽。殘賊加纍之譖，君子不用。隱忌雍蔽之人，君子不近。貨財禽犢之請，君子不許。凡流言、流說、流事、流謀、流譽、流愬不官而衡至者，君子慎之。如是則奸言、奸說、奸事、奸謀、奸譽、奸愬莫之試也，忠言、忠說、忠事、忠謀、忠譽、忠愬莫不明通。刑政平而百姓歸之，禮義備而君子歸之，故禮及身而行修，義及國而政明，天下願，令行禁止，王者之事畢矣。《詩》曰：『惠此中國，以綏四方。』此之謂也。」《左·僖二十八年》：「君子謂晉文公其能刑矣。《詩》云：『惠此中國，以綏四方。』不失賞刑之謂也。」引《詩》之意，皆與下文「無縱詭隨」四語互相發。「縱」，《說文》云：「緩也。」視若不介意之謂。「詭」，詐。「隨」，從也。萬云：「通章『無縱詭隨』句最重，故章章有之。小人禍國，只是一味詭隨，大氐居高位者多喜軟熟，惡剛方。小人慾進其身，亦必未命先唯，未令先諾，陽順其意，陰匿其奸，人主不察而信之，於是逞其無良之志，肆其惛怓之口，窮其罔極之惡，露其醜厲之狀，遂其繾綣之奸，寇虐播於下民，而王國因之以壞。故不徒曰隨而曰詭隨。隨者不詭，不過臧獲下賤、奔走承奉之態。詭者不隨，雖敦、懿、操、莽，亦無進身之路。合此二字，真可謂曲盡小人情態矣。」「無縱」者，明以辨之，斷以絕之，決不姑息也。「謹」，《說文》云：「慎也。」與「縱」字對看。「無良」，不善也。嚴粲云：「人見詭隨者無所傷拂，則目為善良，不知其容悅

取寵，皆為自利之計，而非忠於所事實，非善良之士也。今戒用事者，無縱此詭隨，則可以謹防無良之人。」蘇轍云：「人未有無故而妄從人者，惟無良之人，將悅其君而竊其權則為之，故『無縱詭隨』則無良之人肅，無良之人肅則寇虐無畏之人止。」又，《後漢書》陳忠上疏云：「臣聞輕者，重之端；小者，大之源。故堤潰蟻孔，氣泄針芒，是以明者慎微，智者識幾。《書》曰：『小不可不殺。』《詩》云：『無縱詭隨，以謹無良。』蓋所以崇本絕末，鉤深之慮也。」按：詩意謂詭隨之事乃無良之人所為，而忠則謂詭隨不禁，必至無良，亦隨意取義耳。「式」，發語聲。「遏」，《爾雅》云：「止也。」郭璞云：「今以逆相止為遏。」又，《說文》云：「微止也。」徐鍇云：「繚繞使止也。」「寇」，《說文》云：「暴也。」《尚書注》云：「群行攻劫曰寇。」「虐」，《說文》云：「殘也。」「寇虐」二字串說，謂逞虐於民，荼毒如寇，《孟子》所謂「民賊」也。「憯」，《爾雅》訓「曾」。當依《說文》作「朁」，字從曰，發語聲也。「憯不畏明」者，言此作為寇虐之人肆然公行，無所忌憚，曾不畏人之共見之也。李氏云：「不於詭隨之時而禁止之，至於為寇虐而欲遏止之，亦以晚矣。」嚴云：「遠謂夷狄，邇謂中國。治道略外而詳內，夷狄則撫柔之而已。中國之治甚詳，故必能其事。」猶言克家也。「以定我王」者，如此而後天位可永固也。承上文言寇虐之人不遏，則中國之民必不得安，故又申之，曰凡欲柔遠，必先能邇。吾前所云「惠此中國，以綏四方」者，可不勤勤加之意，以為定我王地乎？《書》言「柔遠能邇」，必難壬人；《詩》言「柔遠能邇」，在謹無良。其旨一矣。又，《左·昭二十年》：「鄭子產有疾，謂子大叔曰：『我死，子必為政，唯有德者能以寬服民，其次莫如猛。』仲尼曰：『善哉！政寬則民慢，慢則糾之以猛。猛則民殘，殘則施之以寬。寬以濟猛，猛以濟寬，政是以和。《詩》曰：民亦勞止，汔可小康。惠此中國，以綏四方。施之以寬也。毋從詭隨，以謹無良。式遏寇虐，憯不畏明。糾之以猛也。柔遠能邇，以定我王。平之以和也。』」此非詩本旨，然聖賢借經明理，亦何所不可？○**民亦勞止，汔可小休。**尤韻。**惠此中國，以為民逑。**尤韻。**無縱**豐本作「從」。下同。**詭隨，以謹惽**《說文》、豐本俱作「惛」。**恢。**叶尤韻，尼猶翻。**式遏寇虐，無俾民憂。**尤韻。**無棄爾勞，以為王休。**見上。豐本作「庥」。○賦也。「休」，《說文》云：「止息也。」獨言「惠中國」者，上章據天下之大勢發論，此章則專主修內治而言。「逑」，《說文》云：「斂聚也。」民勞則散，故必思所以斂聚之。「惽」，本作「惛」，《說文》云：「不憭也。」「恢」，《說

文》云：「亂也。」詭隨之人心不明了，惟欲變亂成法，以逞其寇虐之謀，《書》所謂「辨言亂政，利口亂官」，即其人也。舊但作歡嘩解，於義未盡。蓋「憫怓」二字皆從心，不從口也。「俾」，使也。「憂」，通作「惥」，《說文》云：「愁也。」先王立法，所以造福民生，事事皆有深意存焉。今一旦取而紛更之，於彼之為寇虐計得已，而民之愁苦將何所紀極？故叮嚀醒之曰「無俾民憂」。「棄」，《說文》云：「捐也。」「爾勞」，亦主變法言。爾誤信憫怓者之言，日從事於更張，固自謂勞於為國矣，豈知有害無利，徒自擲此勞耳。慎無虛用其勞於所不必用，但因其固然，行所無事，而使吾王亦得享安靜之福可也。時必有變法之事。「王休」之「休」與「小休」之「休」其解正同。○民亦勞止，汔可小息。職韻。惠此京師，以綏四國。職韻。無《左傳》作「毋」。縱詭隨，以謹罔極。職韻。式遏寇虐，無俾作慝。職韻。敬慎威儀，以近有德。職韻。○賦也。「息」，毛《傳》云：「止也。」按：「息」，本喘息。人以一呼一吸為一息，故息有止義。此章又於中國內獨提京師而言，《公羊傳》云：「京，大也。師，眾也。天子之居，必以大眾言之。」「京師」者，天下根本之地。若京師先不安，亦何能綏及四方之國乎？然寇虐之施，自近及遠，故戒其「謹罔極」。此「罔極」與他處言「罔極」不同。「罔」，無也。「極」者，屋脊之棟，有高與中二義，惟京師足以當之，《商頌》所謂「商邑翼翼，四方之極」也。使詭隨之人得肆其寇虐之害，則根本先搖，而亦無以為四方之極矣。京師離心，則四國必皆解體，天子將安所託乎？胡安國云：「王者以天下為家，則以京師為室。京師者，本也。周公作《立政》，曰：『迪惟有夏，乃有室大競。』其作《鴟鴞》詩，以遺成王，亦曰：『既取我子，無毀我室。』皆指京師言之也。以京師為室，王畿為堂，諸夏為庭戶，四夷為藩籬，治外者先自內，治遠者先自近，本亂而末治者，否矣。」「慝」，當通作「匿」，陰奸也。按：《說文》無「慝」字。《漢書》：「月見東方謂之仄慝。」一謂之「側匿」。故知「慝」、「匿」通用。「無俾作慝」者，無使其招來奸黨暗相嘯聚也。「敬慎威儀」二句，教其但當親近君子，非謂小人盤結，必合眾君子與之爭勝也。觀《板》之詩曰「小子蹻蹻」，與下章言「戎雖小子」正是一人，則此人必平素侮慢自賢者，《孟子》所謂「訑訑之聲音顏色，距人於千里之外」。彼有德之人安肯為之用乎？故以「敬慎威儀」箴之，又，《左·昭二年》：「叔弓聘於晉，晉侯使郊勞，辭。致館，又辭。叔向曰：『子叔子知禮哉！吾聞之曰：忠信，禮之器也。卑讓，禮之宗也。不忘國，忠信也。先國後己，卑讓也。

《詩》曰：敬慎威儀，以近有德。夫子近德矣。』」斷章取義，非詩正旨。○**民亦勞止，汔可小愒。**齊韻。**惠此中國，俾民憂泄。**齊韻。**無縱詭隨，以謹醜厲。**齊韻。亦叶泰韻，落蓋翻。**式遏寇虐，無俾正敗。**叶泰韻，烏外翻。**戎雖**豐本改此二字作「無曰」。**小子，而式弘大。**泰韻。○賦也。「愒」，《爾雅》、《說文》皆云：「息也。」徐鍇云：「猶憩也。」「惠此中國」承上章「惠京師」、「綏四國」言，與首、次二章語意有別。言果能惠內以及外，則惠庶幾遍此中國矣。「泄」，毛云：「去也。」孔穎達云：「『泄』者，閉物漏去之名，故以為去。」愚按：「泄」字從水，當如水流去之意。「俾民憂泄」與次章「無俾民憂」相照。前此惑於憫恢之說，妄有變動，既不能使民無憂矣。及茲改圖，尚可使民憂寫泄而去也。「丑」，《說文》云：「可惡也。」劉熙云：「臭也，如物臭穢也。」「厲」，《說文》云：「旱石也。」愚按：此「厲」字即《孟子》「厲民」之「厲」。「以謹醜厲」者，言以慎防此臭穢可惡之人與有德者相離齬，如旱石之劘物也。「正敗」，朱子云：「正道敗壞也。」使有德者不見用，而惟詭隨之言是從，則悖正者勝而守正者敗矣。「戎」，鄭云：「猶汝也。」孫毓云：「戎之為汝，詩人通訓。」按：其義未詳，當是古讀戎、汝同音，故字得通用耳。「小子」，少年也。《國語》稱「厲王說榮夷公」，其即此人乎？輔廣云：「以小子稱同列，必是長老者之辭。」「式」，亦語聲。「弘」，鄭云：「猶廣也。」按：「弘」本弓聲，轉訓為「廣」，於義無取。當通作「宏」，《說文》云：「屋響也。」屋廣則響，故以「廣」訓。言汝乃新進少年，而不意其曠度洪量，於人無所不容乃爾，蓋譏諷其濫比匪人。舊說以為規其責任之重，非也。○**民亦勞止，汔可小安。**寒韻。亦叶先韻，於虔翻。**惠此中國，國無有殘。**寒韻。亦叶先韻，財先翻。**無縱詭隨，以謹繾綣。**叶銑韻，讀如卷，古轉翻。陸本作「卷」。**式遏寇虐，無俾正反。**叶銑韻，甫彎翻。**王欲玉女，**音汝。**是用大諫。**叶銑韻，九件翻。《魏·高堂隆傳》〔註19〕、豐本俱作「簡」。○賦也。「安」，《說文》云：「靜也。」字從女在宀下。徐鍇云：「女子非有大故，不踰閾也。」愚按：此亦止息之意。「康」、「休」、「息」、「愒」、「安」，義無淺深，趁韻成文耳。「惠此中國」，亦申上章之語。「殘」，《說文》云：「賊也。」劉熙云：「踐使殘壞也。」「國無有殘」，李氏云：「言國無殘敗之禍也。」五章「無縱詭隨」下各深一步說，而各立一意。「繾綣」，蘇、朱皆云：「小人之固結其君者也。」輔云：「惟詭隨之人方能委

曲逢迎，以自固結於君也。」按：「繾綣」二字，舊無明解。《說文》訓「繾」，則曰「繾綣不相離也」；訓「綣」，則曰「繾綣也」。《釋名》訓「綣」，亦但云：「藏物繾綣，束縛之也。」毛《傳》訓「繾綣」，云：「反覆也。」孔氏訓「繾綣」，云：「牢固相着之意。」愚以字意求之，「繾」左施遣，遣之為言縱也；「綣」左施卷，卷之為言曲也。然則繾是縱絲繩令直，後乃從而屈曲纏束之，則謂之綣也。此章為五章之終，故特言「以謹繾綣」，乃歸根挈要所在，必使君志清明曉然，知是之為是，非之為非，則自不為詭隨所惑，倘無以破其奸而俾其得以詭隨自結，則交將日益深而不可解矣。王安石云：「正敗者，敗而已，未盡反而為不正。若正反，則無正也。」曹居貞云：「以是為非，以惡為善，一切相反，則亡無日矣。」「玉」，朱子云：「寶愛之意。」「女」，指同列也。「諫」，《白虎通》云：「間也，更也。是非相間，革更其行也。」徐鍇云：「於文言柬為諫。柬者，分別善惡。」通詩反覆詳委，言之不已，故曰「大諫」。朱子云：「言王欲以女為玉而寶愛之，故我用王之意，大諫正於女。蓋託為王意以相戒也。」凌濛初云：「文似相戒，而忽著『王欲玉女』一句，便是刺王本旨。」愚按：「玉」之一字，亦詩人嘲謔之辭。然古今以鼠樸為璞者多矣，獨厲王哉！

《民勞》五章，章十句。《申培說》云：「厲王之時，公卿憂亂，同列相戒而作此詩。」按：此詩雖戒同列，實刺同列，以此同列乃王所信任為執政者。篇中所指「詭隨」、「寇虐」之人，皆其黨也。申說於詩意大相刺謬。《子貢傳》闕文。

板

《板》，凡伯刺厲王也。出《序》。切責僚友用事之人，而義歸於刺王。出嚴氏《詩輯》引朱子之言。○按：《左傳》云：「凡、蔣、邢、茅、胙、祭，周公之胤。」《春秋·隱七年》：「天王使凡伯來聘。」然則凡伯乃周同姓，國於畿內，世在王朝。胡一桂云：「厲王無道，召穆、凡伯以親賢之故，宜極言而力救之。顧乃不直致其諫，而姑責同僚，以使之聞之者，豈非亦以監謗之故，不欲嬰其鋒以陷於罪，而甚吾君之惡也耶？」蔣悌生云：「詳味此詩，蓋朝廷始昏亂之時，其時文、武、周公之道典章法度粲然具在，非不存也；在朝之臣，老成才德，非不有也。但王心暴虐，棄舊章而不顧，疏斥老成而不用，而其所任以政者，乃少年不更事之人，是以民勞於下而政亂於上。其時

若召穆公、凡伯之徒，又皆世臣，與國同休戚者，言不行，諫不聽，義又不可去，故其熱中之情發而為懇惻切直之詞，一語責之，旋以一語勸之，不厭繁複，惟欲其有所警悟，而改紀於其政。所謂『亂世之音怨以怒，其政乖』，此類是也。」

上帝板板，叶銑韻，俾緬翻。《爾雅》作「版」。**下民卒**《韓詩》作「瘁」。**癉**。叶銑韻，多卷翻。《禮記》沈本俱作「癉」。陸德明本作「僤」。**出話不然**，先韻。**為猶**豐氏本作「猷」。下同。**不遠**。叶先韻，於圓翻。**靡聖管管，不實於亶**。叶諫韻，直莧翻。按：管、亶本俱旱韻，但下兩句遠、諫無叶。今以亶叶諫。**猶**《左傳》作「猷」。**之未遠，是用大諫**。韻。《左傳》、豐本俱作「簡」。○賦也。「上帝」，天也。程子云：「以主宰言謂之帝。」「板」，本作「版」，《說文》云：「判也。」「上帝板板」者，言天心判離之甚，無眷顧之意也。毛《傳》訓「板」為「反」，蓋取其偏傍。《韓詩外傳》引此，亦云：「勞心苦思，從欲極好。靡財傷情，毀名損壽。悲夫傷哉！窮君之反於是道，而愁百姓。」其解與毛《傳》同。《爾雅》訓「板板」為「僻」，則但以文意取之，然皆非「板」字本訓也。「癉」，《說文》云：「勞病也。」「下民卒癉」者，鄭玄云：「天下之民盡病也。」又，《禮記‧緇衣》篇：「子曰：『上人疑則百姓惑，故君民者章好以示民俗，慎惡以御民之淫，則民不惑矣。《詩》云：上帝板板，下民卒癉。』」按：此乃推探亂本之言，非本文正義。「話」，《爾雅》、《說文》皆云：「善言也。」孫炎云：「善人之言也。」「然」，通作「嘫」，《說文》云：「語聲也。」蓋相應許之意。「猶」，《爾雅》云：「謀也。解見《采芑》篇。人有進善言於彼者，彼則不以為然，而據彼之所為謀者，又全無長遠之慮，即下三章所稱是也。「靡」、「無」通，音之轉也。「管」，樂器，以竹為之。鄭玄謂「如篴而小，併兩而吹」者是也。「實」者，對虛之名。不實則虛矣。「亶」，《說文》云：「多穀也。」穀多則實，故借為充實之意。此刺當時用事者相習謟諛，謂從古安有聖人，惟吾王聖耳。一唱眾和，如管與管之相應，猶《正月》之詩所云「具曰予聖」者。第五章「誇毗」，正指此。然聽其言，則洋洋盈耳，而其實何嘗有此事，徒誇張讚誦以取悅而已。時屬王好利，其倉廩之所藏者必多，故歎之曰：若輩言不根心，以無為有，不能如穀藏之充實也。亦嘲謔之辭。「猶之未遠」，與「為猶不遠」語意有別。彼「不遠」乃實指之辭，此「未遠」則根發端二句說，言天心已離，民病已極，此何等時也，宜可以改弦易轍矣，而尚狃於細娛，忘其大患，謀猷仍然未遠乎？「是用大諫」，

雖曰諫同列，正所以諫王也。自次章以下至末反覆詳委，言之不已，所謂「大諫」者也。《左·成八年》：「晉侯使韓穿來言汶陽之田，歸之於齊。季文子餞之，私焉，曰：『士之二三，猶喪妃耦，而況霸主！霸主將德是以，而二三之，其何以長有諸侯乎？《詩》曰：猶之未遠，是用大簡。行父懼晉之不遠猶而失諸侯也，是以敢私言之。』」按：《傳》言「不遠」，猶但取無遠慮之意。○**天之方難**，叶先韻，那沿翻。**無然憲憲**。叶先韻，孚焉翻。**天之方蹶**，叶霽韻，姑衛翻。亦叶屑韻，紀劣翻。**無然泄泄**。霽韻。亦叶屑韻，私列翻。《說文》引此作「呭呭」，又作「詍詍」。《爾雅》、《今石經》俱作「洩洩」。**辭之輯**韻。亦叶合韻，祖合翻。《說文》作「𦘕」。《新序》作「集」。**矣，民之洽**叶輯韻，胡急翻。亦叶合韻，葛合翻。《左傳》作「協」。**矣。辭之懌**陌韻。亦叶藥韻，弋灼翻。《說苑》、陸本俱作「繹」。**矣，民之莫**藥韻。亦叶陌韻，莫白翻。**矣。**賦也。「難」，本鳥名，後借與「易」對言者。以偏傍與「艱」同，因從「艱」義。「艱」，《說文》訓為「土之難治者」。以其用工不易，故為反易之稱。「憲」，《說文》云：「敏也。」字下從心從目。徐鍇云：「目與心應為敏。」上從宀從丰。宀讀若綿，深屋也。丰讀若介，艸生散亂也。許氏曰：「於宀暗丰亂之中，以心目治之，四體會意。」「蹶」，《說文》云：「僵也。」即顛躓也。「泄」，當依《說文》通作「呭」，云：「多言也。」按：《孟子》引此詩而解之曰：「泄泄，猶沓沓也。事君無義，進退無禮，言則非先王之道者，猶沓沓也。」夫《孟子》以「言則非先王之道」解「泄泄」，而《說文》亦以「沓」為「語多如水之流」，故其字「從水從曰」，則與訓「呭」為「多言，之義合矣，宜從之。《荀子注》引此詩作「詍詍」，亦云：「辨說利口而飾非，以言亂是，則謂之詍也。」言天方以否塞之運難我，爾無逞爾之敏捷，一往而不顧也；天方以顛躓之運蹶我，爾無騁爾之利口，以非而亂是也。又，《樂記》：「武坐致右憲。」鄭氏謂「『憲』讀如『軒』，聲之誤也」，則此「憲憲」通作「軒軒」，亦可。《世說》謂「軒軒若朝霞舉」是也。車前為軒，蓋狀其足高氣揚之象耳。《民勞》之詩云：「俾民憂泄」，取水流去之義。則此「泄泄」如字解，亦可。言其神情渙散，不與國事相關，亦如水之流去也。「辭之輯矣」四句，引起下章之語。「辭」，非號令之謂，乃在朝諸臣各出所見而有裨益於廟謨者。「輯」，《說文》云：「車和輯也。」故取以為和集之義。言欲其集眾思也。「洽」，當依《左傳》通作「協」，《說文》云：「眾之同和也。」「懌」，當從《說苑》及陸德明本通作「繹」，於義為長。「繹」者，抽絲也。

《書》曰：「庶言同則繹。」《論語》曰：「巽與之言，能無悅乎？繹之為貴。」蓋欲其集合眾論，抽繹於心，而思其至當之理也。今但依本字解。則《爾雅》訓「樂」，《說文》訓「悅」，乃是平心易氣，不相捍格之意。「莫」，通作「嘆」，《說文》云：「嗼嘆也。」按：嚴忌《哀時命》篇云：「嘆嗼默而無聲。」正此字義。《爾雅》訓「定」。而毛《傳》解此「莫」字亦以為「定」，則知「莫」、「嘆」通用，取靜定之意。夫既和同，又靜定，則亂何自生？徐光啟云：「《書》云：『同寅協恭，和衷哉！』國家之患，莫大乎人私其見而不相能也。厲王之時，上監謗以防民，下好利而不備難，此是彼非，盈庭莫執，壎箎之誼泯矣。所謂『輯』、『懌』，只是平心易氣，獻可替否，順理調劑。至爾我同心，以釐庶政，便能為民造福，而洽莫之效臻，難蹶之天定也。」嚴粲云：「此詩首章責同僚出話不然，為猶不遠，故二章因戒之以言論之間，宜相和協，謂徒執一己之見者，未必有深長之慮。惟僚友和同商議，庶幾合謀並智，可以措民於安耳。然愚而自用者，終不能舍己而從人。故三章言『我即爾謀，聽我囂囂』，四章言『匪我言耄，爾用憂謔』，謂己以善言告之而不見聽也。善言既不見聽，乃大言虛誕，諛言阿附，善人見其如此，不肯復言矣。故五章言『無為夸毗，善人載尸』也。前五章皆說僚友議論不相協，猶《小旻》詩六章，其前五章皆說謀猶之不臧也。達觀上下章旨，知辭之輯、懌非謂王者出令矣。」又，《左·襄三十一年》：「叔向曰：『辭之不可以已也如是夫！子產有辭，諸侯賴之，若之何其釋辭也。《詩》曰：辭之輯矣，民之協矣。辭之懌矣，民之莫矣。其知之矣。』」《說苑》云：「子貢曰：『出言陳辭，身之得失，國之安危也。《詩》云：辭之懌矣，民之莫矣。夫辭者，人之所以通也。』主父偃曰：『人而無辭，安所用之？昔子產修其辭，而趙武致其敬；王孫滿明其言，而楚莊以慚；蘇秦行其說，而六國以安；蒯通陳其說，而身得以全。夫辭者，乃所以尊君重身，安國全性者也，故辭不可不修，而說不可不善。』」此皆因詩中有「辭」字，遂藉以明辭令之重，非詩本意也。〇**我雖異事，及爾同寮。**蕭韻。陸本、《大全》、朱《傳》俱作「僚」。**我即爾謀，聽我囂囂。**蕭韻。《爾雅》作「敖敖」。**我言維服，勿以**《荀子》作「用」。**為笑。**叶蕭韻，思邀翻。**先民有言，詢於芻**《說苑》作「蒭」。**蕘。**蕭韻。〇賦也。此章主出話不然而言異事。朱子云：「不同職也。」「僚」，同官也。按：《左傳》：「荀林父謂先蔑曰：『同官為僚。吾嘗同僚，敢不盡心乎？』為賦《板》之三章。」是僚為同官也。但《說文》有「僚」字，無「寮」字。而《蒼頡篇》訓

「僚」云：「小窗也。」其字從宀，則於同官之義無預。惟「僚」字從人，《說文》訓為「好貌」。蓋服官之人，其威儀美好可知，故古以官為僚。《虞書》「百僚師師」是也。然則此「僚」字正當通作「僚」。陳櫟云：「觀此言，則其為同列相戒甚明。」「即」，就也。「囂」，《說文》云：「聲也。氣出頭上。」解見《車攻》篇。蓋相詬誶之意。鄭云：「我雖與爾職事異者，乃與爾同官，俱為卿士，我就爾而謀，忠告以善道，爾反聽我言，囂囂不肯受也。」「我言維服」，與《商書》說「乃言維服」語正相類。「服」，即佩服之服。凡我所言者，爾當時常記存之於心，亦如衣服之附麗於身。《康誥》篇所謂「衣德言」是也。「笑」，解顏啟齒也。輕侮其言，故用以資笑柄也。「先民」，孔穎達云：「先世上古之民賢者。」「有言」，所謂成語也。「詢」，《說文》云：「謀也。」「芻」，《說文》云：「刈草也。」「蕘」，《說文》云：「薪也。」「芻蕘」，毛云：「薪采者。」孔云：「芻者，飼馬牛之草。蕘者，供燃火之草。」言古之賢人有語傳於後世，謂凡謀國者必須謀及下賤者，始有以得民之情。今我所與爾謀者，皆詢於下賤之所得，其言民情最真，而女顧以為笑而不聽乎？《禮·坊記》篇：「子云：『上酌民言，則下天上施。上不酌民言，則犯也。下不天上施，則亂也。故君子信讓以涖百姓，則民之報禮重。《詩》云：先氏有言，詢於芻蕘。』」舊說皆謂芻蕘尚可詢，況於僚友！其義亦通。但不如《坊記》孔子之說於味為長。若諸書引此，皆同後說。《荀子》云：「天下國有俊士，世有賢人，迷者不問路，溺者不問遂，亡人好獨。《詩》曰：『我言維服，勿用為笑。先民有言，詢於芻蕘。』言博問也。」《韓詩外傳》云：「天子居廣廈之下，帷帳之內，旃茵之上，被躧舄視，不出闈莽，然而知天下者，以其賢左右也。故獨視不若與眾視之明也，獨聽不若與眾聽之聰也，獨慮不若與眾慮之切也。故明王使賢臣輻輳並進，所以通中正而致隱居之士。《詩》曰：『先民有言，詢於芻蕘。此之謂也。』」《說苑》云：「齊桓公設庭燎，為士之欲造見者，期年而士不至。於是東野鄙人有以九九之術見者。桓公曰：『九九何足以見乎？』鄙人對曰：『臣非以九九為足以見也。臣聞主君設庭燎以待士，期年而士不至。夫士之所以不至者，君，天下賢君也，四方之士皆自以論而不及君，故不至也。夫九九，薄能耳，而君猶禮之，況賢於九九乎！夫太山不辭壤石，江海不逆小流所，以成大也。《詩》云：先民有言，詢於芻蕘言。博謀也。』桓公曰：『善。』乃因禮之。期月，四方之士相攜而並至。」○**天之方虐**，藥韻。**無然謔謔**。藥韻。**老夫灌灌**，《爾雅》作「謹謹」。**小子蹻蹻**。藥韻。《列女傳》作「矯

矯」。**匪我言耄**，號韻。亦叶藥韻，慕各翻。**爾用憂謔**。見上。**多將熇熇**，叶號韻，苦到翻。亦叶藥韻，黑合翻。《爾雅》作「謞謞」。**不可救藥**。韻。○賦也。此章主為猶不遠而言。「虐」，殘。「謔」，戲也。俱見《說文》。天方降殘虐，將有覆亡之禍，不止於「方難」、「方蹶」而已。女無以國事為戲謔，恬然不知斂戢也。觀下文「爾用憂謔」，則知此「謔謔」是言其視國事不介意，非謂其聽己言而笑，狀類戲謔也。「老夫」，孔云：「凡伯自謂也。」「灌」，溉也，言之不已，欲其沁入於心，與《書》言「啟乃心，沃朕心」沃字義同。「小子」，指執政者，即《民勞》篇所稱「戎〔註20〕雖小子」也。「蹻」，《說文》云：「舉足行高也。」劉向云：「《詩》曰：『老夫灌灌，小子蹻蹻。』言老夫欲盡其謀而少者驕而不受〔註21〕也。秦穆公所以敗其師，殷紂所以亡天下也。故《書》曰：『黃髮之言，則無所愆。』《詩》曰：『壽胥與試。』美用老人之言以安國也。」「耄」，朱子云：「老而昏也。」《左傳》所謂「老將智而耄及之」是也。「憂謔」，當可憂之時而反以之為謔，《孟子》所謂「安其危而利其菑」是也。「多」，猶久也。「將」者，且然之辭。「熇」，《說父》云：「火熱也。」「藥」，所以治病。《周禮·疾醫》職云：「以五藥養其病。」《注》謂「草木蟲石穀也」。《瘍醫》職云：「凡藥以酸養骨，以辛養筋，以鹹養脈，以苦養氣，以甘養肉，以滑養竅。」王安石云：「《列子》曰：『曾不發藥乎？』《左氏》曰：『不如聞而藥之也。』與此『救藥』同意。」蘇轍云：「老者知其不可而盡其款誠以告之，少者不信而驕之，故曰非我老耄而妄言，乃女以憂為戲耳。夫憂未至而救之，猶可為也。苟俟其益多，則如火之盛，不可復救矣。」朱善云：「夫憂不可戲也。苟以憂為謔，則積之之多，將如火之燎於原，不可得而撲滅矣。」劉向云：「夫死者猶不可藥而生也。悲夫！亂君之治，不可藥而息也。《詩》曰：『多將熇熇，不可救藥。』甚之之辭也。」《韓詩外傳》云：「人主之疾，十有二發，非有賢醫，莫能治也。何謂十二發？痿、蹶、逆、脹、滿、支、膈、盲、煩、喘、痹、風，此之曰十二發。賢醫治之何？曰：省事輕刑，則痿不作；無使小民飢寒，則蹶不作；無令財貨上流，則逆不作；無令倉廩積腐，則脹不作；無使府庫充實，則滿不作；無使群臣縱恣，則支不作；無使下情不上通，則膈不作；上材恤下，則盲不作；法令奉行，則煩不作；無使下怨，則喘不作；無使賢伏匿，則痹不作；無使百姓歌吟誹謗，則風不作。夫

〔註20〕「戎」，底本作「受」，據四庫本改。
〔註21〕「受」，底本作「戎」，據四庫本、劉向《新序·雜事第五》改。

重臣群下者，人主之心腹支體也。心腹支體無疾，則人主無疾矣。故非有賢醫，莫能治也。人皆有此十二疾，而不用賢醫，則國非其國。《詩》曰：『多將熇熇，不可救藥。』終亦必亡而已矣。故賢醫用則眾庶無疾，況人主乎！」**天之方懠**，叶支韻，疾之翻。亦叶齊韻，徵奚翻。**無為夸毗**。支韻。亦叶齊韻，部迷翻。**威儀卒迷**，齊韻。亦叶支韻，武移翻。**善人載尸**。支韻。**民之方殿**《說文》作「念」。豐本作「㝈」。**屎**，支韻。《說文》作「吚」。豐本作「咿」。**則莫我敢葵**。支韻。豐本作「揆」。**喪**去聲。《說苑》作「相」。**亂蔑資**，支韻。**曾**《家語》無此字。**莫惠我師**。支韻。○賦也。「懠」，《爾雅》云：「怒也。」按：《說文》無「懠」字，疑當通作「擠」，排也。「天之方懠」，就執政身上說，與前章「方難」、「方蹶」、「方虐」就國運說者不同。「夸」，通作「姱」，《說文》云：「誇也。」「誇」者，誕也，即朱子所謂「大言也」。「毗」，通作「比」，《說文》云：「相與比密也。」言天怒汝之甚，方擠排汝，不使汝當國，汝無徒恣為誇大之言，稱聖頌神，諂媚人主，以自固結。首章「靡聖管管」，正指誇而言。若《爾雅》釋「夸毗」為「體柔」，其實只解「毗」之一字耳。「卒」，鄭云：「盡也。」「迷」，《說文》云：「惑也。」屈己卑身，求得於人。籧篨戚施，亦孔之醜，其終日所行之威儀盡錯亂回惑也。「善人」，憂國之人。「載」之言「則」也。「尸」，孔云：「謂祭時之尸以為神象，故終祭而不言。賢人君子則如尸，不復言語，畏政故也。」鄭云：「時屬王虐而弭謗。」錢天錫云：「小人之焰張，善人之氣結，畏而不敢言，憤而不肯言，知其無益而不遽言，即欲不載尸，得乎？」萬時華云：「或束手旁觀，或屏跡閒處，皆載尸也。」徐幹云：「君子者，行不踰合，立不易方，不以天下枉道，不以樂生害仁，安可以祿誘哉？雖強搏執之，而不獲已，亦杜口佯愚，苟免不暇。國之安危，將何賴焉？故詩曰：『威儀卒迷，善人載尸。』此之謂也。」王應麟云：「『善人載尸』，裴度之晚節也。」「殿」，《說文》云：「擊聲也。」《說文》作「念」，云：「吚也。」「屎」，當從《說文》作「吚」，云：「呻也。」孫炎云：「人愁苦呻吟之聲也。」本無「屎」字。又俗以糞為屎，莊子謂「道在屎溺」是也。然古文「屎」本作「菡」，一字兩訛，可見其謬。「民之方殿屎」，以刑法之峻言。「無」、「莫」通，音之轉也。「葵」，菜也。其性常傾葉向日。解見《采菽》篇。言民方遭搏擊之威，愁苦呻吟，無敢依歸於我，如葵之向日也。「喪」，猶失也。「蔑」，王弼云：「猶削也。」孔云：「謂微蔑，物之見削，則微蔑也。」陸元朗云：「楚俗有削蔑之言。」「資」，《說文》云：「貨也，人

所齎持也。」「曾」,《說文》云:「詞之舒也。」「惠」,即「行慶施惠」之「惠」,謂恤其不足也。「師」,眾也。民失其業,又遭四方多故,其所齎持者既削小矣,而曾無有憐恤我眾之意,歎其誅求之無已也。此以賦斂之重言。時榮夷公好利,而厲王悅之,故重斂不已,民不能供其求,則必至於重法。「民之殿屎」,蓋繇於此。《家語》、《說苑》俱載孔子曰:「《詩》不云乎?『喪亂蔑資,曾莫惠我師。』此傷奢侈不節以為亂者也。」又,鄧元錫云:「此章儆求人也。喪亂而善人尸居,將蔑所與資,孰為代天惠民乎?」亦通。〇天之牖《風俗通》作「誘」。民,如壎《風俗通》作「塤」。如篪,叶齊韻,讀如齊,前西翻。如璋如圭,齊韻。如取如攜。齊韻。攜無曰益,陌韻。牖《禮記》、《外傳》俱作「誘」。民孔易。陌韻。民之多辟,陌韻。無自立辟。見上。〇賦也。此章承上章「喪亂蔑資」二句,而深著其禍。《大學》曰:「貨悖而入者,亦悖而出。」《孟子》曰:「上下交征利而國危矣。」即其意也。「天之牖民」三句,推原民性本善,皆本於天之所命。《湯誥》所謂「維皇上帝,降衷於下民,若有恆性」者,凡仁不遺親,義不後君,皆民之所能為也,特視上人所以開導之者何如耳。「牖」,《說文》云:「穿壁以木為交窗也,所以見日。」徐鍇云:「古者一室一戶一牖。」程子云:「牖者,開通之義。」愚按:《左傳》言「天牖其衷」,用字同此。但彼只就一時言,此則本其受於有生之初者言之,謂開民良知而民無不知,開民良能而民無不能也。「壎」、「篪」,解見《彼何人斯》篇。「璋圭」,解見《卷阿》篇。毛云:「『如壎如篪』,言相和也。『如璋如圭』,言相合也。」孔云:「壎、篪俱是樂器,其聲相和,故云相和。半圭為璋,合二璋則成圭,故云相合。」愚按:「如壎如篪」,指眾民言。《孟子》謂「故凡同類者,舉相似也」。同肖形而為人,則同有此性,故彼如壎,此如篪也。「如璋如圭」,指天人相合言。子思言「天命之謂性」,散之則為人人之性,合之則共一維天之命,故民如璋,天如圭也。然則王如能以德道民,即無不能秉德以尊君親上者矣,而其如在位之臣以言利導王棄德不務何哉!「如取如攜」,言取民也。「取」,孔云:「謂物在他處,行往取之。」「攜」,《說文》云:「提也。」謂以手舉之。「取」、「攜」只是一意,言如取物於他處而以手舉之也,故下文但承「攜」字言。「無」,通作「毋」,戒辭也。「無曰」者,言慎毋出之於口也。攜而至於增益,征斂無度,非維正之供也。此即上章所謂「喪亂蔑資,曾莫惠我師」者,民何以堪?「牖民」,指君言。「孔」,甚也。「易」,變易也。按:《說文》,易本蟲名,乃蜥易也。陸佃謂「蜥

易一日十二時變色，故有變易之義」。夫上之所為，下之歸也。君好利，民誰不好利？君所以啟迪其民者如此，民亦將疾趨改易，而向所得於天牖之本體，總漸滅而不復自存矣。勢必至於君能取，民亦能奪。下文言「民之多辟」，所自來也。《樂記》：「子夏云：『為人君者，謹其所好惡而已矣。君好之，則臣為之。上行之，則民從之。《詩》云：誘民孔易。此之謂也。』」又，《韓詩外傳》云：「人有六情，目欲視好色，耳欲聽宮商，鼻欲嗅芬香，口欲嗜甘旨，其身體四肢欲安而不作，衣欲被文繡而輕煖。此六者，民之六情也。失之則亂，從之則穆。故聖王之教其民矣，必因其情而節之以禮，必從其欲而制之以義，義簡而備，禮易而法，去情不遠，故民之從命也速。孔子知道之易行，曰：『《詩》云：誘民孔易。非虛辭也。』」按：此則以易為難易之易，舊說亦皆如此讀，然於韻不合，其失明矣。若《樂記》所引「孔易」，仍是變易之義，定當以前說為正。「民之多辟」，鄭云：「民之行多為邪辟者。」按：此則「辟」當通作「僻」，《說文》云：「從旁牽也。」從旁牽之，其非出於正道可知。「自立」，猶言置身也。「辟」，即上文之辟。「毋自立辟」者，憂其不免也。言民今既多邪僻而有亂心矣，汝毋晏然置身於群邪之中，而不思所以挽回之策，竊憂禍之及女也，能無懼乎？《左‧宣九年》：「陳靈公與孔寧、儀行父通於夏姬，皆衷其衵服，以戲於朝。泄冶諫曰：『公卿宣淫，民無效焉。且聞不令，君其納之！』公曰：『吾能改矣。』公告二子，二子請殺之。公弗禁，遂殺泄冶。孔子曰：『《詩》云：民之多辟，無自立辟。其泄冶之謂乎！』」昭二十八年，「晉祁勝與鄔臧通室。祁盈將執之，訪於司馬叔遊。叔遊曰：『鄭書有之：惡直醜正，實蕃有徒。無道立矣，子懼不免。《詩》曰：民之多辟，無自立辟。姑已若何？』」按：二傳引《詩》語意正同。○价《荀子》、《漢書》俱作「介」。人維《漢書》作「惟」。下同。藩，大《荀子》作「太」。師維垣。叶寒韻，胡官翻。按：藩、垣俱元韻，但翰無元叶，故俱用寒韻。大邦維屏，大宗維翰。叶寒韻，河干翻。懷德維《左傳》作「惟」。下同。寧，叶陽韻，尼良翻。豐本作「甯」。宗子維城。叶陽韻，辰羊翻。無《左傳》、《漢書》俱作「毋」。俾城壞，叶賄韻，胡罪翻。無《左傳》、《漢書》俱作「毋」。獨斯畏。叶賄韻，烏賄翻。○賦也。此章承上章「民之多辟」二句而教之以弭亂之道。「价」，《爾雅》、《說文》皆以為「善也」。「价人」，即第五章所云「善人」也。「藩」，孔云：「園圃之籬也。」善人在位，足以建威銷萌，天下望其氣勢，自然有所畏憚而不敢發，故曰「維藩」，如此而可令其載尸乎？「大師」，

王安石云：「大眾也。」「垣」，孔云：「小牆之名。」國之有封疆〔註22〕，猶家之有垣牆，後非眾罔與守邦，故曰「維垣」，如此而可令其莫敢葵乎？《荀子》云：「君人者，愛民而安，好士而榮，兩者無一焉而亡。《詩》曰：『价人維藩，大師維垣。』此之謂也。」「大邦」二句，又進而推言之。「大邦」，鄭云：「成國諸侯也。」孔云：「以言大邦，則不兼小國，故知為成國諸侯，七命賜國，伯以上為成國也。」《爾雅》云：「屏為之樹。」謂小牆當門中者。王者以天下為家，侯甸男采衛諸侯，在門庭之內、堂奧之外，有屏之象焉。宜有以縮結之，不可使之離心也。「大宗」，即《梓材》所謂「大家」，《孟子》所謂「巨室」，如尹吉之類。「翰」，鳥羽也。「大宗」，勳閥之舊，枝葉之蕃，足以聯合眾心，羽翼王室，有翰之象焉。宜有以聯屬之，不可使其解體也。時屬王用榮公為卿士，諸侯不享，而衛巫監謗之後，國人莫敢出言，道路以目，則外而大邦、內而大宗，其為攜貳者多矣，故是詩云然。「懷德」，欲其懷愛民之德，不言利也。「懷」，如懷抱之懷，與《論語》、《孟子》「懷德」同例。下章言無在而不敬天，正所謂「懷」也。「寧」，通作「甯」，《說文》云：「安也。」天下康寧，無多辟之患也。「宗子」，鄭云：「謂王之適子。」愚按：此蓋不忍斥言王，故但目宗子耳，即所以目王也。孔云：「城可以禦寇難，故以城喻。」言爾信能懷德以事君，使四方無虞，則庶乎王之太子亦有所恃以為安矣。《左·僖五年》：「晉侯使士蔿為二公子築蒲與屈，不慎，置薪焉。夷吾訴之公，使讓之，士蔿稽首而對曰：『《詩》云：懷德維寧，宗子維城。君其修德而固宗子，何城如之？』」「無」，通作「毋」，戒辭也。下同。「俾」，使也。「城」，指宗子也。「壞」，《說文》云：「敗也。」「獨」，鄭云：「獨居也。」「斯」，《說文》云：「析也。」鄭云：「離也。」「斧以斯之」之「斯」。「畏」，懼也。言汝苟不能懷德而仍惟賄是求，則民不堪命，必禍及宗子，是謂「城壞」。城既壞矣，汝將焉往？雖存汝之一身，而家與之為怨，人與之為讎，終必不免，可懼也哉！爾其長慮早圖，毋使至此，非獨為宗子，亦所以自為也。抑是言也，豈獨戒同列哉？古人有言曰：「撫我則后，虐我則讎。」《孟子》曰：「寡助之至，親戚叛之。」使屬王而聞及此，能無懍然懼乎？孔云：「《周語》曰：『彘之亂，宣王在召公之宮，國人圍之，召公以其子代宣王。』是禍及宗子也。《左傳》曰：『至於厲王，王心戾虐，萬民弗忍，居王於彘。』是獨居而畏也。賢人之言，皆有徵矣。」又，《左·昭六年》：「宋寺人柳逐華合比，於是華亥欲代右

師，乃與寺人柳比，公使代之，見於左師。左師曰：『女夫也必亡。女喪而宗室，於人何有？人亦於汝何有？《詩》曰：宗子維城，毋俾城壞，毋獨斯畏。女其畏哉！』」此引詩意又稍異。○**敬**《後漢書》作「畏」。**天之怒**，遇韻。**無**《左傳》、《後漢書》俱作「不」。**敢戲豫**。叶遇韻，愈戍翻。**敬天之渝**，虞韻。《後漢書》作「威」。**無**《左傳》、《後漢書》俱作「不」。**敢馳驅**。虞韻。《後漢書》作「驅馳」。**昊天曰明**，叶陽韻，謨郎翻。**及爾出王**。陽韻。豐本作「往」。**昊天曰旦**，叶霰韻，都眘翻。**及爾游衍**。叶霰韻，延面翻。陸本作「羨」。○賦也。「敬天」四句，言懷德也。「敬」，非空空畏懼而已，必思所以安民而回天者，其所懷抱當在德矣。夫方難不已，至於方蹶，方蹶不已，至於方虐，此天怒之甚也，尚敢以戲豫處之耶？「爾用憂謔」，所謂「戲豫」也。「戲」，舊解皆訓為謔弄之意，未詳其義所出。考《說文》解「戲」為「三軍之偏」，而徐鍇則云：「所謂戲下者也。」「戲下」，即麾下。然則「戲」、「麾」通用，直是狀其信手指麾，謂之謔弄耳。「豫」，乃象之大者。舊訓為怠緩，又訓為逸樂，皆所未喻。當是通作「舒」。舒者，伸也，伸展自如，則怠緩、逸樂二義俱有矣。故《晉書·地理志》解豫州名義云：「豫者，舒也。」言性理安舒也。舒亦有豫音，又偏傍相同，故得通用也。「渝」，《說文》訓為「變污」，故有變之義。《易》言「官有渝」、《春秋》言「渝盟」是也。篇首言「上帝板板」，則已將改易天命屬之他人矣。天心之變如此，尚敢以馳驅承之耶？走馬謂之馳，策馬謂之驅。然此不必指盤遊言，如「小子蹻蹻」即所謂馳驅也。兩「無」皆戒辭。「昊天曰明」，又復說所以當無敢之意。「昊」，《爾雅注》云：「氣皓旰也。」天明、天旦，對天怒、天渝言。出王、游衍，對戲豫、馳驅言。世亂者，天晦之象；世治者，天明之象。自治而趨亂為明，入於地之象；自亂而轉治，乃夜復為旦之象。兩「及爾」與「及爾同寮」語氣相類。「王」，毛云：「往也。」按：往有王音，故以音同通用。左貴嬪《德柔頌》云「邈邈德柔，越天之剛。神以知來，智以藏往」是也。「出王」者，朱子云：「言出而有所往也。」「游」，《說文》云：「旌旗之流也。」亦借為浮水之義。「衍」，水溢也。言「游」又言「衍」，總象其飄颻縱裕之意。言我所以戒爾毋敢戲豫馳驅者，亦謂此時天方怒方渝故耳。假使天步際其清明，則我固將偕汝以出往，而觀化自娛，抑使否運倏而獲轉，則我亦且偕汝以游衍，而及時為樂矣，而豈故為是苦言以規汝乎？舊說謂天之監人，無往不在，其理自精。然於此詩立言之意，反覺寬緩未切，讀者詳之。

《板》八章，章八句。《申培說》云：「厲王用事之臣多懷不忠，以致禍敗，故公卿賦此以責之。」按：「不忠」二字既屬寬泛，而《序》言此詩凡伯所作，則已明著其人，乃泛云「公卿賦此」，何也？偽書鄙淺，固無足怪。《子貢傳》闕文。

蕩

《蕩》，厲王無道，召穆公賦此詩以諫之。出《申培說》。○《序》、《傳》皆以此詩為召穆公作。萬時華云：「反覆說紂，賈山之借秦為喻也。反覆說天，霍光之所謂『王行自絕於天』也。」鄒德胤云：「通篇託之文王歎商，危言不諱，而卒不能啟王之聰，故異時彘之亂，國人圍王宮，召公曰：『昔吾驟諫王，王不從，以及此難。』夫驟諫者，非獨《春秋外傳》所載諫監謗數語，蓋《蕩》之詩尤最危焉。而厲王不以為罪，其猶有容言之度乎！」愚按：《民勞》、《蕩》二詩皆穆公所作，初猶託諷於同列，其後王惡愈深，故遂直諫王耳。季本云：「此詩若非面陳，則當為《小雅》。」

蕩蕩《爾雅》作「蕩蕩」。上帝，下民之辟。疾威上帝，其命多辟。陸德明本作「僻」。兩帝、兩辟不別用韻，亦一變體。天生烝民，其命匪諶。叶東韻，市隆翻。《說文》作「忱」。《韓詩》作「訦」。靡不有初，鮮克有終。東韻。○賦也。孔穎達云：「此下諸章皆言文王曰咨，此獨不然者，見實非殷商之事，故於章首不言文王，以起發其意也。」「蕩」，字從水，非從草，故為水流廣遠之貌。《書》「蕩蕩懷山襄陵」是也。「蕩蕩上帝」，呼上帝而告之也。云「蕩蕩」者，象其廣遠，而言不敢斥君，故借言下民，與《書·高宗肜日》篇言「惟天降下民」意同。「辟」，通作「僻」，邪僻也。解見《板》篇。「疾」，《說文》訓「病」，亦訓「急」。徐鍇云：「病來急，故從矢。矢，急疾也。」「威」，《說文》以為姑之稱，故其字從女。而又從戌者，徐鍇謂土盛於戌，土者，陰之主，亦猶姑為婦之主，故從戌也。漢律有「婦告威姑」之文。然則姑之稱威，其來古矣。後人因此遂借為氣勢可畏之義，以其統內事而為婦所嚴憚故也。「命」，自天之付畀於人者而言，言此下民之相習於邪僻也。豈上帝欲疾速降之威虐〔註23〕，故其所以命之者無非戾氣所鍾而使之多邪僻如是乎？蓋無所歸咎而姑為憾天之辭也。「烝」，眾也。「其命」二字略斷。

〔註23〕「虐」，底本作「雪」，據四庫本改。

「匪」、「非」通。「諶」，《說文》云：「誠諦也。」「匪諶」，主民言。「靡」之
言「無」也。「鮮」，通作「尠」，少也。有初鮮終，以閱歷之變態言。詩人既
先致憾於天矣，因又為之解曰天生眾民，其付畀之理本一而無二，惟人不能
使此理之在己者諶信不移，故使天之命亦若有不可信者耳。是使「其命匪諶」
者，皆人之為也。試觀天下人，當其始時，去性尚近，多有可觀，迨夫末路，
染習日深，少不變節，此豈可歸咎於天哉？以詩意觀之，厲王初年，似未甚
有失德，如第三章言「而秉義類」，是猶知任賢人也。迨其後，小人進用，遂
至多行不義，斂怨於民，皆小人教之耳。民亦知其播虐有自，所以小人既殛
而王流於彘之後，猶尚得以壽終。此詩言「靡不有初」，以致其歎惜；復言「鮮
克有終」，以動其挽回。王若聽此而覺悟焉，且將不失為賢王，何至有流彘之
事乎？朱善云：「人性皆善，厲王之性亦文、武、成、康之性也，而何不善之
有？要其終而觀之，則文、武、成、康若彼其仁厚，而厲王若彼其暴虐，何
也？蓋文王性之者也，武王身之者也，成、康困知勉行者也，厲王自暴自棄
者也。惟其自暴自棄也，故與之言仁義之言則拒之而不信，與之行仁義之行
則絕之而不為。然則非天命之多辟也，乃王之逆天命而自底於多辟也；非天
命之匪諶也，乃王之逆天命而自為是匪諶也。非天命之多辟，非天命之匪諶，
則其蕩蕩者固自若也，而豈可以疾威言之哉？因知其為怨天之辭，而非天之
實有是也。」朱子云：「劉康公曰：『民受天地之中以生，所謂命也，能者養之
以福，不能者敗以取禍。』此之謂也。」《左·宣二年》：「晉靈公不君，士季
將諫。三進，及溜，而後公視之，曰：『吾知所過矣。將改之。』士季稽首而
對，曰：『人誰無過？過而能改，善莫大焉！《詩》曰：靡不有初，鮮克有終。
夫如是，則能補過者鮮矣。君能有終，則社稷之固也，豈惟群臣賴之！』」《晏
子春秋》云：「景公將觀於淄上，與晏子閒立。公喟然歎曰：『嗚呼！使國可長
保而傳於子孫，豈不樂哉！』晏子對曰：『嬰聞之，能長保國者，能終善者也。
諸侯並立，能終善者為長。列士並學，能終善者為師。昔先君桓公，其方任賢
而贊德之時，亡國恃以存，危國仰以安，是以民樂其政而世高其德。行遠征
暴，勞者不疾。驅海內使朝天子，而諸侯不怨。當是時，盛君之行不能進焉。
及其卒而衰，怠於德而並於樂，身溺於婦寺，而謀因豎刁，是以民苦其政而
世非其行，故身死乎胡宮而不舉，蟲出而不收。當是時也，桀、紂之卒不能惡
焉。《詩》曰：靡不有初，鮮克有終。不能終善者，不遂其君。』」《韓詩外傳》
云：「官怠於有成，病加於小愈，禍生於懈惰，孝衰於妻子。察此四者，慎終

如始。《易》曰：『小狐汔濟，濡其尾。』《詩》曰：『靡不有初，鮮克有終。』」按：合觀諸書所引，可以得此詩之意。又，《外傳》云：「繭之性為絲，弗得女工爛以沸湯，抽其統理，不成為絲。卵之性為雛，不得良雞覆伏孚育，積日累久，則不成為雛。夫人性善，非得明王聖主扶攜，內之以道，則不成君子。《詩》曰：『天生烝民，其命匪諶。靡不有初，鮮克有終。』言惟明王聖主，然後使之然也。」其言理甚是。然以《詩》言「烝民」，為主化民言，則絕非詩意。若《左・襄三十一年》，「衛侯在楚，北宮文子見令尹圍之威儀，言於衛侯曰：『令尹似君矣，將有他志。雖獲其志，不能終也。《詩》曰：靡不有初，鮮克有終。終之實難，令尹其將不免』」，此但借「初」、「終」二字為言，去詩旨更遠矣。○**文王曰咨，咨女**音汝。下同。**殷商。**每章俱用此二句起，又不用韻，亦變體也。**曾是彊禦？**《漢書注》作「圉」。**曾是掊克？**職韻。**曾是在位？曾是在服？**叶職韻，鼻墨翻。**天降滔**《大全》、朱《傳》、豐本俱作「慆」。**德，女興是力。**職韻。○賦也。「咨」，孔云：「歎辭。」「殷商」，解見《大明》篇。先儒以為指紂也。《呂氏春秋》云：「昔者紂為無道，殺梅伯而醢之，殺鬼侯而脯之，以禮諸侯於廟，文王流涕而咨之。」孔云：「厲王弭謗，穆公朝廷之臣，不敢斥言王之惡，故止陳文王咨嗟殷紂以切刺之。」歐陽修云：「以下條陳王者之過惡，言此等事皆殷紂所為，文王咨嗟以戒於初，而厲王踐而行之於終也。」陳際泰云：「《板》刺厲王也，其似刺同列，託也。惟《民勞》亦然。至《蕩》而亂益深矣。其每章以文王發端，亦託也。」託同列，指言時事也。託文王，乃不指言時事。託同列，可盡言也。託文王，尤可盡言也。文王尊，蓋所刺譏又在勝國。夫在勝國，於是益展其言，故曰亂益深也。「曾」，《說文》云：「辭之舒也。」曰「曾是」者，怪詫之辭。上二句「曾是」言何乃有是人，下二句「曾是」言何乃用是人也。「彊禦」，毛《傳》云：「彊梁禦善也。」「彊」，《說文》云：「弓有力也。」孔云：「任威使氣之貌。」「禦」，猶「禦人以口給」之「禦」。按：禦、圉、圄三字音同解異。禦者，祀也。圉者，守也，止也。圄者，囹圄也。今誤以囹圄之圄為圉，而以止守之圉為禦，至禦之為祀名，則全無識者。此「禦」字當通作「圉」，謂拒而止之也。「掊」，《說文》云：「把也」，引「鹽官入手取鹽為掊」。然則是取物之名也。「克」，勝也。逆取於民而民無如之何，是為彼所勝也。「彊禦」，是妒賢嫉能者。下章言「彊禦多懟」是也。「掊克」，是聚斂巧取者，下章言「寇攘式內」是也。時厲王任用此兩等人，故云然。《墨子》曰：「厲王染於厲公長

父、榮夷終。」《呂覽》亦云:「厲王染於虢公長父、榮夷終。」其即此輩乎?
「服」,毛云:「服政事也。」「在位」、「在服」,總上言,謂居公卿百執事之位
而任其職事也。孔云:「『在服』與『在位』對文,謂非徒備官,又委任之也。」
「降」,下也。「滔」,《說文》云:「水漫漫大貌。」「滔德」,即指「彊禦」、「掊
克」,言以其存之心者方興未艾,如滔天之水未知所極,故曰「滔德」。篇中
「女」、「而」、「爾」,皆指王也。「興」,《說文》云:「起也。」登庸之謂。人
事之得失,本於氣化之盛衰。國家不幸而有此滔德之人,固若天之所降,然
亦繇汝作興,信用此一輩人,故彼於是得以肆力為之耳。下章曰「流言」,曰
「斂怨」,皆所謂「是力」者也。一說:馮時可云:「天降慆慢之德於人,而女
又興起此輩,以協為力,則胡為不亂也?」亦通。○**文王曰咨,咨女殷商。
而秉義類**,真韻。亦叶隊韻,盧對翻。**彊禦多懟。**真韻。亦叶隊韻,徒對
翻。**流言以對**,隊韻。**寇攘式內。**隊韻。亦叶真韻,而瑞翻。**侯作**陸本
作「詛」。**侯祝**,叶宥韻,職救翻。**靡屆靡究。**宥韻。○賦也。「而」之為
「汝」,音之轉也。手持禾為秉,則秉乃執持之意。「義」,猶善也。對第五章
「不義」言。則此義指善人也。「類」,似也。汝所秉持而見之行者,乃與善人
同類之事,謂行善道也。觀此則善人當厲王初年,其嘗稍見用可知矣。「懟」,
怨也。彊禦之人見王之向善也,則嘗懷怨恨而思所以間阻之,於是乎巧造言
語以入告於王,務誹謗其事之不便。總之,皆無根之言也。以其浮浪如水之
流,謂之「流言」。孔云:「以謗毀之言對王令,王不用之,使賢者黜退也。」
按:《泰誓》篇數紂之惡云:「崇信奸回,放黜師保,屏棄典刑,囚奴正士」,
事正謂此。「寇攘」,奪劫之名,即「掊克」之人是也。群行攻劫曰寇,取非其
有曰攘。加以盜名,醜之之甚也。「式」,用也。孔云:「彊禦之人既退賢者,
乃進其黨類,故寇盜攘竊為奸宄者進在王朝而信之,使用事於內也。以小人
後至而自外入內,故云『式內』。」按:《牧誓》篇數紂之惡云:「乃惟四方之
多罪逋逃,是崇是長,是信是使,是以為大夫卿士,俾暴虐於百姓,以奸宄於
商邑。」即此所謂「寇攘式內」者也。「侯」,諸侯也。「作」,通作「詛」。《周
禮》:「詛祝掌盟詛。」鄭《注》云:「大事曰盟,小事曰詛。」鄧元錫云:「詔
明神殛之,使沮敗,曰詛。《左傳》『鄭伯使詛射潁考叔者』是也。」「祝」,謂
致詞於神以求福。《周禮》「大祝掌六祝之辭,以事鬼神示,祈福祥,求永貞」
是也。六祝:一曰順祝,二〔註24〕曰年祝,三曰吉祝,四曰化祝,五曰瑞祝,

〔註24〕「二」,底本誤作「三」,據四庫本改。

六曰筴祝。此其為順祝、化祝乎？鄭云：「順祝者，君仁臣忠之類。化祝者，祝化廣被也。」「靡」、「無」通。「屈」，極。「究」，窮也。俱見《說文》。諸侯苦王之聽信小人，恣為暴虐，故有詛小人使神速殛之者，亦有祝王使神牖王心而改圖者，而皆不敢必王暴虐之事於何時而始有窮極也。○文王曰咨，咨女殷商。女炰烋于中國，職韻。斂怨以為德。職韻。不明爾德，見上。時無背無側。職韻。豐本作「反」。爾德不明，庚韻。以無陪陸本作「培」。無卿。庚韻。《前漢書·五行志》中引此四句云：「爾德不明，以亡倍亡卿；不明爾德，以亡背亡仄。」○賦也。「炰烋」，毛云：「猶彭亨也。」鄭云：「自矜氣健之貌。」按：「炰」、「烋」，字俱從火，則疑為火熾盛之貌。然《說文》解「炰」為「火炙肉」，而無「烋」字，其義俱難解。趙頤光謂「本作咆哮，乃是狀其暗嗚立威之象」，亦或可信，但未詳所出耳。愚意「炰」但當通作「包」。包者，裹也。「烋」，《韻會》云：「通作『休』。」休者，美也。包休，猶云積德，與「斂怨」相反。言女當斂聚美事於中國，而乃信用〔註25〕斂怨之人乎？此解較順，請以俟達者。「中國」，對夷狄言，與《民勞》篇解同，觀第六章對鬼方言可見。「斂怨」者，寇攘之人所行者皆斂集眾怨之事。呂正獻公所謂「小人聚斂，以佐人主之欲，而不知其終為害也。賞其納忠，而不知其大不忠也。嘉其任怨，而不知其怨歸於上也」。《微子》篇云：「降監殷民，用乂讎斂。召敵讎不怠，罪合於一，多瘠罔詔。」正謂此也。「以為德」者，言王反以此斂怨之人為有德之人而任用之也。此惟王之不明於德故如此。人心虛靈不昧，眾理具焉，是之謂德。能明其德，則自能知人矣。此探本之論。「時」、「是」通用，音之轉也。反面為背，是違於理；不正為側，是趨於邪。皆指小人之斂怨言也。「背」、「側」俱非佳字。舊說以背為前後左右之稱。背可謂之前乎？其不該明矣。「爾德不明」與「不明爾德」顛倒變文，而意自相屬。緣不能明其德，故其德遂不明也。「陪」，本重土之義，因又訓為「貳」。貳者，重也。孔云：「陪貳，謂副貳。王者，則三公也。卿士，謂六卿也。昭三十二年《左傳》曰：『物有陪貳。天生季氏，以貳魯侯。』諸侯以上卿為貳，則知天子陪貳，唯三公也。冢宰雖亦貳王治事，當從六卿之制也。」《前漢書·五行志》云：「《詩》云：『爾德不明，以亡陪亡卿。不明爾德，以亡背亡仄。』言上不明，暗昧蔽惑，則不能知善惡。親近習，長同類，亡功者受賞，有罪者不殺。」顏師古云：「言不別善惡，有逆背傾仄者，有堪為卿大夫者，皆不知

〔註25〕「信用」，四庫本作「偏為」。

之也。」愚按：班、顏之解已得詩意，但「背」、「側」、「陪」、「卿」四字俱是就小人身上說，承上文「斂怨以為德」一句而言。「無背無側」者，彼實背側而不知其為背側，故明有而謂之無也。「無陪無卿」者，不知其不堪為陪卿而漫以之為陪卿，故雖有而猶之無也，又《韓詩外傳》云：「智如泉源，行可以為表儀者，人師也。智可以砥，行可以為輔弼者，人友也。據法守職而不敢為非者，人吏也。當前決意，一呼眾諾者，人隸也。故上主以師為佐，中主以友為佐，下主以吏為佐，危亡之主以隸為佐。語曰：『淵廣者，其魚大。主明者，其臣惠。』眼觀而志合，必繇其中。故同明相見，同音相聞，同志相從，非賢者莫能用賢。故輔弼左右所任使者，有存亡之機，得失之要也。可無慎乎？《詩》曰：『不明爾德，時無背無側。爾德不明，以無陪燕卿。』」又云：「有諤諤爭臣者，其國昌。有默默諛臣者，其國亡。《詩》曰：『不明爾德』云云，言文王諮嗟，痛殷商無輔弼諫諍之臣而亡天下矣。」按：韓於「背」、「側」、「陪」、「卿」之義亦仍從舊說。〇**文王曰咨，咨女殷商。天不湎爾以酒**，無韻。未詳。**不義從式**。無韻。未詳。**既愆**陸本作「僁」。**爾止**，紙韻。**靡明靡晦**。叶紙韻，呼洧翻。**式**陸本作「或」。下同。**號**平聲。**式呼**，叶遇韻，荒故翻。亦叶個韻，呼個翻。又叶禡韻，虛訝翻。《漢書》、崔注俱作「謼」。**俾**陸本作「卑」。**晝作夜**。禡韻。亦叶遇韻，元具翻。〇賦也。「湎」，《說文》云：「沈於酒也。」按：孔引《酒誥》注云：「飲酒齊色曰湎。」而《文選》、薛君《章句》則云：「齊顏色，均眾寡，謂之沈。閉門不出客，謂之湎。」總之，沈、湎義頗相似。而沈字右施冘，冘者，淫淫行貌，乃沉溺於酒之稱。湎字右施面，則是自其見於面者言。孔解為確。齊色，謂共飲者皆醉，面色齊同也。「湎爾以酒」，兼指君臣。天之立君，以為民也，豈使爾漫不事事，乃偕其臣而湎於酒乎？「不義從式」，推所以湎酒之繇也。「從」，隨。「式」，用也。爾於不義之人隨其所行，用其所言，因遂以飲酒為樂事，而君臣交湎耳。小人蠱惑其君，如聲色狗馬之類，固自多端，而飲酒亦其一。彼乘醉飽之昏，將有所為也。下章蜩、螗、沸、羹之弊皆繇於此，而君豈能知之乎？「既愆爾止」四句，湎酒之容也。「愆」，《說文》云：「過也。」「止」，舉止也。按：止字象草木初生之形。艸木出有址，故以止為足。「愆爾止」者，起坐無恒，舉止失其常度也。「靡」之言「無」也。明言日，晦言夜，言其窮日夜以為樂也。按：《禮記》云：「飲酒之節，朝不廢朝，日不廢夕。」今王異是矣。「式」，發語聲，與篇中諸「式」字不同。陸德明云：「一作『或號』者，嗟籲之聲。」

《爾雅》：「舞號，雩也。」《注》云「雩之祭，舞者吁嗟而請雨」是也。呼本外息，與吸對言。內息為吸，外息為呼。此當通作「虖」，《說文》云：「哮虖也。」蓋大叫之聲。古文「烏呼」亦作「於虖」是也。「號」、「呼」，亦「愬」、「止」中之一事。然至於號呼，則酒酣極矣。《漢書》：「成帝乘輿幄坐張畫屏風，畫紂醉踞妲己作長夜之樂。上因顧指畫而問班伯曰：『此圖何戒？』伯曰：『沉湎於酒，微子所以告去也。式號式謼，《大雅》所以流連也。《詩》、《書》淫亂之戒，其原皆在於酒。』上乃喟然歎曰：『吾久不見班生，今日復聞讜言。』」「俾晝作夜」，視「靡明靡晦」句更深，言其沉醉不省，雖白日，昏昏然亦如夜也。蓋荒耽既甚，神志昏迷，豈特廢時失事而已！按：《微子》篇云：「天毒降災荒殷邦，方興沈酗於酒。」《酒誥》篇云：「在今後嗣王酗身，用燕喪威儀。」皆紂湎酒之證。又，劉向《說苑》引此《詩》，謂「人之有鬭，比之狂惑疾病。《詩》云：『式號式呼，俾晝作夜。』言鬭行也」。此全非詩旨。○**文王曰咨，咨女殷商。如蜩如螗，**陽韻。**如沸如羹。**叶陽韻，盧當翻。豐本作「鬻」。**小大近喪，**去聲。**人尚乎由行。**叶陽韻，寒剛翻。**內奰于中國，覃及鬼方。**陽韻。○賦也。「蜩」，蟬也，解見《七月》篇。「螗」，蠦也，亦名蟭螗。按：陸璣云：「蟬之大而黑色者有五德：文、清、廉、儉、信。一名蟭蚗，一名蚗蟧，青、徐謂之螇蟧，楚人謂之蟪蛄，秦、燕謂之蚗蚗。或名之蜓蚞。」郭璞云：「俗呼為胡蟬，江南謂之螗蜺。」陸佃從郭說，謂「螗其首方廣，似蟬而小，鳴聲清亮。蜩亦蟬之一種，形大而黑。昔人啖之」。佃所謂蜩，乃璣所謂螗。總之，蜩、螗皆蟬類，大小異名，莫能詳也。以詩意推之，冠蜩於螗之上，則蜩當是大者。鄒陽《柳賦》亦云：「蜩螗厲響。」而《爾雅》於蜋蜩、螗蜩又皆得蜩之名，則佃之說為足信矣。蜩、螗皆善噪者。「沸」，《說文》云：「水騰湧也。」「羹」，《說文》云：「五味和鬻也。」劉熙云：「汪也，汁汪郎也。」「如蜩如螗」，言之亂也。謀夫孔多，各為其所欲為，位之尊者則如蜩，位之卑者則如螗也。「如沸如羹」，政之亂也。今日行一令，明日行一令，迭進無停，如水之沸。甲言亦行之，乙言亦行之，錯互無章，如羹之襍也。顏師古亦云：「謂政無文理，虛言嘩沓，如蜩螗之鳴，湯之沸滔，羹之將熟也。」「小大」，以法度言。「喪」，亡也。先王之法度，無論大綱領，小節目，皆為小人所變亂，其有尚存而未亡者，特千百中之十一耳，故曰「近喪」也。《周書‧無逸》篇云：「乃變亂先王之政刑，至於小大。」語正同此。「人」，指王也，不欲斥言，故但汎稱人也。「由」，從也。彼之變亂成法

如此，而人尚猶然從其所行，曾不以為非也。按：《微子》篇云：「卿士師師
非度。」正謂此也。對夷狄言，則中國為內。「奰」，《說文》云：「壯大也。」
本作「奰」。三大三目，二目為𥥍，居倦切，目圍也。三目為奰，益大也。
此象其赫奕尊嚴之狀，人不敢近。蘇子瞻所謂「秦人視其君，如雷霆鬼神」
者也。《史記》云：「王行暴虐侈傲，國人謗王。王怒，得衛巫，使監謗者，
以告則殺之。王益嚴，國人莫敢言，道路以目。」此即所謂奰於中國者也。
「覃」者，延長之義。《說文》以為「長味」，《爾雅》以為「延也」。「鬼方」，
王質謂「楚俗多鬼」，指楚也。季本云：「唐高祖以為夏曰薰鬻，商曰鬼方，
周曰獫狁，漢曰匈奴，唐曰突厥，本一國而異名。非也。大王避薰鬻之患，
本在殷時，則商亦仍薰鬻之舊未嘗有鬼方之名也。至周始名獫狁耳。」又，
《世本》注云：「鬼方於漢，則先零戎。」《後漢·西羌傳》云：「武丁伐西
戎鬼方。」然皆無確據。今按：《易》言「高宗伐鬼方」，而《詩》言「高宗
伐荊楚」，則鬼方之地在荊楚中明矣。《史記·楚世家》亦云：「周厲王之時
暴虐，熊渠畏其伐楚，亦去其王。」此詩先言「內奰」而承之以「覃及鬼方」，
正謂峻厲之威及於遠方，與《史》殊合，然則鬼方非荊楚而何？○**文王曰
咨，咨女殷商。匪上帝不時，**叶紙韻，上紙翻。**殷不用舊。**叶紙韻，
暨幾翻。**雖無老成人，尚有典刑。**叶陽韻，胡光翻。**曾是莫聽，**叶陽
韻，他陽翻。豐本作「𦗣」。**大命以傾。**叶陽韻，曲王翻。豐本作「頃」。
○賦也。「匪」，通作「非」。嚴云：「『不時』者，猶言厄運。非上天為此厄
運，乃殷自不用其先王之舊法耳。」按：《周書》「政緒舊」之「舊」，亦指
舊法言。一說「用舊」謂用舊人，亦通。「老成人」，孔云：「年老成德之人。」
「典」，莊都云：「大冊也。字從冊在丌下〔註26〕，尊閣之也。」「刑」，當作
「荆」，字從井從刀。井者，法也。犯法者必麗於刑，故從刀也。「典刑」二
字連言，謂典冊所載之法也。「聽」，猶察也人。有舉典刑以入告者，王每厭
薄之，以為此豈足當老成人，而我信之乎？然其人雖可輕，而其言一一本於
典刑，則固不可棄。乃曾無一語見聽察，何也？此隱隱是穆公自道，而同志
如凡伯、芮伯之輩亦在其中矣。一說：鄭云：「朝廷皆任喜怒，曾無用典刑
治事者。」孔云：「以莫為總辭，故知指君臣也。」亦通。按：《微子》篇云：
「乃罔畏畏，咈其耇長舊有位人。」亦衊棄老成之證。「大命以傾」，預卜其
將然之辭。嚴云：「《盤庚》云：『懋建大命。』大命，謂國之興亡也。」「傾」，

〔註26〕「下」，《說文解字》作「上」。

《說文》云：「仄也。」凡物傾仄，則搖尯而不安，故亦訓為危。王應麟云：「正先諫誅嬴運促，李雲忠隕漢宗覆，章華罹僇陳業隳，昭圖嬰禍唐鼎移。《詩》曰：『曾是莫聽，大命以傾。』」劉向云：「君有過不諫諍，將危國隕社稷也。有能盡言於君，用則留之，不用則去之，謂之諫。用則可生，不用則死，謂之諍。有能比和用力，率群下相與彊矯君，君雖不受，不能不聽，遂解國之大患，除國之大害，成於尊君安國，謂之輔。有能亢君之命，反君之事，竊君之重，以安國之危，除主之辱，攻伐足以成國之大利，謂之弼。故諫諍輔弼之人，社稷之臣也，明君之所尊禮，而闇君以為己賊。故明君之所貴，闇君之所殺也。明君好問，闇君好獨。明君上賢使能而享其功，闇君畏賢妒能而滅其業。罰其忠而賞其賊，夫是之謂至闇，桀、紂之所以亡也。《詩》云：『曾是莫聽，大命以傾。』此之謂也。」○**文王曰咨，咨女殷商。人亦有言，顛沛之揭。**霽韻。亦叶屑韻，蹇列翻。**枝葉未有害，**叶霽韻，暇憩翻。**本實先撥。**叶屑韻，筆別翻。《列女傳》作「敗」。豐本作「蹳」。**殷鑒不遠，在**《國語》「在」字上有「近」字。**夏后**《杜欽傳》「後」字下有「氏」字。**之世。**霽韻。亦叶屑韻，私列翻。○賦也。「人」，孔云：「古之賢哲之人。」「亦有言」，即「顛沛」以下三語是也。「顛」，通作「槙」，《說文》云：「仆木也。」徐鍇云：「《尚書‧盤庚》：『若顛木之有由櫱』，本作此，假借作顛仆字也。」「沛」，本水流之貌，《孟子》「若水之就下，沛然孰能禦之」是也。此言「沛」者，以仆地之勢如之。「揭」，《說文》云：「高舉也。」「枝」，《說文》云：「本別生條也。」徐云：「自本兩分，故曰別生。」「害」，《說文》云：「傷也。」木下曰本。「實」，謂充實。「撥」，《說文》云：「治也。」古人言顛仆之木沛然至地，必高舉而起之，其根葉縱有所損，未足為傷，須先撥治其根本，使其元氣充實，則顛木可生矣。今民怨已甚，國勢已危，先王法度無小無大，又皆為小人所破壞，欲驟然椉舉而修復之，固未易言。惟於大關鍵所在，亟加講求，斥遠小人，蠲除苛政，要以收拾民心為主。民心者，國家之根本。根本既固，國勢可安，然後漸次釐飭節目，以還先王之舊。此撥亂為治之機括也。召公諫王，所惓惓望王有終者，其指歸全在於此。舊說訓「揭」為「蹳」，訓「撥」為「絕」，於二字本義無涉，全非詩意。即如所說，木之本根既已絕矣，而枝葉尚然無害，有此理否？況厲王之時，眾口嗷嗷，內而中國，外而鬼方，人心無不盡去，亦不得謂之枝葉未有害也。傳訛相沿，深知其謬。「殷鑒」二句，危言以動之

也。「夏后之世」，指桀也，承上文言。苟為不然，則大命之傾，將不可救，王其能無懼乎？明鏡非遠，視爾所代彼夏后之世，何以訖於桀哉？《泰誓》篇亦云：「厥鑒惟不遠，在彼夏王。」但彼為詆辭，此為惕辭耳。蘇轍云：「殷鑒在夏，蓋為文王歎紂之辭。然周鑒之在殷，亦可知矣。」《周語》：「太子晉云：『天所崇之子孫，或在畎畝，繇欲亂民也。畎畝之人，或在社稷，繇欲靖民也。無有異焉。《詩》云：殷鑒不遠，近在夏后之世。』」《孟子》云：「暴其民甚，則身弒國亡。不甚，則身危國削。名之曰幽、厲，雖孝子慈孫，百世不能改也。《詩》曰：『殷鑒不遠，在夏后之世。』此之謂也。」《韓詩外傳》云：「昔者禹以夏王，桀以夏亡；湯以殷王，紂以殷亡。故無常安之樂，宜治之民，得賢則昌，不肖則亡。自古及今，未有不然者也。夫明鏡者，所以照形也；往古者，所以知今也。夫知惡往古之所以危亡，而不襲蹈其所以安存者，則無以異於斂行而求遂於前人。鄙語曰：『不知為吏，視已成事。』或曰：前車覆而後車不誡，是以後車覆也。故夏之所以亡者而殷為之，殷之所以亡者而周為之，故殷可以鑒於夏而周可以鑒於殷。《詩》曰：『殷鑒不遠，在夏后之世。』」黃佐云：「《板》、《蕩》之詩，深刺其君之惡，非章君過也，憂國愛君之心所發也。唐之太宗以詩賜其臣蕭瑀而曰：『板蕩識誠臣。』噫！其亦有感於此也夫。」

《蕩》八章，章八句。《序》云：「召穆公傷周室太壞也。厲王無道，天下蕩蕩，無綱紀文章，故作是詩也。」蘇轍駁之云：「《蕩》之所以為蕩，繇詩有『蕩蕩上帝』也。《序》以為『天下蕩蕩，無綱紀文章』，則非詩之意矣。」嚴云：「臣子作詩，皆發於憂國之忠，欲以感悟其君。雖弊壞已極，猶幾其改圖。君臣大義，無所逃於天地之間也。此詩託言文王歎商，特借秦為喻耳。或謂傷者，傷嗟而已，非諫刺之比。如此，殆類後世詞人弔古之作，非當時臣子惓惓之義也。」《子貢傳》但存「召穆公」三字，而其餘闕文。朱子但汎稱為「詩人之作」，亦未深信其出於召穆。又，鄭樵云：「《三百篇》中之詩，皆可被之絃歌，故琴中有《鵲巢操》、《騶虞》、《伐檀〔註27〕操》、《白駒操》，皆今詩文。又，古人謂之雅琴、頌琴。古之雅、頌，即今之琴操。琴者，禁也，將以禁人之邪心，故以歌乎詩。如文中子歸而援琴，鼓蕩蕩之什，乃知聲至隋末猶存。」

〔註27〕「檀」，底本誤作「擅」，據四庫本改。

宛丘

《宛丘》，刺陳幽公也。淫荒昏亂，游蕩無度焉。出《序》。○朱子謂「陳國小，無事實，幽公但以諡惡，故得游蕩無度之詩，未敢信也」。愚按：幽公非游蕩無度，何至得惡諡，亦安在其不可信乎？考《史記》載幽公十二年，周厲王奔於彘，而《竹書》亦紀厲王二十二年，陳幽公薨。則幽公之為諸侯，實在厲王之世。

子之湯叶漾韻，他浪翻。《楚辭章句》作「蕩」。兮，宛丘之上叶漾韻，時亮翻。兮。洵有情兮，而無望漾韻。兮。賦也。「子」，毛《傳》以為指大夫，鄭《箋》以為斥幽公。孔穎達云：「大夫稱子，是其常稱。又，《公羊傳》：『公子翬謂隱公曰：百姓安子，諸侯說子。』則諸侯之臣亦呼君曰子。」愚按：毛、鄭之說皆非也。此直是遊人相謂之辭，所以喚起下二章，而著幽公淫荒之實耳。「湯」，水流貌。曰「子之湯兮」者，言其縱情流覽，如水之流。「宛丘」，《水經注》云：「在陳城南道東。」《郡縣志》云：「在陳州宛丘縣南三里。」王隱云：「漸欲平，今不知所在矣。」按：《爾雅》云：「宛中，宛丘。」又云：「丘上有丘為宛丘。」毛公、李巡、孫炎皆以為「四方高，中央下」。惟郭璞謂「中央隆峻，狀如一丘」，與諸說異。邢昺《爾雅疏》云：「郭謂中央高者，以四方高，中央下，即上文水潦所止泥丘也。又，下文云『丘上有丘為宛丘』既言丘上有丘，非中央隆高而何？」「洵」，通作「恂」，《說文》云：「信也。」「有情」，猶云可以適情也。下章言歌舞之場，乃在此丘之下，憑高流覽，信乎其有足繫人情懷也。「而」之為「爾」，音之近也。「望」，袁仁云：「責望也。」此歌舞之樂，乃吾君幽公之所為，女無責望之也。言「無望」，乃所以深望之耳。其諷切之者至矣。舊說以「無望」為刺君之辭，言其威儀不足觀望。亦通。但以國人刺君，而正斥之曰「湯」，曰「無望」，安所稱婉而多風乎？○坎其擊鼓，霽韻。宛丘之下。叶霽韻，後五翻。無《漢書》作「亡」。下同。冬無夏，值豐本作「植」。後同。其鷺羽。霽韻。○賦也。「坎」，通作「竷」。《說文》引《詩》「竷竷鼓我」，今文作「坎坎鼓我」。「竷」，《說文》云：「舞也」，字「從章從夅從夊」。樂有章，故從章。夅者，降也。舞有升降，故從夅。夊，象人兩脛有所躧也，舞者之行步夊夊然。故從夊。如舊說，以坎為擊鼓聲，然則後章「坎其擊缶」，又將為擊缶聲乎？應劭云：「鼓者，春分之音，以助萬物皆鼓甲而出，故謂之鼓。」按：舞必應節擊鼓，所以為舞節也，故曰「坎其擊鼓」。後章放此。「無冬無夏」，言無時不然。范祖禹

云：「冬夏祁寒，大暑之時也。人之好樂，於是時必少息焉。今也『無冬無夏』，則其他時可知矣。」「值」，《說文》云：「措也。」猶持也。「鷺」，水鳥。《爾雅》云：「舂鉏也。」一作舂鋤。陸佃云：「步於淺水，好自低昂，故曰舂鋤也。」《方言》：「䴅鴟謂之獨舂」，與此同意。陸璣云：「鷺好而潔白，故謂之白鳥。齊、魯之間謂之舂鉏，遼東、樂浪、吳揚人皆謂之白鷺。青腳，高尺七八寸，尾如鷹尾，喙長三寸。頭上有長毛十數枚，長尺餘，毿毿然與眾毛異。欲取魚時則弭之。」《禽經》云：「鷺啄則絲偃，鷹捕則角弭，藏殺機也。」郭璞云：「其頭、翅、背上皆有長翰毛，今江東人取以為睫欐，名之曰白鷺縗。」「羽」，《說文》云：「鳥長毛也。」毛云：「鷺鳥之羽，可以為翳。」鄭玄云：「翳，舞者所持以指麾。」愚按：此即下章所謂「翿」也。與《周禮》之羽舞不同。彼乃翟羽，舞人所執，衛詩「右手秉翟」是也。此舞師所執。宋太樂文舞不用翟羽而用鷺羽，蓋惑於此詩所云矣。○**坎其擊缶**，有韻。**宛丘之道**。叶有韻，他口翻。**無冬無夏，值其鷺翿**。叶有韻，殖有翻。《爾雅》、豐氏本俱作「纛」。○賦也。《爾雅》云：「盎謂之缶。」孔云；《易‧離》卦九三：『不鼓缶而歌。』《注》謂『艮爻也，位近丑，丑上值弁星，弁星似缶』《詩》：『坎其擊缶。』則樂器亦有缶。又，《史記》：藺相如使秦王鼓缶。是樂器為缶也。《坎》卦六四：『樽〔註28〕酒簋貳，用缶。』《注》謂『爻辰在丑，丑上值斗，可以斟之象。斗上有建星，建星之形似簋貳，副也。建星上有弁星，弁星之形又如弁。天子大臣以王命出會諸侯，主國尊於簋，副設玄酒以缶』。則缶又是酒器也。《比》卦初六爻：『有孚盈缶。』《注》謂『爻辰在未，上值東井，井之水，人所汲，用缶』。《左傳》曰：『具綆缶，備水器。』則缶是汲水之器。然則缶是瓦器，可以節樂。若今擊甌，又可以盛水盛酒，即今之瓦盆也。」《國語》云：「缶絲尚宮。」陳暘云：「缶之為器，中虛而善容，外員而善應，中聲之所自出者也。唐堯之時，有擊壤而歌者，因使鄭以麋輅冥缶而鼓之，是以《易》之『鼓缶而歌』見於《離》，《詩》之『擊缶』見於《宛丘》。缶之為樂，自唐至周所不易也，孰謂始於西戎乎？」顧起元云：「或曰形如覆盆，以四杖擊之。墨子吟缶，《史記》『秦王為趙王擊缶』，其來久矣。」又，黃佐云：「缶，秦聲也。陳師從胡公於豐，徒眾習其聲以歸，國人化之。」「翿」，解見《君子陽陽》篇。陳祥道云：「《春秋傳》曰：『舞師題以旄夏。』則鷺翿蓋若今大樂工執之以引舞者也。」又，《詩故》云：「擊鼓擊缶，舞鷺羽鷺翿，娛神

─────────────

〔註28〕「樽」，底本誤作「博」，據四庫本改。

也。蓋若孫皓於巫，梁武於佛矣。踵大姬之餘習也。」顏師古亦云：「鷺鳥之
羽以為翿，立之而舞，以事神也。」愚按：《商書》：「伊尹曰：『敢有恆舞於
宮，酣歌於室。』是謂巫風，況其真溺於巫而恒舞於道上者乎！」

《宛丘》三章，章四句。《申培說》以為「陳人譏其大夫之詩」。此特
因章首有「子之」一字耳。玩詩意，似不然。《子貢傳》闕文。又按：《春秋》
桓五年書：「春正月，甲戌，己丑，陳侯鮑卒。」《公羊傳》云：「曷以為二日
卒之？愆也。甲戌之日亡，己丑之日死而得，君子疑焉，故以二日卒之也。」
《穀梁傳》亦云：「陳侯以甲戌之日出，己丑之日得，不知死之日，故舉二日
以包也。」然則此詩所云「宛丘之下」、「宛丘之道」、「無冬無夏」者，其即刺
陳侯鮑與？未可知也。

東門之枌

《東門之枌》，刺陳風也。巫覡盛行，女子往往棄其業而觀之。班
固《地理志》云：「周武王封媯滿於陳，是為胡公。妻以元女大姬，婦人尊貴，
好祭祀用巫，故其俗好巫鬼。」鄭玄《詩譜》云：「大姬無子，好巫覡禱祈鬼
神歌舞之樂，民俗化而為之。」孔穎達云：「大姬無子，而《左傳》子產云：
『我周之自出。』杜預曰：『陳，周之出者。』蓋大姬於後生子，以禱而得子，
故彌信巫覡也。在女曰巫，在男曰覡。巫是總名。詩稱擊鼓於宛丘，婆娑於枌
栩，是有大姬歌舞之遺風也。」匡衡云：「陳夫人好巫，而民淫祀。」黃佐云：
「大姬好巫禱，本於忠信，以通神明之德，豈非肅肅之化哉？但流俗日至於
匪彝爾。」蘇轍云：「列國之風，皆有所自起。方周之盛時，王澤充塞，其善
者篤於善，不善者以禮自將，亦不至於惡。其後周德既衰，諸侯各因其舊俗
而增之，善者因善以入於惡，而不善者日以益甚。故陳以大姬之餘俗，為游
蕩無度，亦理勢然也。」愚按：時幽公恒舞酣歌，國人化之，相與縱觀巫覡，
資其遊戲，所謂「上有好者，下必有甚」也。毛《傳》繫此詩於《宛丘》之後，
所以著巫風之自，若歸咎於大姬，或未足信。

東門之枌，宛丘之栩。夔韻。子仲之子，婆《說文》、豐氏本俱作「媻」。
後同。娑豐本作「莎」。其下。叶夔韻，後五翻。○賦也。嚴粲云：「陳都宛
丘之側，其東門與丘之間乃國之交會。」戴氏云：「陳詩多言東門，必陳人遊
息之地。」《爾雅》云：「榆，白枌。」邢昺《疏》云：「榆之皮色白名枌。」

然則枌即白榆也。陸佃云：「先敷葉，後著莢，榆性扇地，所扇各與木等。故其陰下五穀不植，而古之人就以息焉。齊桓公時，衢之民桑麻不種，繭縷不治，衣多弊，屨多穿。管仲請沐途旁之枝，使無尺寸之陰，為是故也。」「栩」，解見《鴇羽》篇。枌栩之陰皆人之所趨而聚者。「子仲之子」，孔云：「禮，孫以王父字為氏。此人上祖必有字子仲者，故氏子仲也。」嚴云：「子，女子也。」愚按：以下文「婆娑」觀之，字皆從女，則子仲之子即女巫是也。《詩》「之子于歸」，亦以女子為子。「婆」，《說文》作「媻」，云：「奢也。」奢者，張也。「娑」，《說文》云：「舞也。」李巡云：「婆娑，盤闢舞也。」舞所以娛神，或婆娑於枌之下，或婆娑於栩之下，明其非一時，非一處也。○穀旦陸德明本作「且」，云：「苟且也。」于差，叶歌韻，倉何翻。《韓詩》作「嗟」。南方之原。豐本作「宛丘之坡」，蓋因見「原」字〔註29〕於韻不迭，臆改之耳。然四句何必盡用韻？鄙淺不足信。不績其麻，叶歌韻，眉波翻。市《潛夫論》作「女」。也婆娑。歌韻。○賦也。「穀」，《爾雅》云：「善也。」「旦」，早朝也。本一日之始而言。孔以「無陰雲風雨謂穀旦」是也。「差」，《說文》云：「不相值也。」《爾雅》云：「廣平曰原。」又，《說文》云：「高平之野曰原。」「南方之原」，高明之地。子仲之子向皆婆娑於枌栩之下，而今忽變而之於南方之原，則自故處求之而不可得矣，故曰「穀旦于差」也。「績」，緝也。「市」，即南方之原、之市也。此女子聞子仲之子婆娑於南方之原、之市，因遂不績其麻而欲往觀之也。漢王符《潛夫論》云：「《詩》刺『不績其麻，女也婆娑』，今多不修中饋，休其蠶織，而起學巫祝，鼓舞事神，以欺誣細民，熒惑百姓。婦女羸弱，疾病之家，懷憂憒憒，皆易恐懼，至使奔走便時，去離正宅，崎嶇路側，上漏下濕，風寒所傷，奸人所利，賊盜所中，益禍益祟，以致重者，不可勝數。或棄醫藥，更往事神，故至於死亡不自知為巫所欺誤，乃反恨事巫之晚。此熒惑細民之甚者也。」○穀旦于逝，霽韻。豐氏本作「市」。越以鬷邁。叶霽韻。視爾如荍，蕭韻。貽我握椒。蕭韻。豐氏本作「茮」。○賦也。「逝」，往也。此穀旦之時，既知子仲之子所在，因往而從之。「越」，《爾雅》云：「於也。」「鬷」，通作「總」，《說文》云：「聚束也。」孔云：「麻縷每數一升，用繩紀之。」「邁」，《爾雅》云：「行也。」「鬷邁」，言挾其麻總而行，不暇績也。「爾」，指子仲之子也。《爾雅》云：「荍，蚍衃。」毛《傳》以為「芘芣」。郭璞云：「今荊葵也。」謝氏云：「小草多華少葉，葉又翹起。」

〔註29〕「字」，底本誤作「子」，據四庫本改。

陸佃云：「似蕪菁，華紫綠色，可食，微苦。」羅願云：「華五銖錢大，色粉
紅，有紫文縷之。一名錦葵。大抵似蘆菔華。」濮氏云：「芘芣紫荊，春時開
華，自根及幹而上連接甚密〔註30〕，有類蟻窠，故《爾雅》名�蚍蜉，俗曰火
蟻。」愚按：以同時湊集而觀，子仲婆娑者，其人亦如蚍蜉開華之盛，故曰
「視爾如荍」。舊說皆謂以荍華比女色，似未合。「握」，《說文》云：「搤持也。」
陸佃云：「持五指也。在外為持，在內為握。」「椒」，毛云：「芬香也。」按：
《周禮》：「女巫掌歲時祓除釁浴。」《注》謂「如上巳修禊，以薰草藥沐浴滌
邪穢」。椒之實芬香，故子仲之子取以相貽，亦辟除不祥之意。如後世元正小
歲皆進椒酒，亦其類也。巫之所以結納人心者，其術在是，此婦人女子輩之
所以樂觀之與？鄧元錫云：「《國語》曰：『古者民神不襍，民之精爽不攜貳者
又能齊肅中正，其知能上下比義，其聖能光遠宣朗，其明能光昭之，其聰能
聽徹之，如是則神降之，在男曰覡，在女曰巫，是以使制神之處位次主，而為
之牲器時服。』是以聖人用之。今之巫祝，既闇其義，何明之見？何法之行？
正神不降惑於淫厲，苟貪貨食，遂誣人神，令此道滅，痛矣！」

《東門之枌》三章，章四句。《序》云：「疾亂也。幽公淫荒，風化
之所行，男女棄其舊業，亟會於道路，歌舞於市井爾。」朱子亦云：「此男女
聚會歌舞而賦其事以相樂。」愚按：此詩所言「婆娑」，正巫覡之事，未有良
家子女而群然歌舞於市中者。況「不績其麻」二句，潛夫之解更自明晰乎！
《子貢傳》、《申培說》俱闕。

衡門

《衡門》，誘陳僖公也。願而無立志，故作是詩，以誘掖其君也。
出《序》。○歐陽修亦云：「詩人以陳僖公其性不恣放，可以勉進於善，而惜其
懦無自立之志，故作詩以誘進之。」按：《諡法》：「小心畏忌曰僖。」公得此
諡，則《序》所謂「願而無立志」者蓋近之矣。然是詩通篇俱賢者自道之語，
蓋言己雖隱居無求，而實有用世之具，特君不見用耳。誠用之，則轉弱小為
強大，不難矣。詩人作此以誘進僖公，其寓意如此。蕞爾國乃有此人，惜姓名
之不傳也。

〔註30〕 「密」，底本誤作「蜜」，據四庫本改。另，濮氏之語，當是轉錄自馮復京《六
　　　　家詩名物疏》明卷二十七《荍》，亦作「密」。

衡門之下，可以棲遲。支韻。《漢書》「棲遲」作「徥徥」。泌之洋洋，可以樂音絡。《韓詩外傳》、《列女傳》俱作「療」。鄭玄本及《石經》俱作「瘵」。飢。支韻。《韓詩外傳》作「饑」。○賦也。此章言已不見用，雖遁世亦足自樂也。「衡」，《說文》云：「牛觸橫大木。」徐鍇以為「牛好牴觸，用木闌制之。」然則衡乃橫木之義，故毛《傳》解「衡門」謂「橫木為門也」。孔穎達云：「門之深者，有阿塾堂宇，此惟橫木為之，言其淺也。」「棲」，即「棲」字。《禽經》云：「陸鳥曰棲，謂止息也。」「遲」，《廣韻》云：「久也，緩也。」「泌」，《說文》云：「狹流也。」「洋洋」，朱子云：「水流貌。」「飢」，餓也。孫毓云：「此言臨水歡逝，可以樂道忘飢。是感激立志，慷慨之喻。」陸燧云：「棲遲、樂飢，字連看。上漏下濕，恨不急去之為快。惟棲而遲，則可久矣。不曰忘飢而曰樂飢，人惟飢餓切身，未免愁煩，惟樂而飢，雖飢亦樂矣。」又，「樂飢」，一本作「瘵飢」。按：《說文》云：「瘵，治也。」與「療」同義。孔云：「飲水可以瘵渴，而云瘵飢者，飢久則為渴，得水則亦小瘵，故言飢以為韻。」《韓詩外傳》云：「子夏讀《詩》已畢，夫子問曰：『爾亦可言於《詩》矣。』子夏對曰：『《詩》之於事也，昭昭乎若日月之光明，燎燎乎如星辰之錯行，上有堯舜之道，下有三王之義，弟子不敢忘。雖居蓬戶之中，彈琴以詠先王之風，有人亦樂之，無人亦樂之，亦可發憤忘食矣。《詩》曰：衡門之下，可以棲遲。泌之洋洋，可以療飢。』夫子造然變容，曰：『嘻！吾子始可以言《詩》已矣。』」○豈其食魚，必河之魴？陽韻。豈其取音娶。下同。妻，必齊之姜？陽韻。○賦而比也。此下二章言已若見用，則展布必有可觀，不問國之大小也。孔子曰：「苟有用我者，期月而已可也，三年有成。」《孟子》曰：「地方百里，而可以王。」語意相類。歐陽脩云：「言何必大國然後可為。譬如食魚者，凡魚皆可食。若必待魴鯉，則不食魚矣。譬如娶妻，則諸姓之女皆可娶。若必待齊、宋之族，則不娶妻矣。此所謂誘掖之也。」「魴」，解見《汝墳》篇。「姜」，齊姓。齊者，伯夷之後。伯夷主四嶽之職。《周語》云：「四嶽賜姓曰姜。」○豈其食魚，必河之鯉？紙韻。豈其取妻，必宋之子？紙韻。○賦而比也。陸佃云：「鯉魚之貴者，故《爾雅·釋魚》以鯉冠篇。而《神農書》曰：『鯉最為魚之主。』」又云：「河性宜魚，故《詩》曰『豈其食魚，必河之魴』、『必河之鯉』也。《列女傳》曰：『糊弓以河魚之膠。』說者以為河膠黏。」〔註31〕「子」，宋姓。《本紀》云：「舜封契於商，

〔註31〕以上兩則分見陸佃《埤雅》卷一《釋魚·鯉》、《魴》。

賜姓曰子。」齊姜、宋子，言其族類之貴，足為繫援，非謂色之美〔註32〕也。食魚不必於魴鯉，比小國亦可為；娶妻不必於姜、子，比大國不足慕。陳國有賢焉如此，而僖公不知。其委靡而不能自立，不亦宜乎！按：僖公，幽公子。

《衡門》三章，章四句。朱子云：「此隱居自樂而無求者之辭。」《申培說》亦以為「君子樂隱之詩」。愚謂如此說，亦只贊得君子一半耳。雖曰隨遇而安，不願乎外，心地自間，品格自高。然使其徒為泉石膏肓、煙霞痼疾已也，亦不過一自了之人耳，於世道何賴焉？《子貢傳》闕文。

〔註32〕「美」，底本誤作「姜」，據四庫本改。

詩經世本古義卷之十七

閩儒何楷玄子氏學

周宣王之世詩二十篇

何氏小引

《都人士》，周人思共伯和也。

《鴻鴈》，美宣王也。王新即位，丁亂離之後，民莫適有居。王命使臣勞來還定安集之，於其還而勞焉。

《韓奕》，宣王命蹶父如韓，韓侯來朝，王錫命之。尹吉甫作詩美之。

《六月》，紀北伐也。宣王五年夏六月，玁狁內侵，王命尹吉甫為將，驅而出之於太原。師歸自鎬，行飲至之禮。詩人作此以美之。

《采芑》，紀南征也。宣王命方叔為率，行三年大閱之禮，遂伐荊蠻，克敵而歸，詩人美之。

《常武》，召穆公美宣王也。有常德以立武事，因以為戒然。是時王親征徐戎，自即位至此，已五用兵矣。

《江漢》，宣王命召穆公帥師伐淮夷，王歸自伐徐，錫召穆公命，尹吉甫作詩美之。

《無衣》，復王仇也。周宣王以兵七千，命秦莊公伐西戎。周從征之士賦此。

《崧高》，尹吉甫美宣王也。天下復平，能建國親諸侯，褒賞申伯焉。

《黍苗》，營謝也。宣王封申伯於謝，命召穆公往營城邑，故將徒役南行，而行者作此。

《烝民》，宣王命樊侯仲山甫城齊，尹吉甫作詩美之。

《無羊》，宣王考牧也。

《車攻》，美大田也。宣王朝諸侯於東都，遂狩於圃田，詩人美其能復古。

《汎彼柏舟》，衛共姜自誓也。釐侯世子共伯蚤死，其妻守義，母欲奪而嫁之，誓而弗許，故作是詩以絕之。

《庭燎》，箴晏朝也。宣王怠於政事，詩人設為問夜以諷。

《雲漢》，仍叔美宣王憂旱也。

《祈父》，王師責諸侯也。

《沔水》，畏讒也。疑隰叔所作。

《黃鳥》，避讒去國也。宣王殺杜伯而非其罪，其子隰叔出奔晉而作此詩。

《鶴鳴》，教宣王求賢人之未仕者。

都人士

《都人士》，周人思共伯和也。共，國。伯，爵。和，其名。按：《竹書紀年》：周厲王十二年，王亡奔彘，國人圍王宮，執召穆公之子殺之。十三年，王在彘，共伯和攝行天子事。二十六年，大旱，王陟於彘，周定公、召穆公立太子靖為王，共伯和歸其國，遂大雨。司馬彪云：「共伯和修行而好賢，厲王之難，天子曠絕，諸侯知共伯賢，請立為天子。共伯不聽，弗獲免，遂即王位。一十四年，天下大旱，舍屋焚，卜於太陽，兆曰『厲王為祟』。召公乃立宣王，共伯歸還於宗，逍遙得意於共丘山之首。」《莊子》及《呂氏春秋》、《魯連子》皆言共伯得志於丘首，即其人也。周宗亡而復存，實賴共伯之力。此詩之作，當在其逍遙共山時，故有「行歸于周，萬民所望」之語。羅泌云：「共和十四年，宣王立。說者曰：『周室無君，周公、召公共和王政，故號之曰共和。』自史遷至溫公，無異議也。予不敢以為然。夫厲王之時，周公、召公非

昔日之周、召也。予聞厲王之後，有共伯和者，以德和民，諸侯賢之，入為王官。十有四年，天旱，廬火，歸還於宗，逍遙共山之首，宣王乃立。是以王子朝告於諸侯猶曰：『厲王戾虐，萬民弗忍，流王於彘。』諸侯釋位，以間王政，宣王有志，而後效官。是宣王之前，諸侯有釋位間於天子之事者矣。然則所謂共和者，吾以為政自共伯爾。若曰周、召共和，吾弗信也。和之賢也，蓋干王政，而非其得已者也。向秀、郭象援古之說，以為共和者，周王之孫也，懷道抱德，食封於共。厲王之難，諸侯立之，宣王立乃廢。立之不喜，廢之不怒，斯則得其情矣。」《呂氏春秋》云：「共伯和修其行，好賢仁，而海內皆以來為稽矣。周厲之難，天子曠絕，而天下皆來謂矣。以此言物之相應也。」羅苹云：「按：《人表》厲王後有共伯和，孟康謂其入為三公，蓋周室無君，和以三公攝政，惟其日久，故有大旱之變爾。《十三州志》謂共伯後歸國，逍遙得意於共山之首。使其竊篡，則宣王之立可能得志於共首哉？共謂今之共城，故漢之共縣。《寰宇記》云：『厲王崩，共伯使諸侯奉王子靖，立為宣王。共伯復歸於國。共山在縣北十里。』其事益明。而《水經注》亦云：『共即共和之故國。山在國北，故又曰共北山。』」

彼都人士，狐裘豐氏本作「求」。**黃黃。**陽韻。賈誼《新書》作「裳」。**其容不改，出言有章。**陽韻。**行歸于周，萬民所**《新書》作「之」。**望。**叶陽韻，武方翻。孔穎達云：「襄十四年《左傳》引此二句，服虔曰：『逸詩也。』《都人士》首章有之。《禮記注》亦言『毛氏有之，三家則亡』。今《韓詩》實無此首章。時三家列於學官〔註1〕，《毛詩》不得立，故服以為逸。」○賦也。「彼」，指共伯也。「都」，西都鎬京也。孔云：「『士』者，男子行成之大稱。」「彼都人士」，言彼乃我西都之人，素以士行著聞者。即昔人所稱「懷道抱德，修行好賢」是也。亦因其辭位逃榮，故但以士稱之。又，蘇轍云：「『都』，美也。『都人士』，士之有美人之行者也。」亦通。「狐裘」，此人所服也。「黃黃」，朱子云：「狐裘色也。」以裘皮非一狐之腋，故重言之。按：黃衣狐裘，大蠟之服也。故《郊特牲》云：「黃衣黃冠而祭，息田夫也。」又云：「野夫黃冠。黃冠，草服也。」則黃色之裘為野人所得用矣。共伯既廢之後，逍遙共山，同於野人，故亦服此。孔云：「狐色不等。狐白非君不服，狐青及小而美者則可以供公子。若黃狐及粗惡者，庶人亦服之。彼狐之黃者多，黃

〔註1〕「官」，底本誤作「言」，據四庫本改。

狐之衣非貴服也。庶人服犬羊不裼，故此狐裘亦不裼，取其溫裕而已。」又按：《玉藻》云：「君子狐青裘豹褒，玄綃衣以裼之。狐裘，黃衣以裼之。」《注》謂「君子，士大夫也」。則狐裘、黃衣，貴者亦服之。但以次章言「臺笠」乃野人所用，故知此當為野服耳。「其容不改」者，言其動作容貌有常也。「章」，《說文》云：「樂竟為一章。從音從十。十，數之終也。」「出言有章」者，吐辭合乎倫理，亦如樂章之有節奏也。此追思其平日在位時丰範如此。「周」，亦鎬京也。「萬民所望」者，望其自外行而復來歸于周，以為民之儀表也。《禮‧緇衣》篇：「子曰：『長民者，衣服不貳，從容有常，以齊其民，則民德壹。』」因引此詩。愚按：此第推言其足為民望之實。「衣服不貳，從容有常」，即所謂「其容不改，出言有章」者，非指此「狐裘黃黃」言也。又，《左‧襄十四年》：「楚子囊還自伐吳，卒。將死，遺言謂子庚：『必城郢。』君子謂子囊忠。君薨，不忘增其名；將死，不忘衛社稷。可不謂忠乎？忠，民之望也。《詩》曰：『行歸于周，萬民所望。』忠也。」引《詩》意以不忘舊國為不忘君、不忘社稷之比。舊說訓「周」為「忠信」，非也。○**彼都人士，臺**《爾雅》、豐本俱作「薹」。**笠緇撮。**叶屑韻，祖悅翻。**彼君子女，綢直如髮。**叶屑韻，方結翻。**我不見兮，我心不說。**屑韻，音悅。豐本以此為第三章。○賦也。「臺笠」，鄭云：「以臺皮為笠。」「臺」，草名。林兆珂云：「有皮堅細滑致，可為簦笠。」詳見《南山有臺》篇。「笠」，所以禦暑雨。有柄曰簦，無柄曰笠。孔云：「《郊特牲》曰：『大羅氏，天子之掌鳥獸者。諸侯貢屬焉，草笠而至，尊野服也。』則草笠，野人之服，是賤者也。前裘則冬所衣，此笠則夏所用，各舉其一而言之。」羅願云：「草服草笠，自伊者氏為蠟始，蓋已久矣。然猶存其衣服之制，謹而不敢變。」「緇撮」，毛云：「緇布冠也。」「撮」，《說文》云：「兩指撮也。」朱子云：「其制小，僅可撮其髻也。」孔云：「按：《郊特牲》云：『太古冠布，齊則緇之。』三代改制，齊冠不復用布。故《玉藻》云：『始冠緇布冠，自諸侯下達，冠而敝之可也。』則此應始冠而敝之。今以為常服者，士以上冠而敝之，庶人則雖得服委貌，因而冠之，而儉者服緇布。故詩人舉而美焉。又，《論語》：『今也純儉。』《注》云：『純當為緇。』則緇亦得為紂帛。何知非紂帛為玄冠，而言緇布者，以緇雖古，布、帛兩名，但字從才者為帛，從甾者為布。此言緇，故知非帛。且若是帛為玄冠，則有制度，不得言撮。故《士冠禮》云：『緇布冠頍項。』《注》云：『緇布冠無筓者，著頍圍髮際，結項中隅為四綴，以固冠也。項中有繢，亦縚固頍為之耳。』今

未冠笄者著卷幘，頍象之所生也。是緇布冠制小，故言撮。以此益明非玄冠
也。」按：玄冠即委貌，亦名冠弁。陳氏云：「緇布冠無緌，後世以尊者不可
無飾，故加繢。緌用於始冠及大夫之卜宅與葬日而已。庶人或以為常服，謂
之緇撮，則無梁矣。」季本云：「臺笠，出田時所戴。緇撮，居家時所戴。」
「彼君子女」，謂貴家之女，蓋指共伯之嫡媵，後章「尹吉」是也。又，蘇云：
「『君子女』，女之有君子之行者。」亦通。「綢」，《說文》云：「密也。」「綢」、
「直」，皆指髮言。「如髮」，猶言其髮有如此者。按：命婦首服，有副、編、
次三者。副之言覆，所以次覆首為之飾；編則列髮為之，假作紒形，加於首
上；次則次第他〔註2〕髮長短，與已髮相合為紒，謂之髲髢。今但曰「如髮」
而已。以共伯既自棄其爵，則其嫡媵皆不得服命婦之飾，故第見其髮綢密而
條直。《解頤新語》謂「一如其髮之本然，不用剃為高髻」是也。共伯賢，其
內助亦必賢，故詩人思而欲見之。「我不見兮」，謂未見其歸來周京，故心思
之而憂，非謂不見此人也。若果不見此人，則「狐裘黃黃」、「臺笠緇撮」已明
明見之矣。○彼都人士，充耳琇實。質韻。彼君子女，謂之尹吉。質
韻。我不陸本作「弗」。見兮，我心苑結。叶質韻，吉屑翻。豐本以此為
第二章。○賦也。「充耳」，惟冕服有之。「琇」，通作「秀」，下垂之象也。解
俱見《淇澳》篇。云「琇實」者，王肅云「以美石為瑱，塞實其耳」是也。此
與下章「垂帶而厲」皆追言共伯昔日為諸侯時服飾如此。觀衛武公詩亦云「充
耳琇瑩」，則其為諸侯可知矣。「尹」，尹氏也。世為周公卿。「吉」，鄭讀為「姞」。
《唐·宰相世系》云：「吉氏出自姞姓，黃帝裔伯儵封於南燕，賜姓曰姞。」
又，后稷妃家也。《左·宣三年》：「鄭石癸曰：『吾聞姬姞耦，其子孫必蕃。』」
姞，吉人也。后稷之元妃也。或作「郅」。《潛夫論》云：「郅與姞同而字異。」
孔云：「尹、姞，世貴舊姓，是有禮法者。」又，姚寬云：「尹、吉二姓俱出尹
吉甫之後。」《元和姓纂》云「尹吉甫之後，以王父字為氏。漢有漢中太守吉
恪」是也。二說並存之。「苑」，毛云：「積也。」按：苑所以養禽獸。《風俗通》
云：「苑，蘊也。言薪蒸所蘊積。」故有積義。「結」，締也。孔云：「如繩束之
為結也。」苑以言其思之不已，結以言其思之不解。意共伯攝政時，必有以深
當於民心者，故思慕之深，至於如此。後二章意同。○彼都人士，真韻。
垂帶陸本作「蒂」。而厲。舊叶泰韻，落蓋翻。今按：下文蠆、邁俱無泰叶，
當讀如詈字，叶真韻，力智翻，與上句士字叶。彼君子女，卷髮如蠆。卦

韻。**我不**陸本作「弗」。**見兮，言從之邁**。卦韻。○賦也。「帶」，大帶也。《小爾雅》云：「帶之垂者謂之厲。」《左傳》所謂「鞶厲」。孔云：「大帶之垂者，名之為紳。而復名為厲者，紳是帶之名，厲是垂之貌。」季本云：「從其垂下如將履之，有危厲之意焉。」按：禮，紳長三尺。子游曰：「三分帶下，紳居二焉。」注謂人長八尺，大帶之下四尺五寸，分為三分，紳居二分焉，紳長三尺也。「卷」，通作「鬈」，《說文》云：「髮好也。」引《詩》「美且鬈」。一曰髮曲也。「蠆」，《說文》云：「毒蟲也。」字象其奮螫曳尾之形。長尾為蠆，短尾為蠍。陸璣云：「一名杜伯。」愚按：蠆尾能捲曲，曰「卷髮」。「如蠆」，當是假紒之形似之，即首服中之編也。羅願云：「此言命婦之飾，謂首飾整然矣。」「言」，發語辭。「邁」，《說文》云：「遠行也。」我不見此人行歸于周，則願從之遠行也。○**匪伊垂之，帶則有餘**。魚韻。**匪伊卷之，發則有旟**。魚韻。**我不見兮，云何盱**叶魚韻，讀如噓，休居翻。豐本作「籲」。**矣**。賦也。「伊」，鄭云：「辭也。」「餘」，《說文》云：「饒也。」象發於旟者，謂如旌旗舒卷之狀。羅願云：「《淮南子》言『鄭舞者髮若結旌』，許氏曰『屈而復舒也』。結旌則旟之義。」鄭云：「此言士非故垂此帶也。帶於禮自當有餘也。女非故卷此髮也，發於禮自當有旟也。」「盱」，《說文》云：「張目也。」「云何盱矣」，猶云使我如何其懸望乎，言望之甚也。初言「不見」，則我心不悅；繼之以「苑結」，又甚於不悅矣；既又欲從之遠行；既又不欲其終於遠行而不歸，而託之懸望。夫共伯和何以得此於周人哉？雖曰不賢，吾不信也。

　　《都人士》五章，章六句。《序》云：「周人刺衣服無常也。古者長民，衣服不貳，從容有常，以齊其民，則民德歸壹。傷今不復見古人也。」賈誼《新書》取其說而衍之云：「人之情不異，面目狀貌同類，貴賤之別，非人人天根著於形容也。所持以別貴賤、明尊卑者，等級、勢力、衣服、號令也。亂且不息，滑曼無紀，天理則同，人事無別。然則所謂臣主者，非有相臨之具，尊卑之經也，特面形而膚之耳。近習乎晝，近貌然後能識，則疏遠無所放。眾庶無以期，則下惡能不疑其上？君臣同倫，異等同服，則上惡能不眩於其下？《詩》云：『彼都人士，狐裘黃裳。行歸于周，萬民之望。』孔子曰：『為上可望而知也，為下可述而志也，則君不疑於其臣，而臣不惑於其君。』此之不行，泳漬無界，可為長太息者此也。」今按：「狐裘黃黃」，以臺笠例之，自是野人之服。而以此為長民者，衣服不貳，可乎？《序》不過勦《緇衣》成說耳。朱子亦知其誤而以此詩為「亂離之後，人不復見昔日都邑之盛、人物儀

容之美，因作此以歎息之」。且云：「厲王流死於彘，其時都邑自不能如舊，不必東遷之後也。」其語意亦近似。《子貢傳》有「君子懷」三字，大意當與朱《傳》同，而其餘文盡闕。《申培說》則謂「尹伯封作。周既東遷，伯封見西周風俗之美，而傷今之不古若，賦此」。亦不過勦《詩傳》賦《黍離》之意。愚所疑者，據舊說以前二章為言都人之賤者，後三章為言都人之貴者，意謂盛世之人貴賤俱佳，濃淡皆好也。夫萬民所望、隆峻之稱，既非野服之田夫所可居；「充耳琇實」，五冕之飾，亦非都人士之等夷所可槼。心疑詩之所思，必有人焉。先居高位而後淪沉於草野者，故作此以招之。忽思及共伯和事，而與詩中之語意一一皆合。「狐裘」、「臺笠」，其時所見也。「琇實」、「垂帶」，追憶之辭也。稱之為士，以著其不為諸侯也。欲從於邁，以明其長往不反也。卒之曰「我不見兮，云何盱矣」，則猶是行歸于周，萬民所望之意耳。味詩辭，既非盛世之詩，而尹氏之賢著於吉父，姞氏之賢著於蹶父，皆宣王時人，與厲王時相近，輒確信謂非共伯無足以當之。千載而下，必有以予為知言者。

鴻鴈

《鴻鴈》，美宣王也。出《序》。王新即位，丁亂離之後，民莫適有居。王命使臣勞來還定安集之，於其還而勞焉。出鄧元錫《詩經繹》。○《序》云：「美宣王也。萬民離散，不安其居，而能勞來還定安集之，至於矜寡，無不得其所焉。」鄭玄云：「宣王承厲王衰亂之敝而起，興復先王之道，以安集眾民為始也。《書》曰：『天將有立父母，民之有政有居。』宣王之為是務。」按：「天將有立父母」二句今《泰誓》文也。詳繹詩詞，乃宣王勞使臣之作。鄧云：「王閔勤念功，有皇華之心哉！」

鴻鴈于飛，肅肅陸德明本作「翽翽」。其羽。襄韻。之子于征，劬勞于野。叶襄韻，讀如羽，王矩翻。爰及矜人，哀此鰥寡。叶襄韻，果五翻。○比而賦也。「鴻鴈」二句以比流民，其下四句則勞使臣之辭。後放此。「鴻」、「鴈」，二鳥名。毛《傳》云：「大曰鴻，小曰鴈。」孔穎達云：「鴻、鴈俱是水鳥，故連言之。嫌其同鳥雌雄之異，故《傳》辨之。」羅願云：「按：《淮南鴻烈》云：『雁乃兩來，仲秋鴻鴈來，季秋候鴈來。』候鴈比於鴻鴈而小。今北方有白鴈，似鴻而小，秋深乃來，來則霜降，河北謂之霜信。唐杜甫曰『故國霜前白鴈來』，蓋謂此爾。今《月令》及《周書》乃不復有鴻鴈、候鴈之別。

《月令》則云：『八月，鴻鴈來。九月，鴻鴈來賓。』《周書》則曰：『白露之日，鴻鴈來。寒露之日又來。』既是一種，何得前後不齊如此？許叔重注二雁，則以八月來者，其父母也；是月來者，蓋其子也。羽翼稚弱，故在後耳。今《淮南子》乃並作候鴈，此當有所據。」愚按：如羅說，則以鴻名者乃鴻鴈，而以鴈名者則候鴈也。鴻大鴈小，兼言之者，取以為民老少長幼之比。鴻鴈知避陰陽寒暑，木落南翔，冰泮北徂，故名之為隨陽之鳥。鴈又一名朱鳥。揚雄云：「能來能往者，朱鳥之謂與？」「肅肅」，解見《鴇羽》篇。鴻鴈春則避陽暑就北，秋則避陰寒就南。民之避危就安似之。舊說以為轉徙無定之比，非也。民實督督求安，得不思所以為之地，故有藉於之子焉。「之子」，歐陽修、嚴粲皆云：「使臣也。」「于」，往也。後同。「征」，行也。「劬」，《韻會》云：「勤也。」《韓詩》云：「數也。」「勞」，《說文》云：「劇也。」其勞頻數，謂之劬勞也。鄧云：「劬劬而勞之，有父母心焉。」「野」，《爾雅》云：「牧外。」《說文》云：「郊外。」《詩傳》云：「以細別言之，則郊外之地名牧，牧外之地名野。若大判而言，則野者，郊外通名。」以流民蕩析播遷，故命使臣巡行郊外以招來之。「爰」，曰也，王命之辭也。「及」，《說文》云：「逮也。」《穀梁傳》云：「猶汲汲也。」「矜」，通作「兢」。兢之為言危也。此待斃可危之人，若急為之所，尚克有救。稍遲則無及矣。「鰥寡」，即所矜之人也。《孟子》云：「老而無妻曰鰥，老而無夫曰寡。」劉熙云：「謂之鰥者，為其愁悒不能寐，目常鰥鰥然。其字從魚，魚目恒不閉者也。寡，裸也，裸然單獨也。」又按：鰥雖老而無妻之名。然有不得及時為室家者，亦名為鰥。舜年三十不娶，《書》曰「有鰥在下」，是未老亦稱鰥也。寡雖老而無夫之名。然不必老而無夫者，亦皆稱寡。史「卓文君新寡」、「湖陽公主新寡」，皆當盛年。亦有男子稱寡者。《左傳・襄二十七年》：「齊崔杼生成及彊而寡，娶東郭姜。」是喪婦稱寡。《小爾雅》以「凡無夫無婦通謂之寡，寡夫曰梡，寡婦曰嫠」是也。毛《傳》亦云：「偏喪曰寡。」然則鰥是不娶之名，寡是已娶而喪偶之名，專主男子言之亦可。有曠夫則有怨女矣，總是無室無家之意。世亂民散，舉目無非此輩，洵可哀也。重言以感動之。或謂矜人之中，惟鰥寡尤為可哀，似覺支離，今不取。朱善云：「『惠鮮鰥寡』，文王之所以興也。『哿矣富人，哀此煢獨』，幽王之所以亡也。『爰及矜人，哀此鰥寡』，乃宣王之所以中興也。」《左・文十三年》：「公如晉朝，且尋盟。衛侯會公於沓，請平於晉。公還，鄭伯會公於棐，亦請平於晉。公皆成之。鄭伯與公宴於棐，子家賦《鴻鴈》。季文子云：

『寡君未免於此。』」○**鴻鴈于飛，集于中澤**。叶藥韻，達各翻。**之子于
垣，百堵皆作**。藥韻。**雖則劬勞，其究安宅**。叶藥韻，他各翻。○比而
賦也。「中澤」，毛云：「澤中也。」鴻鴈性好居澤。《書》「彭蠡既豬，陽鳥攸
居」是也。《物類相感志》云：「鴻鴈夜宿洲中，鴻在內，鴈在外，逐更驚避，
備狐與人之捕己也。」鄭云：「鴻雁之性，安居澤中，今飛又集於澤中，猶民
去其居而離散，今見還定安集也。」「垣」，孔云：「小牆之名。」「于垣」者，
先往治小牆之所，將以起屋舍也。「于征」則之子出而在野，「于垣」則之子已
反而在邑矣。蘇轍云：「使者所至，招來流民，使反其都邑，築其垣牆，而安
處之。然後民知所止，如鴻鴈之集於澤也。」「堵」，即垣也。《公羊傳》云：
「五版為堵，五堵為雉。」其高廣之制，傳者不一。有以一丈為版者，則堵當
五丈，雉當二十五丈。此毛《傳》說也。有以六尺為版者，則堵當三丈，雉當
十五丈。此鄭《箋》說也。然鄭又云：「雉長三丈。」蓋誤以堵為雉。孔氏謂
「雉長三丈」，經亦無文也。有謂版廣二尺者，則一堵之牆長高各一丈，一雉
之牆長高當各五丈。此《周禮注》說也。然《注》又云：「雉高一丈，長三丈。」
則於五堵為雉之數又不合也。有謂八尺為版者，則堵當四丈，雉當二十丈。
此《韓詩傳》說也。何休所謂「版長八尺，接五版而為堵，接五堵而為雉」是
也。有確謂雉長三丈者。鄭駁《異義》云：「《左傳》鄭莊公弟段居京城，祭仲
曰：『都城過百雉，國之害也。先王之制，大都不過三國之一。中，五之一。
小，九之一。今京不度，非制也。』古之雉制，書傳各不得其詳。今以《左
氏》說，鄭伯之城方五里，積千五百步也。『大都，三國之一』，則五百步也。
五百步為百雉，則知雉五步。五步於度，長三丈，則雉長三丈也。雉之度量於
是定可知矣。」此即向《詩箋》之說。然循而下之，堵當長六尺，版只當長一
尺二寸，似無此理。故王愆期疑《公羊傳》「五堵為雉」之文，「五」當為「三」，
以諸儒皆謂堵長一丈，三堵則三丈，是雉之數。然則五版為堵，計一丈當長
二尺，正與《周禮注》說版堵之數合，較為可信。堵高廣各一丈，三堵為雉，
以橫言，不以直言。陸佃云：「雉飛若矢，一往而墮。雉，雞類也，不能遠飛，
崇不過丈，修不過三丈，故雉高一丈，長三丈也。古者數數以萬，度度以雉。」
師曠《禽經》云：「雉上有丈，鷂上有尺。」所謂上者，言飛而上也。雉上能
丈，故計丈以雉也。曰「百」者，見非一家也。「作」，起也。鄭云：「百堵同
時而起，言趨事也。」「劬勞」，謂「之子」也，與首章「劬勞」不同。向勞在
招來，此勞在安集。「究」，窮也，猶言終也。之子今雖有從事版築之勞，然其

終能使民享有安居之樂,亦何吝而不為乎!蓋勸勉之辭。孔云:「欲其不憚勞也。」○**鴻鴈于飛,哀鳴嗷嗷**。豪韻。**維此哲人,謂我劬勞**。豪韻。**維彼愚人,謂我宣驕**。叶豪韻,起勞翻。○比而賦也。鳴之聲哀曰「哀鳴」。「嗷」,《說文》云:「眾口愁也。」重言「嗷嗷」者,合鴻鴈言之也。王言我之所以遣汝于征,於垣頻頻勞汝如斯者,豈得已哉?念此矜人,當蕩析播遷之後,未有安宅,眾口嗷嗷,咸思控訴於上,亦猶鴻鴈之哀鳴然。此所以迴環焦勞於心而不能自己也。「哲」,智也。「維此哲人」,美之子也。「我」,宣王自謂也。君臣一體,君勞心,臣勞力。我既劬勞於上,之子明智之人,體予此心,自當劬勞於下也。「愚」,《說文》云:「戇也。」指「愚人」曰「彼」者,鄙之之辭,藉以相形,不必有其人也。「宣驕」,猶《易》所云「鳴豫」。宣字從回,有轉運之義,故詁者以為布也。驕本馬名,乃馬之高者。一曰馬行貌。人之高亢縱逸似之。言假若彼一等愚人不能知我之心,見我之僕僕相煩,則第謂我居人上而不能體恤,徒宣布其驕恣而已。設言以感動之,亦勸勉之意。又,蘇云:「興廢補敗,不能自靖,不知者以為宣驕耳。」嚴云:「王者事業,以民為本,此詩可以見興復之規模矣。《左・襄十六年》:『冬,穆叔如晉聘,且言齊故。晉人曰:『以寡君之未禘祀,與民之未息,不然,不敢忘。』穆叔曰:『以齊人之朝夕釋憾於敝邑之地,是以大請。敝邑之急,朝不及夕,引領西望,曰:庶幾乎!比執事之閒,恐無及也。』見范宣子,賦《鴻鴈》之卒章。宣子曰:『匄在此,敢使魯無鳩乎?』」

《鴻鴈》三章,章六句。《子貢傳》以為「懷流人而不顯其世」。《申培說》則云:「王者懷柔遠人,流民喜之,而作是詩。」朱子亦謂此詩流民所作。然始曰「之子劬勞」,明指他人。末乃曰「謂我劬勞」,何也?即云「之子」,乃流民自相謂,似矣。然「爰及矜人」二句,終說不去,且無意味。嚴粲則謂「之子」乃流民美使臣之辭,而以章首「劬勞」屬使臣,後二章「劬勞」為自道。至其解末章,大意謂「哀鳴嗷嗷」乃是既有安宅之後,因生理未復,別有所求。在明哲之使臣,憫其劬勞,則將有以撫恤之。若愚闇之使臣,必將怒其求索無厭,直以宣驕目之矣。於文理亦近之。但如此,則祗是使臣之美耳,與王何與?如曰美使臣正所以美王,何如徑作王言之為莊重劻勷,而可列於《雅》乎!郝敬云:「《小雅》自《鹿鳴》而下,至此二十餘篇,皆朝廷製作,不應忽采民謠一篇雜入其中。」此論是矣。又,《緯書》有四始之說,以《鴻鴈》在申,為金始,其理未詳。

韓奕

《韓奕》，宣王命蹶父如韓，韓侯來朝，王錫命之。尹吉甫作詩美之。據《竹書》，為宣王四年事。孔穎達云：「梁山於韓國之山最高大，為國之鎮，所望祀焉，故美大其貌奕奕然，謂之韓奕也。」《序》云：「《韓奕》，尹吉甫美宣王也，能錫命諸侯。」鄒忠胤云：「韓為武穆，與晉同祖，均屬望國，諸侯之向背繫焉。而又密邇北國，為一方屏翰，故莫亟於得韓。『命蹶父如韓』，良有以也。蹶父因是以締姻，而韓侯遂來朝，蓋猶用繼世稟命之禮。王因命之纘舊服，受北國為伯，其依毗亦隆重哉！而馭下之柄，可概見矣。」黃震云：「謝即南陽宛縣，衛武關以制楚，韓捍臨晉以制狄，皆天下形勝，故宣王中興，特著二詩焉。」又云：「前此厲王之世，諸侯不朝，入覲錫命之典視為贅物。宣王側身修行，振舉精明，一洗衰頹之跡，尊文、武之道而復之。故封申伯，所以懷南方之諸侯也；命樊侯城齊，所以懷東方之諸侯也；錫命韓侯，所以懷北方之諸侯也。以至淮夷不服，則命召虎以平之；徐方不庭，則自將以征之。規模宏大，雖文、武之世，不是過也。」

奕奕梁山，叶真韻，疏臻翻。亦叶先韻，翰旃翻。維禹甸叶真韻，他鄰翻。亦叶先韻，亭年翻。亦叶徑韻，質證翻。《周禮注》作「陳」。之。有倬陸德明本作「晫」。其道，皓韻。韓侯受命。敬韻。王親命見上。之，纘戎豐氏本作「爾」。祖考。皓韻。無廢朕命，見上。夙夜匪解。叶真韻，居縊翻。虔共音恭。爾位，真韻。朕命不易。陌韻。榦不庭方，以佐戎豐本作「汝」。辟。陌韻。○賦也。此章追述韓侯始受封而王命之之辭也。「奕」，《說文》云：「大也。」重言之者，季本云：「大而疊也。」「梁山」，據《括地志》在韓城縣東南一十九里。《雍大記》云：「在今陝西西安府同州合陽縣北四十里，與韓城縣接界。」按：其地臨河，上當龍門之南，西隔漆沮，經耀州三水縣，而後至焉，去岐尤遠，非太王遷岐所踰之梁山也。太王所踰者，何景明以為即《禹貢》「治梁及岐」之「梁」。治田出谷稅曰甸。詳見《信南山》篇。禹平水土，使梁山之野皆得成田而貢賦於天子也。蘇轍云：「禹之治水也，九州之鎮山，無所不甸。雖梁山亦禹之所甸也。」嚴粲云：「功莫大於禹，故詩人言人君之功，多配禹言之。《文王有聲》言『豐水東注，維禹之績』，而繼之以『皇王維辟』，以武王之功配禹也。宣王命韓侯為州牧，是興衰撥亂之事，此詩亦以宣王之功配禹也。」「倬」，《說文》云：「著大也。」蘇云：「將言韓侯，故先序其國，曰梁山之下，有倬然之道。此韓侯之所從朝周

以受命者也。」周昌年云：「屬王之時，諸侯背侮。梁山之道，或未必通。『有倬』處，亦見中興氣象。」「韓」，國名，在今同州韓城縣。晉為少梁邑。秦、晉戰於韓原，即此地。秦更名夏陽。《一統志》云：「古韓城在縣南十八里。」鄭云：「韓，姬姓之國也。後為晉所滅。」按：《鄭語》：「史伯謂韓為武王之子。」韋昭云：「近宣王時，命韓侯為侯伯。其後為晉所滅，以為邑，以賜桓叔之子萬，是為韓萬。則其亡在平王時也。」孔云：「韓是武王之子，其封當在成王之時。其命為侯伯，或成，或康，未知定何時也。」「受命」，受繼世而為諸侯之命也。「王親命之」者，將命之為侯伯也。「纘戎祖考」七句，王命之辭也。「纘」，《說文》云：「繼也。」「戎」之言「汝」，音之轉也。後同。「祖考」，祖父也。觀末章云「以先祖受命」，則第標祖而言，見韓侯先世嘗為州牧矣。無廢棄我之命，即「纘戎祖考」之命也。「夙夜」二句相承說，無廢之實也。「夙」，早。「夜」，晚也。「匪」，通作「非」。「解」，通作「懈」，謂怠也。「虔」，《說文》云：「虎行貌。」徐鍇云：「虎之行，兢兢然有威，故敬為虔。」「共」，通作「供」，《說文》云：「設也。」言汝能早夜不忒，敬謹以供爾所當盡之職事，則我今之命汝纘祖考者不復改易，仍使為州牧也，有戒勉之意。「榦」，徐鍇云：「築牆兩旁木也。」孔云：「所以當牆兩邊障土者。」「不庭方」，謂不來朝貢之國，猶《易》云「不寧方」也。《左傳》：「以王命討不庭。」杜預《注》謂「下之事上，皆成禮於庭中」；《常武》「徐方來庭」；其義皆同。「佐」，助也。字本作「左」。「辟」，《爾雅》云：「君也。」言有不來庭之方國，汝當作楨榦而正之謹，侯度以作之倡，明大義以示之趨，用以佐汝君教化之所不及。此又自「虔共爾位」而推言之也。錢天錫云：「韓地近邊，蠻夷之叛服不常。自穆王以來，荒服者不至。天子欲振中興之烈，則榦不庭以佐辟，能無望於韓侯乎？」味「榦」之一字，有先自正而後正人之意。以末章觀之，則其所正者亦北面之國耳。○四牡奕奕，孔脩且張。陽韻。韓侯入覲，以其介圭，入覲于王。陽韻。王錫《周禮注》作「賜」。韓侯，淑旂綏陸本作「綏」。章，陽韻。簟茀錯衡，叶陽韻，戶郎翻。玄袞赤舄，鉤膺鏤錫，陽韻。《說文》作「鐊」。鞹鞃陸本作「軜」。淺幭，叶質韻，讀如密，莫筆翻。陸本作「幦」。豐本作「幬」。鞗豐本作「鋚」。革金厄。叶質韻，於栗翻。陸本、豐本俱作「扼」。○賦也。首章是初受封時事，此章則既封後而復入覲之事也。「四牡」，所以駕車者，韓侯在道所乘也。「奕」，解同前。以非一馬，故重言之。「孔」，甚也。「脩」，通作「修」，《說文》云：「飾

也。」「張」，毛云：「大也。」孔云：:「物之小者，張之使大。」若《左傳》
稱「張公室」，謂使公室強大，是張為大之義也。「孔脩且張」者，謂極其裝飾
之美而氣象又雄偉也。《周禮・大宗伯》職云：「以賓禮親邦國，春見曰朝，夏
見曰宗，秋見曰覲，冬見曰遇。」《注》云：「覲之言勤也，欲其勤王之事。」
《大行人》職云：「春朝諸侯而圖天下之士，秋覲以比邦國之功，夏宗以陳天
下之謨，冬遇以協天下之慮。」《曲禮》云：「天子當宸而立，諸侯北面而見天
子，曰覲。天子當寧而立，諸公東面，諸侯西面，曰朝。」鄭玄云：「諸侯春
見曰朝，受摯於朝，受享於廟，生氣文也。秋見曰覲，一受氣於廟，殺氣質
也。朝者位於內朝而序進，覲者位於廟門外而序入，王南面立於宸寧而受焉。
夏宗依春，冬遇依秋。」《郊特牲》云：「覲禮，天子不下堂而見諸侯。下堂而
見諸侯，天子之失禮也。繇夷王以下。」按：《儀禮》惟《覲禮》篇存，其朝
宗遇之禮皆亡。孔云：「朝者，四時通名。覲則惟是秋禮。諸侯之朝天子，四
方時節，其文不明。賈逵以為一方四分之，或朝春，或覲秋，或宗夏，或遇
冬。馬融以為在東方者朝春，在南方者宗夏，在西方者覲秋，在北方者遇冬。」
愚按：「一方四分」，殊無明據。若馬說所本，以《明堂位》載魯之祭禮云夏
礿、秋嘗、冬烝，獨無春祀，明為朝王闕之。以魯在東方，宜行春朝之禮。然
此詩言韓侯奄受北國，則宜行冬遇，何得行秋覲之禮？意韓城本在西偏，抑
或天子於此四者自依其序，或各以特命行之，如欲圖士則行朝禮，欲比功則
行覲禮，欲陳謨則行宗禮，欲協慮則行遇禮，未可知也。「介」，通作「玠」。
玠圭，即鎮圭也。解見《崧高》篇。申侯奉王命為伯，而有介圭之錫，則韓侯
繼祖考為伯，其亦有介圭之錫可知。今以比功入覲，故執之以還報天子，如
後世持節出使者，亦持節反命也。鄭以為韓侯「覲宣王而奉享禮，貢國所出
之寶」，引《書》「黑水西河，其貢璆琳琅玕」。孔亦謂「西河之地，法當貢玉。
韓在西河之西，故以介圭入覲。介圭當是奇異之大玉，可以為圭璧」。按：《儀
禮・覲禮》篇：「天子衮冕，負斧宸。侯氏入門右，坐奠圭，再拜稽首。擯者
謁，侯氏坐，取圭，升，致命。王受之玉。侯氏降階，東北面，再拜稽首。擯
者延之，曰升。升成拜，乃出。四享皆束帛加璧，庭實惟國所有。」據此，覲
禮既有奠圭加璧之事，則鄭說似若可信。但圭名介圭，乃天子所執，斷無以
制就成形者入貢之理。且《崧高》篇言「錫爾介圭，以作爾寶」，其文與此吻
合，則其出於天子所錫明矣。或又以介圭即公侯所執之瑞圭，尤謬。彼但名
桓、信，何得以介名也？兩言「入覲」者，上「入覲」承「四牡」言，謂此四

牡之行乃以入覲之故；下「入覲」承「介圭」言，則志彼入覲之時其所執之物也。「錫」，通作「賜」，《說文》云：「予也。」按：覲禮事畢，「天子賜侯氏以車服，迎於外門外，再拜，重賜無數。」下文所載，即其事也。「淑」，疑通作「俶」，《說文》云：「青黑繒發白色也。」「旂」者，諸侯之所建。《覲禮》云：「侯氏載龍旂。」《樂記》云：「龍旂九旒，天子之旌也，所以贈諸侯也。」陳祥道云：「《覲禮》曰：『天子載大旂，升龍降龍。』《周禮》曰：『交龍為旂。』又曰：『諸侯建旂。』則天子、諸侯之旂，龍章一也。」愚按：先儒謂《周禮》所掌九旂之帛皆用絳，絳者，大赤色，以為周所尚故耳。諸如交龍熊虎鳥隼〔註3〕龜蛇之屬，皆謂畫之絳帛之上。愚終未敢信其然。《曲禮》謂「前朱雀，後玄武，左青龍，右白虎」，已明著朱、玄、青、白四色矣。而《巾車》職亦有云：「大旂以封同姓，大赤以封異姓，大白以封四衛，大麾以封蕃國。」舊說謂大麾者，黑色也，以此合《曲禮》所載，於朱、玄、赤、白四色之中已有其三，所少者獨青耳，則大旂之為青色可知。旂畫交龍，其為青龍明甚，則大赤之為朱鳥，大白之為白虎，大麾之為玄武，又可知。且自青而赤，而白，而黑，依四時之序以為降殺之等，此亦先王制禮之意所可推者。竊意四旂之帛，各從其方之色，不必謂九旂之中有通帛為旃者，是全帛皆絳，輒概以絳色例之也。如此詩言「淑旂」，若以「淑」、「俶」音通，則《說文》所訓為「青黑髮白之色」蓋以象夫青之將近於黑而尚淺於黑者，大抵即青色耳。以青白畫龍於上，所謂青龍。韓為姬姓，大旂正封同姓所用，不然訓「淑」為「善」，但云「旂之善者」，成何文理？「綏」，通作「緌」，《禮記注》云：「旌旂之旒也。」按：《說文》訓「緌」為「繫冠纓」，謂結纓領下以固冠，其結之餘者散而下垂也，旌旂之旒似之。孔云：「徐州貢夏翟之羽，有虞氏以為緌。後世或無，染鳥羽象而用之。或以旄牛尾為之，綴於幢上，所謂注旄於竿首者。然則緌者即交龍旂竿所建。」「章」，王肅云：「所以為表章也。」「簟茀」，詳見《載驅》篇。孔云：「茀者，車之蔽。簟者，席之名。」陳祥道云：「衛夫人之車以翟茀，齊襄公方叔之車以簟茀，此婦人男子車蔽之別也。」「錯」，《說文》云：「金塗也。」車軛曰衡。塗金於軛，所以為文。詳見《采芑》篇。「玄袞」，玄衣而畫以袞龍也。凡冕服皆玄衣纁裳，詳見《采菽》篇。「赤舄」，冕服之舄也。上公九命，得服袞冕，故屨赤舄，與王同也。詳見《狼跋》、《車攻》篇。「鉤膺」，樊纓也。馬鞅在膺者，用金為鉤以拘之。詳見《采芑》篇。「鏤」，

《說文》云：「剛鐵可以刻鏤。」「錫」，本作「鍚」，《說文》云：「馬頭飾也。」徐鍇云：「刻金華當馬頜。」陳祥道云：「莊周言『齊之以月題』。月題，其象也。」鄭云：「今當盧也。」孔云：「在眉眼之上。」按：《巾車》：「玉路，錫〔註4〕樊纓。金路，鉤樊纓。金路，無錫〔註5〕有鉤。」計玉路非賜臣之物，此得有鏤錫〔註6〕者，蓋特賜之，使得施於金路也。陸元朗云：「皮去毛曰鞹。」「軾」，毛云：「軾中也。」孔云：「軾者，兩較之間有橫木可憑者也。鞹為軾中，蓋相傳云然。言『鞹軾』者，蓋以去毛之皮施於軾之中央，持車使牢固也。」「淺」，毛云：「虎皮淺毛也。」「幭」，毛云：「覆軾也。」孔云：「《禮記》作『幦』，《周禮》作『幎』，字異而義同。《玉藻》言羔幭、鹿幭，《春官‧巾車》言犬禨、豻禨，皆以有毛之皮為幦。此云『淺幭』，則以淺毛之皮為幭也。獸之淺毛者，惟虎耳。」陳祥道云：「幦若席然，施之軾上。」「鞗」，馬轡也。「革」，謂轡首之垂者。詳見《蓼蕭》篇。「厄」，當依《釋文》通作「扼」，《說文》云：「捉也。」鄭云：「以金為小環，往往纏扼之。」朱子云：「纏扼轡首也。」孔云：「『往往』者，言其非一二處也。」「淑旂綏章」以旂言，是載之車上者，「簟茀錯衡」以車言，「玄袞赤舄」以服言，「鉤膺鏤錫」以馬言，「鞹軾淺幭」又於車中別其軾言之，「鞗革金厄」又於馬中別其轡言之。○**韓侯出祖，出宿于屠。**虞韻。**顯父**上聲。陸本作「甫」。**餞之，清酒百壺。**虞韻。**其殽**陸本作「肴」。**維何？炰鱉鮮**豐本作「鱻」。**魚。**叶虞韻，讀如虞，元俱翻。**其蔌維何？維筍**《說文》作「葟」。陸本作「笋」。**及蒲。**虞韻。**其贈維何？乘馬路車。**魚韻。**籩**《集韻》作「邊」。**豆有且，**豐本作「爼」。**侯氏燕胥。**魚韻。○賦也。「祖」，將行祭行神累祖也。詳見《烝民》篇。鄭云：「既覲而反國必祖者，尊其所往，去則如始行焉。」「宿」，《說文》云：「止也。」「屠」，地名。朱子云：「或曰即杜也。」《漢志注》云：「古杜伯國，漢宣帝葬其地，因曰杜陵，在長安南五十里。」按：杜有屠音，晉有杜蒯，通作屠蒯。或說似可信。但韓侯返國，不宜復自鎬南行，意必其地與蹶里相近。韓侯覲事既畢，將便道往行親迎之禮，故出宿於彼也。鄭云：「祖於國外畢，乃出宿，示行不留於是也。」「顯父」，不詳其人。鄭云：「周之公卿也。」孔云：「諸侯反國為王臣所送，送者唯卿士耳。送行飲酒曰餞。」按：

〔註4〕「錫」，底本作「鍚」，據四庫本改。
〔註5〕「錫」，底本作「鍚」，據四庫本改。
〔註6〕「錫」，底本作「鍚」，據四庫本改。

《儀禮‧聘禮》篇云：「出祖，釋軷，祭酒脯，乃飲酒於其側。」《注》謂「行出國門，止陳車騎，釋酒脯之，奠於軷。軷者，祭道路之神。道路以險阻為難，是以委土為山，伏牲其上，以酒脯祈告之。卿大夫處者，於是餞之，飲酒於其側。禮畢，乘車轢之而遂行，舍於近郊」。是則祖畢而後餞，餞畢乃出宿。今言餞於出宿之後者，詩第先記韓侯所擬宿處，為下章張本。顯父之餞，當仍在國門外也。鄭謂「王使顯父餞之」，今以下文所贈證之，知必出自王矣。謝枋得云：「申伯之行，王親餞之。韓侯之行，王使顯父餞之。禮亦有等差也。」「清酒」，孔云：「清美之酒。」「壺」，《說文》云：「昆吾圜器也。」徐鍇云：「昆吾，紂臣，作瓦器。」季云：「《禮器》注曰：『壺大一石。』此以壺之大者言也。云百壺，則必小壺矣。」孔云：「多至於百壺，言愛韓侯而送酒多也。」「殽」，通作「肴」，《說文》云：「啖也。」孔云：「饌物也。」「炰鱉」，解見《六月》篇。鄭云：「炰以火熟之。」孔云：「謂烝煮之也。」「鮮魚」，鄭云：「中膾者也。」孔云：「新殺謂之鮮。魚餒則不任為膾。」「菽」，《說文》云：「菜殽也。」按：《說文》無「菽」字，當作「𩱛」，云：「鼎實也。」陳留謂鍵為𩱛，亦作鍊，《易》「覆公鍊」是也。「筍」，鄭云：「竹萌也。」《筍譜》云：「竹初種，根食土而下，求乎母也。及擢筍，冒土而上，愛乎子也。筍大約不過青綠色，本艸木性，甲乙氣。」「蒲」，毛云：「蒲蒻也。」徐鍇云：「按：蒻蒲下入泥白處，今俗呼蒲白。」鄭云〔註7〕《周禮注》云：「蒲始生水中子。」按：《周禮‧醢人》職云：「加豆之實，深蒲醓醢，筍菹魚醢。」皆謂以蒲筍為菹。故孔引陸璣云：「筍始出地，長數寸，𩱛以苦酒，豉汁浸之，可以就酒及食。蒲始生，取其心中入地蒻，大如匕柄，正白。生啖之，甘脆。𩱛而以苦酒浸之，如食筍法。」是說筍蒲菹之法也。然「菹」與「菽」有異。《說文》訓「菹」為「酢菜」，徐鍇謂「以米粒和酢以漬菜」是也。「菽」者，酏食糝食之類。二者皆有肉，故鄭眾解《周禮》「糝食」為「菜鍊蒸」，而鄭玄解《易》「覆公鍊」亦云「糝謂之鍊。震為竹，竹萌為筍。筍者，鍊之為菜也，是八珍之食」。此則筍可為糝食之證也。維蒲之為鍊，無所經見，然《說文》解「𩱛」字下亦引此詩曰「維𦮗及蒲」，意古必有用蒲為糝食之法，但不傳耳。經言「菽」，非言「菹」也，故不可以不辨。「贈」，孔云：「以物送人之名。」鄭云：「王既使顯父餞之，又使送以車馬，所以贈厚意也。人君之車曰路車，所駕之馬曰乘馬。」按：《采菽》之詩曰：「君子來朝，何錫予之。雖無予之，路車乘馬。」

《覲禮》曰：「天子賜侯氏以車服。路先設，西上。路下四，亞之。」《注》謂「『路下四』者，乘馬也。『亞之』者，次車而東也」。是可以見其出於天子之證也。孔云：「卿大夫無路車、乘馬之名，則非顯父贈之。」「籩」，竹豆。「豆」，木豆。孔云：「盛脯醢之籩豆。」「且」，《說文》云：「薦也。」陳設之義。「侯氏」，呂祖謙云：「指韓侯也。」按：《覲禮》稱諸侯為侯氏。賈公彥云：「言諸侯，則凡之總稱。言侯氏，則指一身，不凡之也。」「燕」，通作「宴」，《說文》云：「安也。」「胥」，通作「疋」，《說文》云：「通也。」「疋」、「疏」字同。《爾雅》訓「皆」，《公羊》訓「胥」為「相」，義當取此。彼此通同，故曰「皆」、曰「相」也。「侯氏燕胥」者，言韓侯與顯父通相燕樂，榮君寵也。○**韓侯取**去聲。陸本作「娶」。**妻，汾王之甥，蹶父**上聲。**之子。**紙韻。**韓侯迎**去聲。**止，**紙韻。**于蹶之里。**紙韻。**百兩彭彭，**叶陽韻，逋光翻。**八鸞鏘鏘，**陽韻。陸本作「將將」。**不**豐本作「丕」。**顯其光。**陽韻。**諸**《白虎通》作「侄」。**娣從之，祁祁如雲。**叶先韻，於員翻。**韓侯顧之，爛其盈門。**叶先韻，謨連翻。○賦也。韓侯畢覲事而出國門，遂於蹶父所居行娶妻親迎之禮。蹶父為周卿士，意其采邑必在王城外也。「汾王」，鄭云：「厲王也。」厲王流於彘，彘在汾水之上，故詩人因以號之。《解頤新語》云：「猶晉侯居翼謂之翼侯，晉人納之鄂謂之鄂侯，鄭叔段居京謂之京城太叔，及出奔共謂之共叔也。又，楚人謂王不終者為敖，葬郟者曰郟敖，葬訾者曰訾敖，其汾王之類乎？」《郡縣志》云：「汾水經霍邑縣西二里，周厲王陵在縣東北二十五里。」「汾王之甥」，指蹶父也。《爾雅》云：「妻之父為外舅。謂我舅者，吾謂之甥。」郭璞云：「呼婿為甥。」《孟子》曰「帝館甥於貳室」是也。又自婿而外，據《爾雅》呼甥者有四輩。姑之子為甥，舅之子為甥，妻之昆弟為甥，姊妹之夫為甥。郭謂「四人體敵，更相為甥」。蹶父於其中，或處一焉。亦不可知。鄭《箋》謂「姊妹之子為甥」，而孔《疏》誤以為此文出於《爾雅》，遂皆以韓姞當之。按：《爾雅》惟云「男子謂姊妹之子為出」，未聞其以甥名。惟劉熙《釋名》有云「舅謂姊妹之子曰甥」。雖今人亦同此稱，然要之《爾雅》不載，必非古名也。然則甥是同輩之稱，如謂韓姞與厲王同輩，至宣王時方嫁，於論疏矣。或謂外孫亦曰甥，何知姞非厲王外孫乎？今按：外孫稱彌甥，不單名甥。《左傳》「以肥之得備彌甥」是也。夫既不可謂姞為厲王同輩，又不可以外孫為甥，則汾王之甥其確為指蹶父無疑矣，故下文即以「蹶父」屬之。「蹶父」，毛云：「卿士也。」孔云：「蹶，氏。父，字。不書國爵，則非諸侯。

下言『靡國不到』，則是為王聘使之人，故知卿士也。」《焦氏易林》引此作「大夫祈父」。「子」，女也。「迎」，昏禮六禮之中所謂親迎也。「止」，語辭。「蹶」，即「蹶父」也。「里」，毛云：「邑也。」蹶父之里，不知所在。「百兩」，百乘也。義見《鵲巢》篇。「彭」，通作「騯」，《說文》云：「馬盛也。」「八鸞」，謂每車有八鸞鈴，象鸞鳥聲。「鏘」，通作「瑲」，《說文》云：「玉聲也。」鈴聲之和似之。孔云：「其迎之時，則有百兩之車彭彭然而行，每車皆有八鸞之聲鏘鏘然而鳴也。」「不」，通作「丕」，大也。「顯」者，明飾之義。「光」，鄭云：「猶榮也。」氣有榮光也。孔云：「車馬之盛，禮備如此，顯其有光榮也。」「諸」，眾辭也。「娣」，《公羊傳》云：「女弟也。」鄭云：「媵者必娣姪從之。獨言娣者，舉其貴者。」孔云：「以眾妾之中娣為最貴，故舉『娣』以言眾妾，明言『諸』可以兼娣姪也。」陸化熙云：「迎曰『百兩』，是迎以邦君之禮。從曰『諸娣』，是送以夫人之禮。」「從」，《說文》云：「隨行也。」「祁」，通作「跂」，緩步也。「祁祁」，行動舒遲貌。「如雲」，與《敝笱》篇「其從如雲」義同。雲順風而行，亦如媵之從嫡也。「顧」，《說文》云：「還視也。」「爛」，光盛貌，指諸娣言。孔云：「韓侯於是回顧而視之，見其鮮明粲爛，盈滿於蹶父之門也。」呂祖謙云：「古者任遇方面之臣，既盡其禮，復恤其私，使之內外光顯，體安志平，然後能展布自竭，為王室之屏翰。詩人述宣王能錫命諸侯，而因道其娶之盛，其意蓋在於此。而王室尊安，人情暇樂，亦莫不在其中矣。」○蹶《焦氏易林》作「祈」。**父孔武，靡國不到。**號韻。為去聲。**韓姞相去聲。攸，莫如韓樂。**叶號韻，力吉翻。**孔樂韓土，**糜韻。**川澤吁吁。**叶糜韻，火羽翻。**魴鱮甫甫，**糜韻。**麀**豐本作「廛」。**鹿噳噳。**糜韻。《孔叢子》、陸本俱作「麌麌」。**有熊有羆，有貓**陸本作「苗」。**有虎。**糜韻。**慶既令居，**魚韻。**韓姞燕譽。**叶魚韻，羊諸翻。○賦也。蹶父材力甚壯健，故能以王命奉使於四方。呂云[註8]：「『靡國不到』，特言涉歷邦國之多，非必國國皆至也。」「韓姞」，朱子云：「蹶父之子，韓侯妻也。」孔云：「婦人稱姓。今以姓配夫之國，謂之韓姞，故知姞是蹶父之姓也。」按：姞，黃帝後。黃帝之子二十五人，為姓十二，姞其一也。《左·宣三年》：「鄭石癸曰：『吾聞姬、姞耦，其子孫必蕃。姞，吉人也，后稷之元妃也。』」亦作「吉」，《都人士》篇「彼君子女，謂之尹吉」是也。又按：《路史·國名記》：「姞姓一十四國。」南燕伯儵國即后稷妃家，亦曰東燕。及《左·昭三年》「北燕伯

款」，亦姞姓。此詩末章有「燕師所完」之語，疑蹶父國本在燕，而仕於王朝，因與韓侯聯姻，故詩中敘及其先世之事。至如「燕胥」、「燕譽」，似皆指燕地而言。但以無明據，故未敢強解。「相」，《說文》云：「省視也。」「攸」，《爾雅》云：「所也。」按：「攸」之為「所」，其義難詳。據《說文》以「攸」為行水，又引秦嶧山刻石中「汝」字與此同文，疑為浮泛不定之義。以「所」訓「攸」，當亦是無定在之辭耳。言蹶父將為女擇可嫁之地，汎觀之四方，無有如韓國之為樂土者。《竹書》稱「王命蹶父如韓」，正此時也。「孔」，甚也。甚樂哉此韓土，深美之辭。下文正指其實。「川澤」二句相連說。以水產言。「川」，《說文》云：「貫穿通流水也。」「澤」，《國語》云：「水之鍾也。」「籲」者，誇張之義，故以為大之稱。「魴鱮」，解見《汝墳》、《魚麗》、《敝笱》諸篇。陸璣云：「魴，魚之美者。鱮，魚之不美者。」陸佃云：「魴之為美，舊矣。今更與鱮魚連道，以著韓國水土之善。」「甫」，通作「誧」，《說文》云：「大也。」「麀鹿」三句，以陸產言。不言山者，韓地多山，故略之也。《爾雅》云：「鹿，牡麚，牝麀。」專言「鹿」，則統乎牝牡之稱。今對「麀」言「鹿」，則鹿者，牡鹿也。「噳」，《說文》云：「麋鹿群口相聚貌。」《小爾雅》云：「『魴鱮甫甫』，語其大也。『麀鹿噳噳』，語其眾也。」「熊」、「羆」，解見《斯干》篇。羅願云：「羆乃熊類。古言熊者，率與羆連言之，如稱『如熊如羆』、『維熊維羆』、『非熊非羆』、『趙襄子射熊羆』是也。今獵者言熊有兩種，豬熊其形如豬，馬熊其形如馬，各有牝牡。問以熊，則云熊是其雄，羆則熊之雌者。羆力尤猛。或曰羆大於熊。熊為羆之雄而稱熊，猶羖為羭之羖而稱羖，兕為犀之牸而稱兕也。蓋皆相類而為牝牡，猶麋與鹿交，鮞與魚遊也。」「貓」，毛云：「似虎淺毛者也。」按：《爾雅》：「虎竊毛謂之虦貓。」《注》謂「竊者，淺也。狻麑如虦貓」。《周書》記武王之狩，擒虎二十有二，貓二。則是虎之類也。又，捕鼠之狸亦名為貓，然其形狀猥小，不當與熊羆虎並言。而陸農師引《記》「迎貓迎虎」之文，謂「貓食田鼠，虎食田豕，故詩以譽韓樂」，亦迂甚矣。季云：「魴、鱮、麀、鹿皆可以供食，熊、羆、貓、虎皆可以供裘。韓地物產之隆如此，他國莫及焉。見其先祖能控百蠻，而人不敢漁獵其地，故得為樂土也。」「慶」，喜。「令」，善也。喜其已得此善居也。「韓姞燕譽」者，謂韓姞之心當亦安樂而稱其得所也。「慶令居」，就「相攸」時言，「燕譽」則預度其後日而言也。曹居貞云：「此章與《碩人》卒章意同。齊近河，韓多山，各賦其所有，一則美其父母之國，一則美其所嫁之國也。」王安石云：「韓侯取妻，何預於

王政?而詩言此蓋汾王失道,王室幾喪,為諸侯所卑,則王甥亦安能相攸?惟宣王任賢使能,然後汾王之甥更為樂國賢君之所願娶,而威儀備具,光顯如此,乃所謂邦之榮懷也。」《左・成九年》:「季文子如宋致女,覆命,公享之,賦《韓奕》之五章。穆姜出於房,再拜曰:『大夫勤辱,不忘先君,以及嗣君,施及未亡人,先君猶有望也。敢拜大夫之重勤。』」○溥《潛夫論》作「普」。**彼韓城,燕師所完。**叶先韻,夷然翻。**以先祖受命,因時百蠻。**叶先韻,民堅翻。**王錫韓侯,其追其貊。**陌韻。亦叶藥韻,末各翻。《說文》作「貉」。**奄受北國,因以其伯。**陌韻。亦叶藥韻,卜各翻。實鄭《箋》作「寔」。後同。**墉實壑,**藥韻。亦叶陌韻,呼格翻。**實畝實籍。**陌韻。亦叶藥韻,穑侖翻。**獻其貔**《說文》作「貚」。陸本作「豼」。**皮,**支韻。**赤豹黃羆。**支韻。○賦也。「溥」,《說文》云:「大也。」「韓城」,解見首章。或據《水經注》「聖水徑方城縣故城北,又東南徑韓城東」,引此詩為證。王肅謂「涿郡方城縣有韓侯城,世謂寒號」,非也。按:方城即今順天府固安縣,乃燕地,與下文言「奄受北國」似合,然去梁山遠矣。李氏謂「恐是方城縣相近梁門界上之山」,殊屬牽附。愚意寒號自是本名,其改寒號為韓侯者,王肅緣此詩有「燕師所完」一語而誤,而酈道元又為肅所誤也。「燕」,朱子云:「召公之國也。」按:燕雖召公所封,而其地甚廣,如南燕、東燕、北燕皆是。《國都城記》云:「地在燕山之野,故國取名焉。」《一統志》云:「燕山在北京順天府薊州玉田縣西北二十里。」「完」,《說文》云:「全也。」鄭云:「築完也。」按:《竹書》成王十二年,「王師燕師成韓」,即此。朱子云:「韓初封時,召公為司空,王命以其眾為築此城,如召伯營謝、山甫城齊之類也。」呂云:「《春秋》之城邢〔註9〕、城楚丘、城緣陵、城杞之類,皆合諸侯為之。霸令尚如此,則周之盛時命燕城韓,固常政也。」「以」者,推原其故之辭。「先祖」,毛云:「韓侯之先祖,武王之子也。」「受命」者,孔云:「受王命為一州侯伯也。」愚按:以下文「奄受北國,因以其伯」觀之,則所謂為伯者,亦為北國諸侯之伯耳。「因」,《說文》云:「就也。」「時」之言「是」也。「百蠻」之「蠻」,即《周禮》所謂「蠻畿」、「蠻服」者,主辨其疆界謂之畿,以其服王政教謂之服,其地在侯甸男采衛之外,亦號要服,以其國小而多,故曰「百蠻」耳。然此亦第據韓之先祖所率者言。一說蠻夷可通稱,北稱蠻,猶西稱夷,《史記・匈奴傳》「居於北蠻」是也。亦通。言所以築韓城而使韓之先祖居

〔註9〕「邢」,四庫本作「郉」。

之者，以其受命為牧伯，實就是百蠻所介處之地而於此資彈壓焉，規模固宏遠矣。「王錫韓侯」，以今日言也。與次章「王錫韓侯」不同。彼錫以物，此錫以命也。又與首章「王親命之」不同。彼為分封之初命，此因入覲而申命也。「其追」而下，命之辭也。按：覲禮事畢，賜車服之時，「諸公奉篋服，加命書於其上，升自西階，東面，太史氏右。侯氏升，西面立，太史述命。侯氏降西階之間，北面，再降稽首。升成拜，太史加書於服上，侯氏受。」此正其事也。依禮文之序，當在次章之後、三章之前。而述之此者，因前皆敘事成文，故略之。至此則韓侯已畢親迎之事而將歸國矣，故重為誦服，以致其叮嚀之意。亦詩人行文變化處。「追」，《說文》云：「逐也。」「貊」，《說文》云：「北方國，豸種。」「其追其貊」者，驅而遠之，不使其逼處中國也。上「其」字，期之之辭。下「其」字，則指貊而言。「奄」，《說文》云：「覆也。大有餘也」，字「從大從申」。申者，展也，與《魯頌》「奄有龜蒙」義同。「北國」，北方諸侯之國。「伯」者，州牧之稱。孔云：「《夏官·職方氏》：『正北曰并州。』言受王畿北面之國，當是并州牧也。」宣王以貊不驅，則侯國不得安，期韓侯能驅北貊，以撫北國，故就以其先世侯伯之職予之，欲其思所以副重任也。即首章「纘戎祖考，無廢朕命」之意。「實墉」二句，先內治也。「實」之言「是」，音之轉也。「墉」，城垣也。「壑」，溝也。俱見《說文》。城下有壑。墉、壑皆舊所有，於是因而修畝之，使墉成其為墉，壑成其為壑，非謂新築新鑿也。「畝」，田也。「籍」，通作「耤」。古者借民力耕田，十分而取其一，謂之「耤」，亦譌作「藉」。《孟子》曰：「助者，藉也。」「實畝實籍」者，言於是正其田畝之經界，與什一之稅法也。觀「實籍」之文，而《孟子》「雖周亦助」之言，益信修墉壑所以固吾圉，正畝籍所以足民食，此立國根本，首章所謂「夙夜匪解，虔共爾位」者盡在是矣。《儀禮注》云：「凡進物曰獻。」「貔」，《說文》云：「豹屬，出貉國。」《爾雅》云：「貔，白狐。」郭璞云：「一名執夷。」陸璣云：「似虎。或曰似熊。遼東人謂之白羆。」郭璞贊云：「《書》稱猛獸，如虎如貔。貔蓋豹屬，亦曰執夷。白狐之云，似是而非。」羅願云：「豹似虎而圈，文有數種。《山海經》：『泰山多赤豹。』」陸璣云毛：「赤而文黑謂之赤豹，毛白而文黑謂之白豹。」羅願云：「有黃羆，有赤羆。《王會》篇：『東胡黃羆。』成王獻此。」愚按：豹取赤，羆取黃，當是各取其美者，亦如裘之重狐白也。孔云：「『貔皮』之上言『獻其』，則豹、羆亦獻之。『貔』言『皮』，則豹、羆亦獻皮也。」輔廣云：「此章言王之委重於韓侯，勉以自強於政治，而修其職

貢於王也。但言三獸之皮者，猛獸韓國所富有，故令貢其皮焉，亦以見不強責其所無也。」愚按：職貢修則體統明，然後可以榦不庭方，而佐乃辟矣。申命之辭，語語與初命相應。黃佐云：「荒服不朝於穆王之時，覲禮大壞於夷王之際。宣王中興，諸侯畏服，無敢不稟命者。韓侯之朝，固出於忠愛之誠，亦宣王有以致之也。」

　　《韓奕》六章，章十二句。朱子以為「韓侯初立，來朝，始受王命而歸。詩人作此以送之」。按：詩詞前後明有兩命，非初立之命也。其敘述周詳，正以揚厲中興氣象。而但以為送行而作，不纂小與？《申培說》則云：「韓侯來朝，受命將歸，顯父餞之，贈以是詩。」夫詩中第紀顯父餞行，未云作誦也，何據云然？其陋斯甚。《子貢傳》闕文。

六月

《六月》，紀北伐也。宣王五年夏六月，玁狁內侵，王命尹吉甫為將，驅而出之於太原。師歸自鄗，行飲至之禮。詩人作此以美之。班固云：「周懿王時，周室遂衰，戎狄交侵，暴虐中國。至懿王曾孫宣王，興師命將，以征伐之。詩人美大其功。」按：《竹書》事在宣王五年。愚按：此詩蓋當時與吉甫燕之友所作。陸化熙云：「雖美吉甫，而宣王之能命將在其中。」

六月棲棲，戎車是飭。職韻。四牡騤騤，載是常服。叶職韻，鼻墨翻。玁《鹽鐵論》、《漢書》、豐氏本俱作「獫」。下同。狁孔熾，我是用急。叶職韻，讀如亟，訖力翻。《鹽鐵論》作「戒」。王于出征，以匡王國。職韻。○賦也。「六月」，朱子云：「建未之月也。」濮一之云：「《詩》言『六月徂暑』，則為夏正可知。」按：《司馬法》：「冬夏不興師，所以兼愛民也。」今記六月者，鄭玄云：「盛夏出兵，明其急也。」孔穎達云：「征伐之詩多矣，未有顯言月者。此獨言之，故云『明其急也』。」黃氏云：「人知其上之出於不得已，雖六月，而人不以為暴，蓋以為其所以勞我者乃所以安我也。」「棲」、「栖」同字。鳥宿曰棲。云「棲棲」者，取其翔集不定之義。《論語》：「何為是棲棲者？」《注》云：「猶皇皇，言其不安也。」倉卒興師，人情擾攘，其象如此。「戎車」，革路之等也。其等有五。解見《采薇》篇。「飭」，《說文》云：「致堅也。」「四牡」，即五等戎車既駕之四牡，與第五章同。「騤騤」，解見《采薇》篇。「載是常服」者，車中或載常，或載服，兩舉之也。鄭以「韋弁服為常服」，

似難通。毛《傳》云：「日月為常。」按：《周禮‧司常》職云：「王建太常。」《大司馬》職云：「若大師，則建大〔註10〕常比軍眾，誅後至者。」《小司馬》職云：「凡小祭祀、會同、饗射、師田，掌其事如大司馬之法。」是知興師之始，必建大〔註11〕常以致軍眾。毛、鄭皆泥《大司馬》職文，謂「必王親征，始建大〔註12〕常」。而鄭又疑此舉非宣王親征，故但解常服為戎服，豈知戎服不可以常服言。而《小司馬》職明言「凡小師田，掌其事亦如大司馬之法」，然則是遣將出師，皆得建大〔註13〕常以令眾，不必王親征也。「服」，戎服也。以韎韋為弁，又以為衣裳。又，《戎僕》職云：「掌馭戎車，及〔註14〕王倅車之政，正其服。」「倅車」，即五戎之倅，車中之將帥甲士各有所服之服，故曰正其服，不必盡韎韋也。韎韋特將帥服耳。所載有幾，載常以致眾，載服以備用，於是人知其將有事矣，乃告之以出師之故，如下文所云也。「熾」，盛也。「我」，主吉甫而言。以吉甫為主將，乃發令者。後章二「我」字亦同。「急」，疾也。玁狁來侵，其勢甚盛，我用是急於徵兵，不暇顧炎暑也。「于」之為「曰」，音之近也。解見《無衣》篇。按：毛《傳》多訓「于」為「往」。董氏云：「如下章『王于出征，以佐天子』，豈王自征而又佐天子乎？」「匡」，《爾雅》云：「正也。」夷不亂華，是之謂正。「王國」，王畿也。《周禮》：「方千里曰國畿。」王者畿內，謂之國畿。當時玁狁內侵，焦穫、涇陽皆在畿內，故曰「以匡王國」也。此吉甫初征兵而述王命以告之也。《左‧僖二十三年》：「晉公子重耳如秦，秦伯享之。公子賦《河水》，公賦《六月》。趙衰曰：『重耳拜賜。』公子降，拜，稽首，公降一級而辭焉。衰曰：『君稱所以佐天子者命重耳，重耳敢不拜？』」《晉語》載此云：「君稱所以佐天子、匡王國者以命重耳，重耳敢有惰心，敢不從德？」又，《左‧襄十九年》：「季武子如晉拜師，晉侯享之。范宣子為政，賦《黍苗》。季武子興，再拜，稽首，賦《六月》。」○**比物四驪，閒之維則。**職韻。**維此六月，既成我服。**韻。見前章。**我服既成，于三十**《石經》「三十」作「卅」。**里。**紙韻。**王于出征，以佐天子。**紙韻。○賦也。「比」，陸德明云：「齊等也。」「物」，類也，指馬而言。孔云：「『比物』者，比同力之物。」《爾雅》云：「戎事齊力。」按：《周禮》：「校人

〔註10〕「大」，四庫本作「太」。
〔註11〕「大」，四庫本作「太」。
〔註12〕「大」，四庫本作「太」。
〔註13〕「大」，四庫本作「太」。
〔註14〕「及」，《周禮‧夏官‧戎僕》作「掌」。

掌王馬之政，辨六馬之屬。種馬一物，戎馬一物，齊馬一物，道馬一物，田馬一物，駑馬一物。凡大祭祀、朝覲、會同，毛馬而頒之。凡軍事，物馬而頒之。」《注》云：「毛馬齊其色，物馬齊其力。」朱子云：「吉事尚文，武事尚強也。」「驪」，深黑色。陸佃云：「馬善騋牝驪牡〔註15〕。《爾雅》曰：『騋牝驪牡。』以罕稱也。」孔云：「戎事齊力尚強，不取同色。而言『四驪』者，雖以齊力為主，亦不厭其同色也，故曰『駟騵彭彭』，又曰『乘其四騏』。田獵齊足，而曰『四黃既駕』，是皆同色也。無同色者，乃取異毛耳。『騏駵是中，騧驪是驂』是也。」愚按：此四驪乃吉甫所乘，與凡言「四牡」不同。篇中「四牡」凡三見，皆謂軍中駕戎車之四牡耳。如使盡四驪，安得驪牡如彼之多乎？又，《檀弓》云：「夏后氏尚黑，戎事乘驪。」今吉甫乃周將，而亦乘驪者，意當時必有所取，然不敢妄為之辭也。《書傳》云：「閑之者，貫之也。貫之也者，習之也。」「則」，法也。劉彝云：「閑習之久，則進退馳驅不失其則，言其教閑有素也。」「我」，主吉甫而言。「服」，則兩服之服。車駕四馬，在內兩馬謂之服，在外兩馬謂之騑。「服」字從舟，取其可以舟旋也。「騑」，即驂也。前言「四驪」，則服與騑當各居其二。今專言「服」者，觀《鄭》詩云「兩服上襄，兩驂雁行」，又云「兩服齊首，兩驂如手」，蓋兩服並首在前，而兩驂少次其後，故服馬必得其最良者為之。是則舉服可以該驂，《鄭》詩言「巷無服馬」是也。「比物四驪」，所謂「既成我服」也。此詩三用「服」字，而義各異。舊謂指凡軍士之戎服，則軍需當有夙儲，必無臨出征而始制服之理。況寇迫門庭，得無緩不及事乎！「于」，亦「曰」也，發語之辭。三十里為一舍。漢昭〔註16〕云：「吉行五十里，師行三十里。」孔云：「軍法，師行皆以三十里為限。《漢書·律曆志》計武王之行，亦準此也。」按：《志》：「武王伐紂，師初發，以殷十月戊子，日在析木，月在天駟。戎午，渡於孟津。孟津去周九百里，凡三十一日而渡。」是師行日三十里之明證也。朱子云：「既成我服，即日引道，不徐不疾，盡舍而止，又見其應變之速，從事之敏，而不失其常度也。」愚按：周都在今咸陽縣，獫狁侵周，至于涇陽。考《陝西志》，涇陽南至咸陽僅三十八里，則此詩所云於「三十里」乃正道其實耳。上章「王曰出征，以匡王國」，是統命軍眾之辭。此章「王曰出征，以佐天子」，乃責成吉甫

〔註15〕「牡」，底本誤作「牝」，據四庫本、《埤雅》卷十二《釋馬·騋》。
〔註16〕「昭」，疑當作「詔」。按：呂祖謙《呂氏家塾讀詩記》卷十九、段昌武《段氏毛詩集解》卷十七：「漢文帝詔曰：『吉行五十里，師行三十里。』」

之辭。分別觀之，乃得此章敘吉甫承王命而徂征之事。○**四牡脩廣，其大有顒。**冬韻。**薄伐玁狁，以奏膚公。**叶冬韻，讀如恭，居容翻。**有嚴有翼，**共音恭。下同。**武之服。**韻見首章。**共武之服，**同上。**以定王國。**韻見首章。○賦也。「脩」，毛《傳》云：「長也。」《考工記》「堂脩七步」之脩。「廣」，謂橫量闊也。《檀弓》「廣輪」之「廣」。「顒」，《說文》云：「頭大也。」曹氏云：「脩以言其身之長，廣以言其腹背之充，顒以言其首之大。三者相稱，所以成其大也。」「薄」，發語辭。「伐」，《說文》云：「擊也」，字「從人持戈」。《左傳》云：「有鍾鼓曰伐。」言陳鍾鼓而擊之也。「玁狁」，解見《采薇》篇。「奏」，進也。「膚」，舊訓為「大」，殊無據。按：《說文》無「膚」字，有「臚」字，《集韻》云「臚」省作「膚」，其義俱訓「皮」，是可見「膚」即「臚」字也。然以「皮」訓「膚」，於此詩義無當。考古文，「臚」、「旅」通用。《周禮》「皆旅儐」，《儀禮·士冠禮》「東面旅占」，《注》云：「古文『旅』作『臚』。」又，《史記》「臚於郊祀」，《正義》云：「『臚』讀『旅』。旅，祭名也。」是則「臚」、「旅」二字原以音同通用，後乃各異其讀。今因窮「膚」字之始而得「臚」，又因通「臚」字之用而得「旅」，則此「膚」字乃即「旅」字耳。六書之不明久矣，非好學深思，心知其意，誰能然予言者哉？程大昌云：「古人『旅』作『臚』。予因讀此，始悟臚傳曰旅傳也。自殿上至殿下，皆數人抗聲相接，使所唱之語聯續遠聞，則臚傳之為旅傳，其已審矣。」旅，即師旅之旅。《周禮》：軍制，萬二千五百人為軍，二千五百人為師，五百人為旅，百人為卒，二十五人為兩，五人為伍。今曰旅者，舉中言之也。「公」，公所也。毛《傳》訓為「功」，亦無據。此行也為伐獫[註17]狁，故乃進師旅之眾於公所，將有以誓戒之也。下文「有嚴有翼」四句，正吉甫誓眾之辭。「嚴」，戒也，不敢輕敵之謂。「翼」，敬也，不敢亂行之謂。「共」，朱子云：「與供同。」《爾雅》云：「具也。」「服」，事也。兵凶戰危，通將帥士卒凡有事於戎行者，皆當致其戒謹，以具武事也。輔廣云：「兵，陰事也，用之當以嚴敬為主，不嚴則不整，不敬則不肅。」范祖禹云：「『共武之服』者如此，則足以定王國矣。」「定」與「匡」不同，「匡王國」是宣王語，以扶冠履之分言；「定王國」是吉甫語，以奠中外之疆言。此章敘師既在途而誓眾之事，以下章「元戎啟行」之語觀之，計此時亦將迫乎敵壘矣。○**玁狁匪茹，**叶遇韻，讀如呼，俞戍翻。**整居焦穫。**叶遇韻，胡故翻。《爾雅》作「護」。**侵鎬及方，**陽韻。

〔註17〕按：依前後例，「獫」當作「玁」。

至于涇陽。韻。織豐氏本作「幟」。文鳥章，陽韻。白旆陸德明本作「筏」。央央。陽韻。元戎十乘，以先啟豐氏本作「啟」。行。叶陽韻，寒剛翻。○賦也。「匪」，通作「非」。「茹」，茅根相牽引貌。《易‧泰》卦「拔茅茹」之「茹」。「整居」，言整齊其眾而居之也。孔云：「整齊居周之地，無所畏憚也。」「焦穫」，周地。「穫」，通作「護」，《爾雅》十藪，「周有焦護」，即此。孫炎云：「周，岐周也。」郭璞云：「今扶風池陽縣瓠中是也。」亦名瓠口。《溝洫志》：「韓水工鄭國說秦，令鑿涇水，自中山西邸瓠口為渠。」班彪《北征賦》：「夕宿瓠口之玄宮。」即焦穫地也。今在陝西西安府三原縣，其地有焦吳里，有焦村數處。王翱云：「焦吳即焦護之訛。」朱子分「焦」、「穫」為二，非是。玁狁生長，非託根於中國，而來薦居焦穫之地，所謂他族逼處，將與我爭此土也。又，鄭《箋》依《爾雅》訓「茹」為「度」，謂玁狁來侵，非其所當度為也。故《焦氏易林》有云：「玁狁非度，治兵焦穫。」蓋古說之相傳舊矣。並存之。「侵」，《說文》云：「漸進也。」字本作「侵」，從人又持帚，若埽之進。又者，手也。會意。又，《左傳》云：「無鍾鼓曰侵。」《穀梁傳》云：「苞人民，驅牛馬曰侵。」「鎬」，先儒未詳其所在。王肅以為鎬京，王基駁之云：「據下章云『來歸自鎬，我行永久』，言吉甫自鎬來歸，猶《春秋》『公至自晉』、『公至自楚』，亦從晉、楚歸來也。故劉向曰『千里之鎬，猶以為遠』。鎬去京師千里。長安、雒陽，代為帝都，而濟陰有長安鄉，漢有雒陽縣，此皆與京師同名者也。」愚按：下章先言「薄伐玁狁，至於太原」，而後即繼之云「來歸自鎬」，則鎬地必近太原。古文「鎬」、「鄗」通用。《荀子》「武王以鄗」，《史記‧周本紀》「復都豐、鄗」，《漢書》「戎敗我驪，遂亡酆、鄗」，皆以「鎬」為「鄗」。若此詩之鎬，乃鄗地也。鄗本晉邑。管仲對鄗邑之黍，齊弦施伐晉取鄗，《公羊春秋》桓十五年「公會齊侯於鄗」，皆此鄗也。漢光武即位鄗南，始分鄗為二字，名高邑縣。今尚仍原名，隸真定府，其地正與山西太原接壤，在漢均，屬恒山國，其為此詩之鎬明矣。若鎬京之鎬字，當作滈，蓋以滈水得名。「方」，朔方也。以《采薇》詩觀之，先言「王命南仲，往城于方」，而後即曰「天子命我，城彼朔方」，則方非朔方而何？解見《采薇》篇。「涇陽」，在今陝西西安府。水北曰陽，以池在涇水之北得名。鄭玄云：「來侵至涇水之北，言其大恣也。」孔云：「涇去京師為近，故言大恣。」愚按：焦穫、涇陽相去止十數里，涇陽在焦穫南，蓋自周穆王遷戎於太原，而太原鄰近，遂為玁狁出沒之地，故始而侵鄗，迤邐西行，以及於靈夏等處，將以內犯京畿。見

焦穫為十藪之一，其地美水草，遂整居之，為久駐不返之計，而時復鈔掠。及於涇陽，去周都不過三十餘里，而近其勢，亦孔炁矣，安得不聲罪致討，亟驅除之乎？織文鳥章，前軍所建，所謂前朱雀也。「織」、「幟」字通用。《漢志》「旗織加其上」，謂旗幟也。《說文》云：「幟者，旌旗之屬。」鄭云：「徽織也。」孔云：「言徽織者，以其在軍為徽號之織。以絳為縿，又絳為旒，書名於末，以為徽織。『司常掌九旗之物名，各有屬。』云物名者，所畫異物則異名也。屬謂徽織，《大傳》謂之徽號。」愚按：旗之正幅名縿，屬於旗下者名旒，即斿是也，亦名旆。在旒之末者名幟。《說文》解為「旌旗之屬」，正言其綴屬於旌旗耳。書名旒末，以為表識，如前軍、後軍、左軍、右軍之類，謂之織文。亦猶《周禮·司常》職所云「官府各象其事，州里各象其名，家各象其號」。然《周禮》於此上文曰：「皆畫其象焉。」唐孔氏疑徽織之制亦如所建旌旗而畫之其象，但小耳。今莫之能詳也。《說文》又解「徽」為「幟」，謂「以絳徽帛著於背」，引《春秋傳》「揚徽者公徒也」，若今救火衣。而鄭《箋》既解「織」為「徽織」，又云：「將帥以下衣皆著焉。」孔氏亦謂「今城門僕射所被及亭長著絳衣，皆其舊象」。三說相合，或是仿旗幟之制著之於衣，則謂之徽。若以此織文為軍中所服，則與下「鳥章」、「白旆」語意不貫，斷不然也。「鳥章」，旗也。毛云：「錯革鳥為章也。」解見《出車》篇。凡斿旒旗旆之類各有織文，此獨以「鳥章」言，則織文乃鳥章之織文耳。「白旆央央」，後車所建。按：《爾雅》：「繼旐為旆。」旐畫龜蛇，所謂後玄武也。旆惟旐有之。「白」，通作「帛」。孔云：「九旗之物皆絳，則此亦絳也。言『白旆』者，謂絳帛，猶通帛為旃，亦是絳也。」又，《周禮·巾車》職云：「革路，龍勒，條纓五就，建大白，以即戎，以封四衛。」或疑此白旆即大白。按：五路皆王所乘。其云「即戎」、「建大白」，正謂王親征時所建耳，於將帥無預。「央」，通作「英」，解見《出車》篇。「元」，毛云：「大也。」「戎」，朱子云：「戎車也。軍之先鋒也。」《司馬法》云：「夏后氏曰鉤車，先正也。殷曰寅車，先疾也。周曰元戎，先良也。」孔云：「鉤，馬飾也。《周禮》：革路無鉤。此特設鉤，故以名車。其行曲直有正，故云先正也。或謂此車行，鉤曲盤旋，曲直有正，不必為馬飾也。寅，進也。此車能進取遠道，故云先疾也。元戎，大車之善者，故云先良也。」「十乘」，為馬四十匹，甲士三十人，步卒七百二十人。王安石云：「『元戎十乘』，所謂選鋒也。兵法：兵無選鋒曰北。」「以先啟行」，鄭云：「以先前啟突敵陳前行。」韓嬰《章句》云：「『元戎』，大戎，謂兵車也。車

有大戎十乘，謂車縵輪，馬被甲，衡軛之上盡有劍戟，名曰陷軍之車，所以冒突先啟敵家之行伍也。」《左傳‧宣十二年》：「楚子入晉軍，遂出陳。孫叔曰：『進之。寧我薄人，無人薄我。《詩》云：元戎十乘，以先啟行。先人也。《軍志》曰：先人有奪人之心。薄之也。』遂疾進師，車馳，卒奔，乘晉軍，晉師大敗。」朱子云：「建旌旗，選鋒銳，進聲其罪而致討焉。直而壯，律而臧，有不戰，戰必勝矣。」此章敘吉甫師薄涇陽而調度元戎以赴敵之事。○**戎車既安，如輊**《說文》、潘岳賦俱作「輊」。**如軒。**元韻。軒與原叶，閑與憲叶，皆隔四句為韻，亦一體也。**四牡既佶，既佶且閑。**叶先韻，何甄翻。如以軒、閑、原、憲為一韻，則閑當叶元韻，讀如煩，符袁翻。**薄伐玁**《史記》、《漢書》俱作「獫」。**狁，**《漢書》作「允」。**至于**《漢書》作「於」。**大**音泰。**原。**元韻。**文武吉甫，萬邦為憲。**叶元韻，虛言翻。《禮記》：「武坐致右憲。」鄭氏云：「憲讀如軒，聲之誤也。」○賦也。上章言鳥章之旟，選鋒之乘，皆言其前軍也。至此戎車四牡，則大隊繼之矣。然以下文「至于大原」觀之，亦玁狁既離焦穫而我師追奔逐北之事。「輊」，毛《傳》云：「摯也。」《說文》云：「抵也。」「軒」，車後重也。《集韻》云：「前頓曰輊，後頓曰軒。」鄭玄云：「戎車之安，從後視之如摯，從前視之如軒，然後適調也。」凡車之勢，一低一昂。戎車下尖上廣，易於不平。此言前後適均，可以平行而不傾跌，見制度工巧也。「如輊如軒」，乃摹擬之辭，猶云輊如軒如也。《後漢書》馬援疏云：「居前不能令人輊，居後不能令人軒。」《注》言「為人無所輕重」，即此意也。「佶」，《說文》云：「正也。」《甘誓》云：「御非其馬之正，汝不共命。」今「四牡既佶」，所謂範我馳驅也。「閑」，習也。與前解同。但前「閑之」是以人閑馬，此曰「且閑」則馬之自閑也。謝枋得云：「西北平原廣野，舉目千里，利於車戰，故此詩以車馬為重。」「大原」，晉地，《禹貢》「既修大原」是也，亦名大鹵。《春秋》昭元年，「晉荀吳帥師敗狄於大鹵」。《穀梁傳》云「中國曰大原，夷狄曰大鹵」是也。《春秋說題辭》云：「高平曰大原。」「原」，端也，平而有度。《釋名》云：「地不生物曰鹵盧。」又名大夏，又名晉陽，在今山西大原府陽曲縣。縣本漢名。隋初以陽字叶音楊姓，惡其曲名，改名陽直。至唐仍復今名。《後漢‧西羌傳》云：「穆王西征犬戎，遷戎於大原。夷王衰弱，荒服不朝，乃令虢公率六師伐太原之戎，至於俞泉。宣王遣兵伐大原戎，不克。」按：《左傳》：「籍談云：『晉居深山，戎狄之與鄰，而遠於王室，王靈不及，拜戎不暇。』」則以大原之地為戎所薦居故也。毛云：「『至

于大原』，言逐出之而已。」孔云：「吉甫薄伐玁狁，敵不敢當，遂追奔逐北，
至于大原之地。《采芑》、《出車》皆言『執訊獲醜』，此無其事，明其不戰也。
莊三十年，『齊人伐山戎』。《公羊傳》曰：『此蓋戰也，何以不言戰？《春秋》：
敵者言戰。桓公之於戎狄，驅之耳。』義與此同。」嚴尤云：「當周宣王時，
玁狁內侵，至于涇陽，命將征之，盡境而還。其視玁狁之侵，譬猶蚊虻之螫，
驅之而已，故天下稱明。」陳師道云：「太王去邠，宣王薄伐，至于大原，因
時之宜，非異道也。太王，諸侯之事也，上無王，下無霸，既不能拒，又不能
去，是危道也。宣王，王者事也，拯民以去亂，武之經也，逐以盡境，以限內
外，天之制也，如鳥之攫，如獸之搏，驅之則已。暴者為之，則覆巢焚穴，殲
及鷇卵，不可謂政。」王應麟云：「自穆王遷戎於大原，而大原為戎狄之居，
宣王僅能驅之出境而已。其後料民大原，而民患益深。酈山之禍，已兆於此。
其端自穆王遷戎始。西周之亡，猶西晉也。」「吉甫」，尹吉甫，此時大將也。
徐光啟云：「不專稱吉甫之武，而先美其文，見能協人心以禦侮，非迫人強戰
以取勝於敵也。」「文武」，只就出師上見。如誓眾嚴翼，以共武事，薄伐出
境，而不窮追，皆是其文處。《史記》：「齊景公時，晉伐阿甄，而燕侵河上，
齊敗績，景公患之。晏嬰乃薦田穰苴，曰：『穰苴雖田氏庶孽，然其人文能附
眾，武能威敵，願君試之。』」意亦同此。一說北伐可見其武，《崧高》、《烝
民》詩可見其文，則「文武」二字當連說，以文為賓，武為主，言吉甫不徒能
文，而又能武也。「憲」，表也，法也。謂若表法以示人也。字訓見《板》篇。
能文能武，何往不濟？故可為萬邦諸侯法。不重諸侯來法吉甫，重在吉甫足
為人法。謝枋得云：「漢、唐而下，搢紳、介胄分為兩途，愚儒、武夫各持一
說。不知三代將帥必文武全才，可以為萬邦之法則者也。」洪武二十五年，詔
祭酒胡季安與翰林官考定射法，頒於國子監，召國子生前問之，曰：「爾等讀
書暇，亦嘗習騎射矣乎？」對曰：「習之。」曰：「熟未？」對曰：「未也。」
上曰：「古之學者，文足以經治，武足以戡亂，故能出入將相，而社稷奠安。
今天下粗平，爾等當務學，然武豈可忘哉？《詩》曰：『文武吉甫，萬邦為憲。』
文武並用，古之道也。」〇吉甫燕《漢書》作「宴」。喜，紙韻。**既多受**
祉。紙韻。**來歸自鎬，我行永久**。叶紙韻，茍起翻。**飲御諸友**，叶紙
韻，羽軌翻。**炰毛**、鄭本俱作「包」。**鱉膾鯉**。紙韻。**侯誰在矣？**紙韻。
張仲《漢書》、豐氏本俱作「中」。**孝友**。見上。〇賦也。此章有二「燕」。
首二句是飲至之燕。「來歸」以下則吉甫自敘其契闊而私燕以相樂也。所以定

後燕為私燕者，以下文有「炰鱉膾鯉」之語。《燕禮》：「其牲狗。」天子之燕，不過有牢牲。「炰鱉膾鯉」，非禮所載，故知為私燕也。鄒忠胤云：「若謂總是宣王燕吉甫，則方叔亦嘗共功，豈得不與燕而偏集吉甫之諸友相與道故乎？」此論確矣。「燕」，天子燕之也。「喜」，吉甫自喜也。中外泰寧，疆場無事，可喜孰如，非為一已成功喜也。「既」者，已事之辭。「祉」，福也。鄭云：「吉甫既伐玁狁而歸，天子以燕禮樂之，則歡喜矣，又多受賞賜也。」劉向云：「《司馬法》曰：『軍賞不踰月。』欲民速得為善之利也。蓋急武功，重用人也。吉甫之歸，周厚賜之。其詩曰：『吉甫燕喜，既多受祉。』」「鎬」，解見四章。「來歸自鎬，我行永久」，此吉甫意中語，作詩者代寫之也。歡侑曰御。《曲禮》：「御食於君。」即此御也。「諸友」，王之諸臣與吉甫為友者也。在外日久，朋友情疏，故進諸僚友與之飲燕。凡肉置火中曰炰。《說文》、《釋文》皆謂「合毛炙肉為炮」。《詩》「毛炮」是也。嚴粲云：「《楚辭》：『腼鱉炰羔。』腼，煮也。鱉可煮，不可炮。今云『炰鱉』，謂火熟之耳。」「鱉」，介蟲之可食者。羅願云：「卵生形圓而脊穹，四周有裙。在《易》，離為鱉，為蟹，為龜。以其骨在外，肉在內也。至《考工記》則以外骨為龜之屬，內骨為鱉之屬，以鱉外有肉緣，比龜為內骨耳。」一名神守，謂其可以守魚。又名河伯從事，俗呼團魚。「膾」，《說文》云：「細切肉也。」凡牛羊魚之腥，聶而切之為膾。枚乘《七發》云：「鮮鯉之膾。」陸佃云：「熟則有炰鱉，腥則有膾鯉。」「侯」，毛云：「維也。」「張仲」，諸友之一。《爾雅》李巡《注》云：「張，姓。仲，字。」《路史》云：「帝鴻氏次妃生揮，造弧矢，受封於張，為張氏。」毛云：「善父母為孝，善兄弟為友。」王安石云：「忠也者，移孝以為之者也。順也者，移友而為之者也。故言忠順之臣，必及孝友之友。」鄒云：「特揭孝友之張仲為殿，固侈吉甫有重客，亦以見王室多名賢矣。」孔云：「吉甫之賢，有此善友，因顯宣王所任得人，使文武之臣征伐，孝友之臣處內，亦所以為美也。」嚴云：「孝友者，德之本。《卷阿》言吉士曰『有孝有德』。宣王之時，朝多賢臣，張仲獨以孝友稱，則必盛德之士也。北伐之功，繫夷夏盛衰，詩人美其功而結以張仲孝友之辭，蓋有深意存焉。豈非養君德者有其人乃攘夷復境之本歟？」范祖禹云：「宣王使吉甫征伐，而與張仲居朝，所以輔其德也。若無孝友忠信之臣養君之心，則雖征伐有功於外，而不善之政將出於內。朝廷，心腹也。戎狄，四肢也。故孝友之臣日納王於善而敦厚之，然後戎狄可攘而外患可除矣。」王云：「吉甫為將於外，而內無忠順之臣與之同志者輔王耳目，

而迪其心，則妨功害能之人至矣。妨功害能之人至，則若吉甫者，其身之不閱，何暇議勝敵哉？」愚按：孔氏以後諸說雖非詩人本旨，然議論俱佳，故備錄之。

《六月》六章，章八句。《序》及《子貢傳》皆謂「宣王北伐也」。毛氏遂以為「詠宣王親征之詩」。韋昭亦云：「《六月》，道吉甫佐宣王征伐，覆文、武之業也。」然觀「王于出征，以佐天子」二語，則親征之說不可通矣。鄒云：「《六月》之師，蓋宣王中興第一舉，而不與《江漢》、《常武》並列大雅者，彼之為告廟策勳，此之為宴賓敘款；彼之為六飛親駕，此之為四牡徂征；彼則歸功於天子，而此則歸美於人臣。詞氣固不侔也。」《申培說》謂「吉甫帥師征玁狁，史籀美之」。他無所經見，固未足信。金履祥《通鑑前編》屬之宣王元年甲戌時事，亦與《竹書紀年》不合。《史記·匈奴傳》則云：「周襄王與戎狄伐鄭，戎狄逐襄王。於是戎狄或居於陸渾，東至於衛，侵盜暴虐中國。中國疾之。故詩人歌之曰：『戎狄是膺』、『薄伐玁狁，至于太原』。」按：吉甫與申伯仲山甫同時，讀《崧高》、《烝民》詩可見，正宣王時人。歷幽、平、桓、莊、釐、惠而後及於襄王，今以此詩為襄王時事，其謬明矣。又，《序》以此詩為「變《小雅》之始」，且云：「《鹿鳴》廢則和樂缺矣，《四牡》廢則君臣缺矣，《皇皇者華》廢則忠信缺矣，《棠棣》廢則兄弟缺矣，《伐木》廢則朋友缺矣，《天保》廢則福祿缺矣，《采薇》廢則征伐缺矣，《出車》廢則功力缺矣，《杕杜》廢則師眾缺矣，《魚麗》廢則法度缺矣，《南陔》廢則孝友缺矣，《白華》廢則廉恥缺矣，《華黍》廢則蓄積缺矣，《由庚》廢則陰陽失其道理矣，《南有嘉魚》廢則賢者不安下不、得其所矣，《崇丘》廢則萬物不遂矣，《南山有臺》廢則為國之基墜矣，《由儀》廢則萬物失其道理矣，《蓼蕭》廢則恩澤乖矣，《湛露》廢則萬國離矣，《彤弓》廢則諸夏衰矣，《菁菁者莪》廢則無禮儀矣。《小雅》盡廢，則四夷交侵，中國微矣。」似皆剩語，殊無義味。

采芑

《采芑》，紀南征也。宣王命方叔為率，行三年大閱之禮，遂伐荊蠻，克敵而歸，詩人美之。《竹書》紀「宣王五年秋八月，方叔帥師伐荊蠻」，即此詩事也。按：是年六月方伐玁狁，而八月即伐荊蠻，其用師亦云憊矣。《通鑑前編》以伐玁狁為元年事，伐荊蠻為二年事，與《竹書》不合。然觀篇末有「征伐玁狁，荊蠻來威」之語，則南征固在北伐後也。嚴粲云：「《六

月》之詩，事勢急迫；《采芑》之詩，辭氣雍容。蓋北伐則四夷交侵，初用兵也；南征則北方已服，中國粗定，方叔乘北方之威以臨蠻荊也。」陳傅良云：「北伐南征之詩，班師時作。《六月》之詞迫，《采芑》之詞緩。《六月》以討而定，《采芑》以威而服也。」蘇轍云：「方叔之南征，先治其兵，既眾且治，而蠻荊遂服，故詩人詳其治兵而略其出兵，至於卒章而後言其遇敵。」愚按：前三章乃大閱之事。《公羊傳》云：「大閱者何？簡車徒也。」何休云：「大簡閱兵車，使可任用而習之。比年簡徒謂之蒐，三年簡車謂之大閱，五年大簡車徒謂之大蒐。」《左傳》：「臧僖伯云：『春蒐，夏苗，秋獮，冬狩，皆於農隙以講事也。三年而治兵，入而振旅，歸而飲至，以數軍實，昭文章，明貴賤，辨等列，順少長，習威儀也。』」杜預云：「雖四時講武，猶復三年而大習。出曰治兵，始治其事；入曰振旅，治兵禮畢，整眾而還。」《穀梁傳》云：「出曰治兵，習戰也。入曰振旅，習禮也。」以《周禮》考之，四時講武，各有其名。中春教振旅以蒐，中夏教茇舍以苗，中秋教治兵以獮，中冬教大閱以狩，皆如戰之陳。兵，陰事。春，陰所入也，故教振旅。夏，陰所伏也，故教茇舍，舍之言止也。秋，陰始作，故教治兵。冬，陰大肅，故教大閱也。惟大閱之禮為備。及三年大習，其出也，名曰治兵，即中秋禮也；其入也，名曰振旅，即中春禮也。統而取名於中冬之大閱，則以凡田之禮，惟狩最備故也。其不及茇舍，何也？《王制》云：「天子、諸侯無事則歲三田。」《注》云：「三田者，夏不田也。」夏不田之說，本於《春秋運斗樞》。故《公羊》言春苗，秋蒐，冬狩，《穀梁》言春田，夏苗，秋蒐，冬狩，說各不同。而何休以為《穀梁》有夏苗，於義為短也。賈誼《新書》亦引《傳》云：「夏不田，何也？曰：天地陰陽盛長之時，猛獸不攫，鷙鳥不搏，蝮蠆不螫，鳥獸蟲蛇且知應天，而況人乎哉！」然則《左傳》所言四時之田，雖與《周禮》合，意古者於夏苗之禮亦鮮舉行也，是故不以教戰也。此詩首章敘方叔承命為帥，而將行大閱之始。次章言治兵之事。治兵辨旗物，故其詩曰「旐旟央央」。三章言振旅之事。末句明言「振旅闐闐」，是其證也。《穀梁傳》云：「大閱者何？閱兵車也。修教明諭，國道也。」

薄言采芑，紙韻。**于彼新田**。先韻。**于此菑畝**，叶紙韻，母鄙翻。**方叔**豐氏本作「菽」。後同。**涖**陸德明本、豐本俱作「蒞」。後同。**止**。紙韻。豐本作「只」。後同。**其車三千**，先韻。芑、止一韻，田、千一韻，畝、試一韻，此用韻之奇。**師干之試**。叶紙韻，詩止翻。**方叔率**去聲。後同。**止**，

豐本作「只」。後同。**乘其四騏**。**四騏翼翼**，職韻。**路車有奭**。叶職韻，
訖力翻。**簟笰魚服**，叶職韻，鼻墨翻。豐本作「箙」。**鉤膺鞗革**。叶職韻，
訖力翻。○興也。蘇云：「首章、二章、三章皆治兵也。」「薄言」者，發語辭。
「芑」，《說文》云：「嘉穀也。」《爾雅》云：「白苗也。」郭璞云：「今之白粱
粟。」陶弘景云：「白粱穗大，毛多而長，穀粗，扁長，不似粟圓。米亦白而
大，其香美為黃粱之亞。」又，舊說以為菜名。陸璣云：「芑菜似苦菜。」朱
子云：「即今苦蕒菜，宜馬食。軍行採之，人馬皆可食也。」按：《詩》言「芑」
者三。毛《傳》以「薄言采芑」為菜，「豐水有芑」為草，「維糜維芑」為穀，
王安石皆以為穀，嚴云：「『新田』、『菑畝』、『中鄉』，不應指菜。蓋以田畝善
養嘉穀，喻周家善養士卒也。」而李氏頗疑之，以為「既謂之採，則不宜謂之
穀」。愚謂李氏之說迂也。《桑中》之詩曰「爰采麥矣」，麥亦穀也，麥可言採，
何謂芑不可言採也？「新田」，田之新成者，三歲田也。「菑畝」，田之初反草
者，一歲田也。說見《坊記》鄭《注》。按：《爾雅》：「田一歲曰菑，二歲曰新
田，三歲曰畬。」孫炎云：「菑，始災殺其草木也。新田，新成柔田也。畬，
和也，田舒緩也。」郭云：「今江東呼初耕地反草為菑。」孔穎達云：「《臣工》
傳及《易》注皆與此同。惟《坊記》注云：『二歲曰畬，三歲曰新田。』《坊記》
引《易》之文，其注理不異，當是轉寫誤也。」《詩詁》駁之云：「今詳田一歲
曰菑，始反草；二歲曰畬，漸和柔；三歲曰新田，謂已成田而尚新也；四
歲則曰田矣。若二歲曰新田，三歲則為田矣，何名為畬？鄭注《坊記》之說為
是，但於《采芑》、《臣工》不暇辨耳。」愚謂《易》以菑、畬並言，當是二田
形質相近，無緣隔新田於中。若《臣工》之言「新畬」，則緣新而推之於畬也。
詩之興意，最為深妙。以三歲新田為三年大閱之況，其義以新田為主，言瞻
彼新田則有芑可採矣。然其初緣菑畝而後成，猶之乎此之菑畝也。對彼言此，
借他地以相形也。「新田」興今日之簡練，「菑畝」興昔日之培養。毛《傳》
云：「宣王能新美天下之士，然後用之。」鄭玄云：「謂和治其家，養育其身。」
嚴云：「厲王之亂天下，蕩蕩如荒榛之地。宣王經理弊壞之天下，如耕墾荒榛
之地以為田，故言采芑穀者於新墾之地，喻宣王取民為兵，皆新撫之民也。」
蘇云：「方其治田也則勞，而及其采芑也則佚，故宣王之南征，則亦使方叔治
其軍而後用之。」「方叔」，毛《傳》云：「宣王卿士。」《路史》云：「《周書》：
『武王命伐方。』乃商圻內地，方叔埰地。」「涖」，通作「蒞」，《說文》云：
「臨也。」「涖止」、「率止」之「止」，皆通作「只」，語已辭也。「其車三千」，

合兵車重車而得此數。兵車一千五百，重車一千五百。兵車亦名輕車。《尚書》孔《疏》云：「凡出車一乘，則有兩車。」一曰輕車。甲馬四匹，甲士三人在車上，左主射，右主刺，中主御。步卒七十二人隨之，前拒二十四人，左角二十四人，右角二十四人，共七十二人。李靖云：「周制：一乘步卒七十二人，甲士三人，以二十五人為一甲，凡三甲，共七十五人。」一曰重車。牛十二頭。《曹公新書》謂之守車。炊家子十人，固守衣裝五人，廝養五人，樵汲五人，共二十五人，皆所以佐兵車者。兵車以戰，大車以載輜重。兩車總百人也。《左傳》：「乙卯，楚帥軍於郔。丙辰，楚重至於邲。」呂氏謂「凡戰，兵車在前，輜重在後。楚重次日乃至，後兵車一日，故無計鈔掠之患」。愚按：此詩言「其車三千」，內兵車一千五百乘，甲士步卒共得十一萬二千五百人；重車一千五百乘，計炊家子等共得三萬七千五百人。合之為十五萬人，天子六鄉六遂之眾也。以《周禮》制鄉遂、制卒伍之法考之，其數正與此合。六鄉之內，五家為比。比有長。五比為閭，二十五家也。閭有胥。四閭為族，百家也。族有師。五族為黨，五百家也。黨有正。五黨為州，二千五百家也。州有長。五州為鄉，萬二千五百家也。鄉大夫主之。六遂之內，五家為鄰。鄰有長。五鄰為里，二十五家也。里有宰。四里為酇，百家也。酇有長。五酇為鄙，五百家也。鄙有師。五鄙為縣，二千五百家也。縣有正。五縣為遂，萬二千五百家也。遂人主之。《小司徒》職云：「凡起徒役，毋過家一人，以其餘為羨。」其用之為卒伍，五人為伍。伍有長。五伍為兩，二十五人也。兩有司馬。四兩為卒，百人也。卒有長。五卒為旅，五百人也。旅有帥。五旅為師，二千五百人也。師有帥。五師為軍，萬二千五百人也。軍將主之。是則鄉遂卒伍皆以五起數，鄉遂起數於家，卒伍起數於人。《尚書》孔《疏》云：「《周禮·司徒》：『萬二千五百家為鄉。』《司馬法》：『萬二千五百人為軍。』家出一人，一鄉為一軍。天子六軍，出自六鄉也。《周禮》又云：『萬二千五百家為遂。』《遂人》職云：『以歲時稽其人民，簡其兵器，以令征役。』則六遂亦當出六軍，鄉為正，遂為副耳。」《禮記疏》亦云：「凡〔註18〕出軍之法，鄉為正，遂為副。」則遂之出軍與鄉同。今按：《費誓》以「魯人三郊三遂」並言。大國三軍於郊遂，均取給焉，則天子之鄉遂可推。孔說是也。舊說泥《周禮·小司徒》職「頒比法於六鄉」之文，而未詳觀《遂人》職中有「歲時登其夫家之眾寡及其六畜、車輦，以令貢賦，以令師田」之語，遂謂王國六軍僅取足於六

〔註18〕「凡」，四庫本作「遂」。

鄉而止。以理論之，如六鄉之民人人盡用，歲無更休，而遂縣都鄙之民均在王畿千里之內，乃居然無事，何勞逸之不均也？況王國止此六軍，如天子巡狩於方岳，夷狄奸宄，交侵竊發，誰與居守？遠近征討，何以迭用？正當如孔氏所云「鄉為正，遂為副」者。觀《周禮》大司馬所握之六軍，通王畿千里之內，更休而迭調之。故大事致民，用之軍旅；田役大故，致餘子。繇鄉遂至於都鄙，定法皆然。即如四時教閱之法，旗物號名兼州里野家都鄙而並陳之，可見矣。然六軍止七萬五千人，而鄉遂之應徭役者共十五萬人。或者分番而各用其半，以足六軍之數，未可知也。易氏云：「先王軍制，調兵必五數，出兵必百數。自五人之伍，五伍之兩，以至五旅之師，五師之軍，其積數實起於五也。百人之卒成一小陳，五百人之旅成一中陳，二千五百人之師成一大陳，萬二千五百人之軍成五大陳，其積數實起於百也。」乃車徒異賦，徒起法於人，車起法於田。徒則上文之說備矣。車之賦法，考《周禮》及《司馬法》，六尺為步，步百為畝，畝百為夫，夫三為屋，屋三為井，四井為邑，四邑為丘。丘十六井，出戎馬一匹，牛三頭，是曰匹馬丘牛。四丘為甸，甸六十四井，出長轂一乘，戎馬四匹，牛十二頭，甲士三人，步卒七十二人，戈楯具，謂之乘馬。又，班固《漢書》云：「殷、周以兵定天下，設六軍之眾，因井田而制軍賦。地方一里為井，井十為通，通十為成。成方十里。成十為終，終十為同。同方百里。同十為封，封十為畿。畿方千里。有稅有賦。稅以足食，賦以足兵。一同百里，提封萬井，除山川、沈斥、城池、邑居、園囿、術路三千六百井，定出賦六千四百井，戎馬四百匹，兵車百乘，此卿大夫埰地之大者也，是謂百乘之家。一封三百一十六里，提封十萬井，定出賦六萬四千井，戎馬四千匹，兵車千乘，此諸侯之大者也，是謂千乘之國。天子畿方千里，提封百萬，井定出賦六十四萬井，戎馬四萬匹，兵車萬乘，故稱萬乘之主。」今按：《周禮》言甸，漢書言成者，甸方八里，四圍各加一里，則為方十里之成。此一里，即除山川、沈斥等數也。然則計甸即是計成矣。所謂十同為封者，以開方法折算，則九同方三百里，餘一同為零數，計方三百里外，四面各加八里，則縱橫各十六里，合之一同百里之數。每面各三百里，每百里加八里，三八為二十四里，則四面共九十六里，尚長四里，為四角補空之數，每角補空各一里也。然諸侯之封實無此制，殆依千乘之說而以意為之耳。詳見《閟宮》篇。甲士步卒既皆出於鄉遂內，家各一人，不因田定數。丘甸之法，所謂出甲士步卒者，大抵只是供其糧糒耳，繹《漢書》「賦以足兵」之語可見。又，《禮

記疏》云：「鄉遂之眾七十五人，遣出革車一乘，馬四匹，牛十二頭，恐非力之所能，皆是國家所給。故《周禮·巾車》職云：『凡車之毀折，入齎於職幣。』又，《質人》職云：『凡受馬於有司者，書其齒毛，與其賈。』《司兵》職云：『及授兵，從司馬之法以頒之。及其受兵輸亦如之。』」是則戈楯、長轂、牛馬之類皆出於官，戈楯供士卒之用，牛馬所以拽車。其芻秣之需，出自甸賦。《費誓》所謂「魯人三郊三遂，峙乃芻茭，無敢不多」是也。乃若以人配車，亦有卒伍。《周禮·縣師》職云：「將有軍旅，則受法於司馬，以作其眾庶，會其車人之卒伍。」是可見車亦有卒伍。大抵從二十五人之兩起數，三其兩則為戎車、甲士、步卒之數，一其兩則為將重車者之數。凡出車一乘，則有兩車，合之共百人，其法以二十五乘為一大偏，計共二千五百人，一師之數也。周「魚麗之陳，先偏後伍是也」。以十五乘為一偏，共計一千五百人，三旅之數也。楚莊王為乘廣三十乘，分為左右二廣，廣有一卒是也。以九乘為一小偏，計共九百人，一旅四卒之數也。申公巫臣適吳，所舍之偏是也。孔氏云：「科兵既至，臨時配割，其車雖在，其人分散。前配車之人，臨戰不得還屬本車。」理亦近之。至若鄉遂丘甸徒賦之外，據《司馬法》又云：「井十為通。通為匹馬三十家，士一人，徒二人。通十為成。成百井，三百家，革車一乘，士十人，徒二十人。十成為終。終千井，三千家，革車十乘，士百人，徒二百人。十終為同。同方百里，萬井，三萬家，革車百乘，士千人，徒二千人。」與鄉遂丘甸法不同者。孔氏云：「此謂天子畿內埰地法，彼是畿外邦國法，外內有異故也。凡出軍之法，先六鄉，賦不止，次出六遂，賦猶不止，徵兵於公邑及三等采。賦猶不止，乃徵兵於諸侯。賦猶不止，則諸侯有遍境出之法。」以上皆古人徵兵制賦之大略也。若此詩所詠「其車三千」，乃三年大簡車徒之事，與備六師以親征不同。鄉遂各七萬五千人，合而簡之，正以備六師番休之用。此時分配之，於兵車重車各應得一千五百乘，以車之備六師用者亦當有正副，如《周禮》所云「五戎之倅」，故曰「其車三千」也。舊說皆以兵車重車合算為一乘，則計眾當三十萬人。又逕謂方叔領之以南征，故鄭玄以為「宣王承亂，羨卒盡起」，王安石以為「合諸侯之師」，朱子則謂「此亦極其盛而言，未必實有此鄉數」，而嚴粲亦謂「如項羽兵四十萬，號百萬」，皆夢論也。「師」，遂之眾也。「干」，《爾雅》云：「扞也。」「試」，朱子云：「肄習也。」謂如步伐止齊之類。「師干之試」，蘇氏謂「試其眾以扞敵之法」是也。然此亦方叔初涖止而播告之辭。至第三章乃試之實。「其車三千」，所謂簡車也。「師

干之試」，所謂簡徒也。又，《漢書》云：「五國為屬，屬有長。十國為連，連有帥。三十國為卒，卒有正。二百一十國為州，州有牧。連帥比年簡車，卒正三年簡徒，群牧五載大簡車徒。」此乃主侯國而言，與此異也。「率」，本作「衛」，通作「帥」，將也。言此涖止之方叔，乃承王命而來為大將者也。或作統率之義解，於末章文義似不可通。「駒」，解見《小戎》篇。按：《檀弓》云：「周人尚赤，戎事乘騵。」然《六月》比四驪，《采芑》乘四騏，則亦不定乘騵矣。據《周禮》，謂「軍事，物馬而頒之」，則毛色原非所泥。而偶有毛物皆同，如四驪、四騏者，安得不以充上駟之選，供元帥之用乎？陸佃強為之說，謂「驪，上駟。騏，中駟。北伐舉四驪，南征舉四騏者，方是時馬政愈修，故雖騏亦閒習任為用，非獨四驪也」。此殊不足信。「四騏〔註19〕」，為方叔駕路車者。在車左右，如鳥之有翼，以兩服為兩翼，兩驂又為兩翼，故重言「翼翼」也。「路車」，革路也。「奭」，通作「赩」，《說文》云：「大赤也。」舊以為兵車之飾。按：《周禮》，朱色惟象路有之。則此「有奭」當指戎服言。言在車中者有奭然之戎服，「韎韐有奭」是也。「韎」，茅蒐所染之名，赤色也。「韐」，即韠也，芾之通稱。《宋·輿服志》：「皇祐三年，詔問冠韋弁何服。太常禮院奏謂：『《周禮·司服》：凡兵事，韋弁服。釋之者曰：韋弁以韎韋為弁，又以為衣裳。《春秋傳》：晉郤至，衣韎韋之跗注是也。今伍伯緹衣，古兵服之遺色。』」孔云：「跗注，《禮記》作『不注』。『不』，讀如『幅』。『注』，屬也。言幅有屬者。」據此，則兵事凡弁衣裳芾皆以赤色為之，故統稱「有奭」也。「簟笰」，解見《齊·載驅》篇。「魚服」，與《采薇》篇之魚服不同，當是以魚服飾馬服。《荀子》：「蛟韅。」《注》云：「韅，馬服之革，以蛟魚皮為之。」又，《左傳·閔二年》：「齊桓歸衛夫人魚軒。」《注》亦云：「車以魚皮為飾也。」以上下文皆言車馬之飾，不應攙一矢箙於中。「鉤膺」，毛云：「樊纓也。」樊讀如鞶帶之鞶。纓，今馬鞅在膺者。愚按：鉤即馬腹帶之飾。帶必有鉤以拘之。以金為鉤，施之於膺，所謂鞶也。又，古者革帶、大帶皆謂之鞶。先繫革帶，然後加以大帶。革帶亦用赤金為鉤以拘之，所謂一鉤金也。後世謂之鉤鰈。《晉語》：「寺人勃鞮云：『乾時之役，申孫之矢集於桓鉤，鉤近於袪而無怨言。』」《太玄經》云：「帶其鉤鞶，錘以玉環。」皆帶鉤也。所以定此為馬腹帶、非革帶者，以上下文類之。孔以「馬婁環」解「鉤」，以「鞶與纓」解「膺」。按：婁頷之鉤，惟金路有之，非革路所有。膺乃馬之胸前，何得訓為

器物？又「鉤膺」二字連言，則是在膺之鉤，非婁頷之鉤明矣。「鞗革」，解見《蓼蕭》篇。○薄言采芑，見前。于彼新田。見前。于此中鄉，陽韻。方叔涖止。見前。其車三千，見前。旂旐央央。陽韻。方叔率止，約軧錯衡。叶陽韻，戶郎翻。八鸞瑲瑲，陽韻。陸本、豐本俱作「鎗」。服其命服。朱芾陸本作「韍」。又云：「或作『紱』。」《白虎通》作「紼」。豐本作「市」。斯皇，有瑲陸、豐本俱作「創」。陸又云：「亦作『鎗』。」蔥豐本作「茵」。珩。叶陽韻，寒剛翻。《禮記》作「衡」。《國語注》作「桁」。○興也。「中鄉」者，六鄉與六遂適中交界之地。故知此詩為簡鄉遂之眾而言也。蘇云：「中鄉，民居在焉，故其田尤治。」言瞻彼新田則有芑可採矣。然今日者彼地之新田，異日者亦猶此地之中鄉也。所以然者，田愈治則愈美，以興眾愈練則愈精。「旂旐央央」，文與《出車》篇相似，而義各不同。董氏云：「九旗之物，太常王所建。旜旟，象輅、木輅所建。其諸臣之旗，旂為上，旐為下。此言上下所建，則餘得兼舉矣。」按：《周禮・大司馬》職云：「中春教振旅，司馬以旗致民，平列陳，如戰之陳，辨鼓鐸鐲鐃之用。中夏教茇舍，如振旅之陳，群吏撰車徒，讀書契，辨號名之用。中秋教治兵，如振旅之陳，辨旗物之用。王載太常，諸侯載旂，軍吏載旗，師都載旃，鄉遂載物，郊野載旐，百官載旟，各書其事與其號焉。中冬教大閱，群吏以旗物鼓鐸鐲鐃，各帥其民而致。質明，弊旗，誅後至者。乃陳車徒，如戰之陳。」是則春夏皆不用旗物，唯中秋治兵有之，至冬則兼三時之禮用之。若三年大閱，於其出也，亦行治兵之禮，則自當載旗物以辨其用。據此詩特言「旂旐央央」，其為出而治兵無疑也。又，《司常》職云：「掌九旗之物名，以待國事。日月為常，交龍為旂，通帛為旃，雜帛為物，熊虎為旗，鳥隼為旟，龜蛇為旐，全羽為旞，析羽為旌。及國之大閱，贊司馬頒旗物。王建太常，諸侯建旂，孤卿建旃，大夫士建物，師都建旗，州里建旟，縣鄙建旐，道車載旞，斿車載旌，皆畫其象焉。官府各象其事，州里各象其名，家各象其號。」據此，司馬所頒惟常旂二物，與大司馬文同。其他各異者，彼為四時講武之禮，此為三年太閱之禮，故所建不同。此詩亦三年大閱。然王不自行，特命方叔往涖其事。九旗中，如太常、旞、旌三者，以皆王旗，非人臣所敢建。其餘六旗，始於旂，終於旐。旂或方叔所建，所謂天子之卿視侯也。自方叔而下，如小司馬、軍司馬、輿司馬、行司馬，則孤卿大夫之類，及師都州里縣鄙莫不畢至，則盡乎六鄉六遂之眾。舉首尾可以該中，故但言「旂旐」。此詩所載典故，與《周禮》合也。

「約軝」二句承上章而言。車之飾，不徒簟第、魚服也，又有「約軝錯衡」焉。馬之飾，不徒鉤膺、鞗革也，又有「八鸞瑲瑲」焉。「軝」，毛《傳》、《說文》皆云：「長轂之軝也，以朱約之。」孔云：「《考工記》說兵車、乘車其轂長於田車，是謂長轂也。言朱而約之，謂以朱色纏束車轂以為飾。《輪人》云：『陳篆必正。』《注》云：『篆，轂約也。』蓋以皮纏之而上加以朱漆也。」《詩詁》云；「按：《考工記》：『三分其轂長，二在外，一在內，以置其輻。』是轂之外者長而內者短也。軝非轂名，乃是轂之外長而旁出者。凡在輪中，通名為轂。轂之旁出者為軝。」按：輪內有輻，輻內有轂，轂內有軸。轂者，輻所湊也。三分其轂長，除一分在輻內不可見者，其二分在輻外可見者，名之為軝，即轂端是也。故《爾雅》、《說文》解為「長轂之軝」，正如《詩詁》之說，謂轂之長在輻外者。孔指兵車、乘車之轂長於田車，以解長轂，非訓意也。軝乃轂端，而《廣雅》云「軝謂之轂」，其稱殊混。若《方言》所云「輪，韓、楚間謂之軑，或謂之軝」，夫軝雖輪內物，而不可名輪，名輪為軝，混之混者也。《方言》又云：「關之東西曰輨，南楚曰軑。」今考《說文》訓「軑」云「車輨也」，訓「輨」云「轂端沓也」，以義求之，輨、軑、軝本是一物而異其名。《方言》謂軑即軝，輨即軑，可通者也。特以為輪，非耳。約軝必以革，故《說文》云：「或從革作鞎。」又，《說文》有「軝」字，與此不同。彼字從氐，大車後也。此從氏，不可不辨。「錯衡」，毛云：「文衡也。」孔云：「錯者，襍也。襍物在衡，是有文飾。其飾之物，不知何所用也。」按：《說文》訓「錯」云「金塗也」。車軛曰衡。塗金於軛，所以為文。鄭《箋》解《商頌》「錯衡」，亦曰「金飾也」，與《說文》合。「鸞」，解見《駟鐵》、《蓼蕭》篇。按：鸞有在衡者，有在鑣者，為鈴各八。其初本有虞氏所制，謂之鸞車。《呂氏春秋注》云：「鸞鳥在衡，和在軾，鳴相應和。後世不能復致，鑄銅為之，飾以黃金，因謂之鸞路。」《月令》「孟春，天子乘鸞路」是也。《後漢書·輿服志》云：「乘輿、金根、安車、立車，皆鸞雀立衡。」《宋志》云：「漢制：乘輿、金根，車駕六黑馬，施十二鸞，如周玉輅之制。又，五色安車、五色立車，駕四馬，施八鸞。餘如金根之制，猶周金輅也。」準此，則八鸞皆立於衡上，口各銜鈴，蓋初制如此，故仍取名為鸞。又名作鑾，亦字從鸞省也。其後車乘異制，或衡上不施鸞，但設鈴於鑣，亦仍襲名為鑾，故《說文》解「鑾」云：「人君乘車，四馬鑣，八鸞鈴，象鸞鳥聲。」朱子云「馬口兩旁各一，四馬故八」是也。蓋乘車鸞在衡，既象鸞聲，亦存鸞形。戎車鸞在鑣，初無鸞，形但象鸞聲

而已。《詩》所詠，如《蓼蕭》、《庭燎》、《韓奕》、《烈祖》，皆在衡之鸞也；如《駉鐵》之「鸞鑣」及此之「八鸞」，皆在鑣之鸞也。所以知此鸞為在鑣者，以方叔所乘當是戎路故也。「瑲瑲」，毛云：「聲也。」按：《說文》：「瑲，玉聲也。」此鸞聲亦云瑲者，以聲和如玉，故義得通用耳。「服其命服」以下，又贊其服佩之美。「命服」，朱子云：「天子所命之服也。」「朱芾」，毛云：「黃朱芾也。」按：黃朱即赤色，解見《斯干》篇。「芾」，亦作「韍」，韠也。解見《素冠》篇。陳祥道云：「韠色從裳。《禮記》言君朱、大夫素、士爵者，祭服之韠也。蓋君祭以冕服，冕服玄衣纁裳，故朱韠；大夫祭以朝服，緇衣素裳，故素韠；士祭以玄端，玄裳黃裳雜裳可也，故爵韠。《周官·典命》：『公侯伯之士一命。』而士之助祭以爵弁，爵弁纁裳，故緼韍，所謂『一命緼韍』是也。緼，赤黃之間色。『公侯伯之卿三命，大夫再命。』而卿大夫聘王、助祭以玄冕。玄冕纁裳，故赤韍，所謂『再命、三命赤韍』是也。韠之為物，以其芾前則曰韍，以其一巾足矣，故曰韠。芾是韠之通稱。君韠以朱，而《采芑》言方叔之將兵，韍亦以朱。《瞻彼雒矣》言作六師而韍以韎韐者，蓋兵事韋弁服，韋弁服纁裳，故貴者以朱芾，卑者以韎韐。韎韐即所謂緼韍也。」「皇」，通作「黃」。《爾雅》：「黃鳥名皇。」是「皇」為「黃」之通稱也。又，「黃白曰皇。」《魯頌·駉》篇「有驪有皇」是也。然則「朱芾斯皇」蓋言朱而兼帶黃白色，所以別於純朱，即所謂黃朱也。「瑲」，解見前。「蒽」，菜名。按：《爾雅》：「青謂之蒽。」蓋象其色。「珩」，《說文》云：「佩上玉也，所以節行止也。」通作「衡」。《玉藻》云：「一命緼韍，幽衡；再命赤韍，幽衡；三命赤韍，蒽衡。」孔云：「累一命至三命而止，而云『蒽珩』，則三命以上至九命皆蒽珩，非謂方叔惟三命也。」《大戴禮》云：「上有蒽珩，下有雙璜、衝牙，蠙珠以納其間。」孔云：「凡佩玉，必上繫於衡，下垂三道，穿以蠙珠，前後下端垂以璜，中央下端垂以衝牙，動則衝牙前後觸璜而為聲。所觸之玉，其形似牙，故曰衝牙。」「璜」，半璧也，懸之兩端，作牙形。按：禮，凡帶必有佩玉，惟喪否。則方叔雖涖戎事，其服命服而佩玉焉，宜也。曹氏誤謂芾佩非軍服，金路非戎車，和鸞非戎馬，以為方叔克壯，其猶如吳起將戰不帶劍，諸葛武侯不親戎服，羊祜輕裘而盛著威名，杜預身不跨馬，自能制勝。輔氏方謂「方叔威儀整暇如此，可以決其有成，其與後世以一勇之夫為民之司命者異矣」。立論雖美，卻非實事。又，劉氏云：「或曰：吳起可謂知戰矣，親與士卒最下者同其甘苦。曰：是何足以言其知戰也？子見夫乞人乎？號呼傴僂

乎康莊之間，其聲可哀也，不如是不足以存其身。若乃家丈人者，五十可以
衣絲，七十可以食肉，子孫求之耳。父母之仇，不共戴天。兄弟之仇，不與共
國。非虛加之，然後稱於人情。視民如子者，民報之如父母。視民如弟者，民
事之如兄。無所仇云耳。有則爭先致力焉。子弟豈待父兄已均其苦，然後為
用哉？故用民者，矯之以身，徇之以愛，濟之以術。若一時之勝而已矣，惡可
以久也？《詩》云：『服其命服，朱芾斯皇，八鸞瑲瑲道。』上不失其度，下
不失其節也。『駕彼四牡，四牡騤騤。君子所依，小人所腓。』君子之所依，
而小人以為已腓，安在其毀上下之節哉？雖非經意所在，其論亦美。」○鴥
彼飛隼，其飛戾天。先韻。亦集豐本作「欒」。爰止，見前。方叔涖止。
其車三千，先韻。師干之試。見前。天、千一韻，止、試一韻。方叔率
止，鉦人伐鼓。麌韻。陳師鞠旅，叶麌韻，讀如魯，籠五翻。顯允方叔。
伐鼓淵淵，先韻。崔注、《說文》、豐本並作「鼘」。振旅闐闐。先韻。《說
文》作「嗔」。○興也。「鴥」，毛云：「疾飛貌。」「隼」，鳥名。陸璣云：「鷂
屬。齊人謂之擊正，或謂之題肩，或謂之雀鷹，春化為布穀者是也。」按：布
穀即鳴鳩，蓋隼所化也。《考異郵》云：「陰陽氣貪，故題肩擊。」宋均注云：
「題肩有爪芒，為陽中陰，故擊殺也。」顏師古云：「即今所謂鶻。」一曰鶪
子，一曰鷣。《酉陽襍俎》云：「鶻子兩翅各有後翎，左名撩風，右名掠草。帶
兩翎出獵，必當獲。」陸佃云：「今鷹之搏噬，不能無失。獨隼為有準，故其
每發必中。古之製字以此。」《爾雅》云：「鷹隼醜，其飛也翬。」郭璞云：「鼓
翅翬翬然。」是急疾之鳥也。「戾」，通作「麗」，附著之意，極言其飛之高，
將附於天也。鄭云：「飛乃至天，喻士卒勁勇，能深攻入敵也。」「集」，本作
「欒」，《說文》云：「群鳥在木上也。」興士卒之多，故以集言。「爰」，於也。
「亦集爰止」，亦集於其所當止之地也。以隼之飛集有常，興師之進退有節。
蘇云：「隼之飛而至天，甚迅疾矣。然必集於其所當止而後可用，言士雖勇而
不教則不知戰之節，亦不可用也。」「師干之試」，至此乃見之行事，下文所稱
是也。程子云：「鉦人，擊鉦者。伐鼓，擊鼓者以。一句說兩事。」鄭云：「鉦
也，鼓也，各有人焉。言『鉦人伐鼓』，互言爾。」「鉦」者，節鼓之器。《說
文》解鐲為鉦，又解鉦為鐃，解鐃為小鉦。鐲形如小鍾，鐃似鈴，柄中上下
通。徐鍇云：「鐃、鐲相類，俱得名鉦。」按：《說文》既以鐲為鉦，而稱鐃為
小鉦，則鉦正得鐲之名，不得以小鉦之鐃混之。一名丁寧。《晉語》：「趙宣子
云：『戰以丁寧，儆其民。』」《注》謂鉦也。陳暘云：「自其聲濁言之謂之鐲，

自其儆人言之謂之丁寧，自其正人言之謂之鉦，其實一也。」《周禮·鼓人》
職云：「以蠻鼓鼓軍事，以金鐲節鼓，以金鐃止鼓。軍動則鼓其眾，田役亦如
之。」又，《大司馬》職云：「中春教振旅，辨鼓鐸鐲鐃之用。王執路鼓，諸侯
執賁鼓，軍將執晉鼓，師帥執提旅，帥執蠻，卒長執鐃，兩司馬執鐸，公司馬
執鐲，以教坐作進退疾徐疏數之節。」《周禮注》引《司馬法》云：「十人之長
執鉦，百人之師執鐸，千人之師執蠻，萬人之主執大鼓。」是則軍中之器不止
鼓鉦，特最卑者執鉦，最尊者執鼓，故舉其首末以該括之。毛又謂「鉦以靜
之，鼓以動之」。按：《周禮》，中冬教大閱之法，「虞人萊所田之野為表，百步
則一，為三表，又五十步為一表。田之日，司馬建旗於後表之中，群吏以旗物
鼓鐸鐲鐃，各帥其民而致。質明，弊旗，誅後至者。乃陳車徒如戰之陳，皆
坐。群吏聽誓於陳前，斬牲，以左右狥陳，曰：『不用命者斬之。』中軍以蠻
令鼓，鼓人皆三鼓，司馬振鐸，群吏作旗，車徒皆作。鼓行，鳴鐲，車徒皆
行。及表，乃止。三鼓，摝鐸，群吏弊旗，車徒皆坐。又三鼓，振鐸，作旗，
車徒皆作。鼓進，鳴鐲，車驟徒趨，及表乃止，坐作如初。乃鼓，車馳徒走，
及表乃止。鼓戒三闋，車三發，徒三刺，乃鼓退，鳴鐃，且卻，及表乃止，坐
作如初。遂以狩田。」此即所謂「教坐作進退疾徐疏數之節」也。初鼓行，鳴
鐲，車徒皆行。又鼓進，鳴鐲，車驟徒趨。既而復鼓，車馳徒走。又既而鼓
戒，車三發，徒三刺。皆用鼓，不用鐲。最後鼓退，乃鳴鐃，且卻，是靜眾者
鐃。毛謂「鉦以靜之」，非也。五旅為師，一師二千五百人之眾，用輕車、重
車各二十五乘為大偏。此詩詠其車三千，則為十二軍之眾，而但以「陳師」言
者，蓋以車為陳，故舉一師之眾以明大偏之法。若悉數之，則有六十大偏矣。
「鞫」，通作「鞠」。毛云：「告也。」孔云：「誓而告之以賞罰，使之用命也。」
專言「旅」者，告眾欲詳，一偏之中又分為五旅而告之也。《司馬法》云：「有
虞氏戒於國中，欲民體其命也。夏后氏誓於軍中，欲民先成其慮也。殷誓於
軍門之外，欲民先意以待事也。周將交刃而誓之，以致民志也。」此詩所謂
「鞫旅」，亦周法也。「顯允」，蒙上「陳師鞫旅」而言。「顯」，謂號令明。「允」，
謂賞罰信。「伐鼓」，以《周禮》考之，先鼓作，次鼓行，次鼓進，次鼓馳走，
次鼓戒，又次鼓退，凡六節，自進而退，無不用鼓，故但言「伐鼓」也。「淵」，
通作「鼘」，《說文》云：「鼓聲也。」鼓非一次，故云「鼘鼘」也。「振」，通
作「整」，《說文》云：「齊也。」治兵禮畢，整眾而還也。孔云：「古者春教振
旅，秋教治兵。以戎是大事，又三年一教，名異而禮同也。」《爾雅》云：「出

為治兵，尚威武也。」入則尊老在前，復常法也。杜預云：「出則少者在前，還則在後，所謂順也。」「闐」，《說文》云：「盛貌。」嚴云：「闐闐，眾盛也。猶今人言駢闐也。」至此而大閱之事斯畢。舊說以為詠方叔南征還師，則「蠢爾蠻荊」一章不應言於還師之後。且治兵振旅皆古禮習戰之名，未聞古有以還師為振旅也。○**蠢爾蠻荊，大邦為讎。**尤韻。**方叔元老，克壯其猶。**尤韻。豐本作「猷」。**方叔率止，執訊獲醜。**叶尤韻，尺尤翻。豐本作「魗」。**戎車嘽嘽，嘽嘽焞焞。**《漢書》作「推推」。陸本作「啍啍」。**如霆如雷，**灰韻。**顯允方叔。征伐玁狁，蠻荊來威。**叶灰韻，烏恢翻。○賦也。大閱禮畢而忽有蠻荊蠢動之事，故即命方叔為將以征之。「蠢」，《說文》云：「蟲動也。」以蠻荊無知妄動，故狀之曰「蠢爾」。「蠻」，蠻服也。《周禮·職方氏》職云：「辨九服之邦國。」侯、甸、男、采、衛服之外，方五百里曰蠻服。又，《王制》：「南方曰蠻。」《說文》云：「南蠻蛇種。」字從蟲。「荊」，荊州，楚所封地。王安石云：「春秋之初，曰荊而已，後乃曰楚。」又，《穀梁傳》云：「楚何謂之荊？狄之也。聖人立，必後至。天子弱，必先叛。」按：《鄭語》：「史伯云：『當成周者，南有荊蠻。荊子熊嚴生子四人。叔逃難於濮而蠻，惟荊實有令德。』」范曄《南荊傳》云：「今長沙武陵蠻，其在唐、虞，與之要質，故曰要服。夏、商之時，漸為邊患。逮於周世，黨眾彌盛，足以抗敵諸夏。宣王中興，命將南征。詩人所謂『蠻荊來威』者也。」亦似不繫指荊楚。惟《晉語》「叔向云：『昔成王盟諸侯於岐陽，楚為荊蠻，置茅蕝，設望表，與鮮牟守燎，故不與盟』」，則徑以蠻目荊。大抵蠻族不一，荊其最大而強者。其作亂，必挾諸蠻而起，故繫之曰蠻荊也。鄒忠胤云：「《國語》：『蠻夷要服。』在侯、衛、賓服之外，戎翟荒服之內，即《周禮·巾車》所謂『革路以封四衛』者，其制宜歲貢於壇墠，不貢則修名，而有威讓之令。今至擱然勤王師，必其驕逸不虔，不容不致武耶？」《史記》謂「荊楚僄勇輕悍，好作亂，自古記之」，故以高宗中興，有事奮伐，《殷武》之歌，後世為烈。而宣王《采芑》之役，亦堪與之媲美焉。「大邦」，鄭云：「列國之大也。」「讎」，仇也。孔云：「荊蠻不遜王命，侵伐鄰國，動為寇害，與大邦為讎怨。列國之大，尚猶讎怨，其旁小國，侵害多矣。」「元」，高也，字從一在兀上。徐鍇云：「與堯同義，會意。」老以年言，與下文壯字對看。毛解謂「五官之長，出於諸侯，曰天子之老」，非也。方叔年老而其賢高出於人，故名之曰「元老」。《鹽鐵論》引此云：「方叔元老，克壯其猶。故商師若鳥，周師為荼。」蓋謂商用少而周

用老也。劉公瑾云：「方叔以元老而率師，即《師》卦所謂『丈人』，所謂『長子』者也。」「克」，能。「壯」，健也。「猶」、「猷」同，謀也。按：猶乃獸名。《爾雅》云：「猶如麂，善登木。」此獸多疑慮，常居山中。忽聞有聲，每緣登木。久之無人，然後敢下。須臾又上。如此非一。故借為謀慮之義。朱子云：「言方叔雖老，而謀則壯也。」嚴云：「方叔『克壯其猶』，非取其老而勇決若彊鏐翁之為也。《易‧大壯》注：『壯者，威盛彊猛之名。』詩人之意，正謂少年輕俊之人往往以勇力求勝，未能深謀遠慮，惟方叔老成，故能尚謀不尚戰，以謀為壯，不以力為壯也。」「方叔率止」，言方叔承命為帥而徂征也。「執訊獲醜」，解見《出車》篇。兵不血刃而功已成，壯猶之效也。「戎車」，還師之車也。「嘽嘽焞焞，如霆如雷」，皆車聲也。「嘽嘽」，指輕車言。「焞焞」，指重車言。言聲之舒緩者曰嘽。《荀子》所謂「嘽咺」、《學記》所謂「其聲嘽以緩」是也。輕車固嘽嘽，而其隨於輕車後者有載輜重之車，則其聲又焞焞然。「焞焞」，當依陸本通作「啍啍」，聲重遲貌。《王風》「大車啍啍」是也。「霆」，《說文》云：「雷餘聲也鈴鈴。所以挺出萬物。」陸佃云：「震雷謂之霹靂，其緩者霆。先儒或以霆為疾雷，蓋《爾雅》『疾雷謂之霆霓』，先儒豈讀此故誤與？」「雷」，本作「靁」。《河圖》云：「陰陽相薄為雷。」《說文》云：「從晶，象回轉之形。」「如霆」，當承「嘽嘽」言，以車聲之舒緩似之。「如雷」，當承「焞焞」言，以車聲之重遲似之。時凱旋而歸，從容就道，故其車聲如此。「顯允方叔」，蒙上三章之文也。「征」者，上伐下之名，故以「征伐」二字連言。「威」，通作「畏」。嚴云：「方叔嘗與吉甫同伐玁狁，威名已著，是以蠻荊聞其名而皆來畏服也。」錢天錫云：「方叔一駕而為北伐之勳，是名以功成者也。再駕而為南征之續，是功以名致者也。」蔣悌生云：「玁狁大，素桀驁侵寇，在五服之外。荊蠻素服役，暫背叛，在五服之內。二詩均為用兵，其氣象大小難易亦少異。」朱善云：「北伐之詩，是言行軍之法；南征之詩，是紀行軍之實。不言其法，則無以見軍制之復；不紀其實，則無以見民數之復。欲知宣王之復古，觀此二詩而可見矣。夫豈曰誇云乎哉？」

《采芑》四章，章十二句。《序》及《子貢傳》皆以為「宣王南征也」。觀詩中「方叔率止」之語，其非宣王親征明甚。然則《序》以「《六月》」為宣王北伐，其亦非親行北伐明矣。申培謂此詩「史籀所作」，要不足信。若緯書五際之說，以午為《采芑》，更不可曉。

常武

《常武》，召穆公美宣王也。有常德以立武事，因以為戒然。出子夏《序》。是時王親征徐戎，自即位至此，已五用兵矣。按：《竹書紀年》：「宣王三年，王命大夫仲伐西戎。五年夏六月，尹吉甫帥師伐玁狁，至於太原。秋八月，方叔帥師伐荊蠻。六年，召穆公帥師伐淮夷，王帥師伐徐戎，皇父、休父從。王伐徐戎，次於淮。王歸自伐徐，錫召穆公命。」鄒忠胤云：「宣王武功見於《小雅》者，則有《六月》、《采芑》；見於《大雅》者，則有《江漢》、《常武》。」考之《竹書》紀六年召穆公伐淮夷，王伐徐戎，然則平淮、平徐二師蓋一時併發也。其「錫召穆公命」，則《紀年》亦云「歸自伐徐」也。徐自伯禽時已與淮夷相倚為患，故《費誓》曰：「徂茲淮夷，徐戎並興。」穆王時，徐夷僭號，率九夷以伐宗周。厲王時，淮夷侵雒，王命虢公長父伐之，不克。淮徐蠢動，從來久矣。自宣王命吉甫伐玁狁，方叔征蠻荊，於是四方僭亂，以次削平。其一則遣召虎，一則躬董六師者，緣淮、徐相距不甚遠，慮其合而角我，故分道出師，以防侵軼耳。乃篇中要歸於文德王猶，若規若頌，詩人之寓意殆深矣。此皆宣王初年事也。厥後伐太原之戎不克，伐條戎、奔戎則敗，伐姜戎至於千畝則又敗，美業不終，惜哉！豈其四方平而遂有惕志〔註20〕乎？周宣且然，何論晉之武、唐之憲！朱子云：「詩中無『常武』字，召穆公特名其篇，蓋有二義。有常德以立武則可，以武為常則不可，此所以有美而有戒也。」郝敬云：「虞人之箴曰：『武不可重，用不恢於夏家。』《常武》之謂也。卒也西周之禍不在淮夷，近在西戎，乃見詩人獻替之忠。」《解頤新語》云：「召穆公之意，謂德為可常，武不可黷，故先極言其用兵之盛，以滿其志，卒章乃陳警戒之言，故其言易入也。昔之為詞賦者，或竊取其義，而後人以曲終奏雅，勸百諷一譏之，是不知其得古詩之意也。」愚按：第四章有「王奮厥武」之語，則「武」字固篇中所有。其所謂「常」者，即「匪紹匪遊」之「紹」字是也。

赫赫陸本作「爀爀」。明明，王命卿士。叶襲韻，讀如數，爽主翻。南仲大音泰。《白虎通》作「太」。祖，虞韻。大音泰。師皇父。襲韻。整我六師，以脩我戎。叶襲韻，讀如乳，榮主翻。既敬《周禮注》作「儆」。既戒，叶職韻，仡力翻。豐氏本作「既敬既戒，以脩我戎」。惠此南國。職韻。

〔註20〕「志」，四庫本作「心」。

○賦也。發首以「赫赫明明」贊宣王，是何等氣象。「赫」，《說文》云：「火赤貌。」嚴粲云：「『赫赫』，威嚴也。」「明明」，光顯也。萬時華云：「夷、厲以來，威靈不振，幾於泯泯滅滅。宣王奮然，親總六師，真如雷霆下驚，日月重朗，故曰『赫赫明明』。」「王命」，宣王親命也。以皇父為大將，故須親命之。「卿士」，皇父所居之職也。「南仲」，見《出車》篇。鄭玄云：「宣王之命卿士為大將也，乃用其以南仲為太祖者，今太師皇父是也。命將必本其祖者，因有世功，於是尤顯。」蘇轍云：「南仲，文王之所使伐獫狁者也。蓋稱其世功，以褒大之。」王應麟云：「召公是似，南仲太祖，世濟其美也。逢有充，超叛鑒，蘇文忠慨焉。或附曹，群忘漢，朱文公悕焉。」謝枋得云：「宣王命將，多取之世臣，何也？文事武備，素講於家庭。定亂持危，常在其念慮。一日用之，必老成持重，不以輕易誤國事矣。」「太師」，朱子云：「皇父之兼官也。」陳鳥飛云：「自冢宰而下謂之六卿，太師而下謂之三公。既曰『王命卿士』，又曰『太師皇父』，周家不特設三公，皆兼職而已，如周公以冢宰兼太師也。」孔穎達云：「《十月之交》皇父擅恣。或皇，氏；父，字。傳世稱之，亦未可知也。」「整」，《說文》云：「齊也。」一齊起發之謂。天子六師，知是王親行也。孔云：「王既親行，仍須命元帥以統領六軍，故《左傳》鄢陵之戰，楚王雖自親行，仍命子反將中軍是也。」王應麟云：「康王即位，同召六卿，而命仲桓、南宮毛者，必太保。宣王南征，程伯休父實為司馬。而整六師者，太師皇父也。一相處內，無所不統。」「脩」，通作「修」，猶飭也。「戎」，《說文》云：「兵也。」整齊六師，具其人數以待，將以脩飭我用兵之事，言欲行天討也。「既」者，期其如此之辭。「敬」者，居如守，行如戰也。「戒」者，臨事而懼，不敢輕敵也。「南國」，鄭云：「淮浦之旁國。」董氏云：「伐其暴亂，所以惠之也。」嚴云：「淮夷、徐戎挺亂，南方之國皆被其禍。宣王之師，蓋除暴以安民也。」張文潛云：「『赫赫』，示之顯。『明明』，示之昭。兵事尚神密，而王之命將如此其明顯者，蓋將討伐有罪，民各欲正己而已，安用密乎？『既敬』者，不敢慢。『既戒』者，不敢忽也。以宣王中興之君，皇父賢才之將，而征蕞爾之徐土，其重慎如此者，蓋兵兇器，戰危事也，容可忽乎？王明顯以命之者，道也。臣重慎以臨之者，法也。宣王中興，如斯而正。」○**王謂尹氏，命程伯休父。**霰韻。《史記》、《前漢書》、《後漢書》俱作「甫」。**左右陳行，戒我師旅。**叶霰韻，讀如縷，嚨主翻。**率彼淮浦，**霰韻。**省此徐土。**霰韻。**不留不處，**叶語韻，敞呂翻。**三事就緒。**語韻。○賦也。「謂」，《說

文》云：「報也。」尹氏掌策命之職，意必有所請於王而王報之也。毛云：「尹氏掌命卿士。」孔云：「即內史也。其職曰『凡命諸侯及孤卿大夫，則策命之』是也。此時尹氏當是尹吉甫也。吉甫，卿士而掌命臣者。蓋為卿而兼內史也。」「命程伯休父」者，尹氏承王命命之也。上章命皇父，三公也，故親命之；此章命休父，六卿也，故策命之。韋昭云：「程，國。伯，爵。休父，名也。」《楚語》：「觀射父云：『重黎氏，世敘天地而別其分主者也。其在周，程伯休父其後也。當宣王時，失其官守而為司馬氏。』」鄭樵云：「重為火正，裔孫封程。」羅泌云：「程實為黎後，為和氏，商封之程。」二說未知孰是。羅革云：「或謂風姓有裔孫程伯始啟土，失之。」《子華子》云：「昔吾之宗君，為周日正。周公作成周，定鼎於郊鄏，修和周郊，於是吾之宗君薦其所以為祥者。其族有三：曰井里之璞也，曰大山之器車也，曰唐叔里畝之禾也。王命分寶玉〔註21〕於魯公，時庸展親歸禾於周公，作《歸禾》。周公旅天子之命，作《嘉禾》。是以吾之宗君始有蒲璧以朝，作《程典》。令其顯庸，書在故府。迨宣王之時，吾之宗君入董六師，為王虎臣，是曰司馬。司馬之後凡九世，而其子孫或播居於汾河之間，十有一世，而國並於溫。」程伊川撰《明道先生行狀》云：「程氏之先曰喬伯，為周大司馬，封於程，子孫遂以氏。」按：喬伯、休父當是一人，喬名而休字豈，亦取喬木休息之意歟？《郡國志》云：「雒陽有上程聚，古程伯休父之國也。文王居程，故此加為上程。」《一統志》云：「在河南府雒陽縣。」毛云「休父始命為大司馬。」孔云：「知為大司馬者，以《大司馬》職云：『若大師則掌其戒令。』此言『戒我師旅』，是司馬之事。又，《楚語》謂程伯休父當宣王時為司馬氏，韋昭謂以諸侯為大司馬也。」按：司馬遷《敘傳》自述為休父之後，則休父之為司馬明矣。朱子云：上命皇父而此又命休父者，蓋王命太師以三公治軍事，而命司馬以六卿副之耳。「左右陳行」四句，命休父之辭也。「陳」，通作「敶」，《說文》云：「列也。」劉熙云：「兩腳進曰行。」「行」，伉也。伉足而前也。「左右陳行」者，分其士眾為左右，使成列而前，此肅隊伍也。「戒」，與上章「既戒」之「戒」不同，當通作「誡」，《說文》云：「敕也。」下二句正其所誡者。鄭云：「軍禮，司馬掌其誓戒。二千五百人為師，五百人為旅。天子六師，一師之眾有五旅也。」「率」，鄭云：「循也。」當通作「衛」，字從行，謂循之以行也。浦，《說文》云：「水濱也。」「省」，《說文》云：「視也。」如省方之省，亦足證為王親行也。省之中

〔註21〕「玉」，底本作「王」，據四庫本改。

兼叛而伐之、服而舍之二意。《一統志》云:「直隸鳳陽府泗州,古徐子國。徐城在州北五十里。」《玉海》云:「徐,嬴姓。伯益佐禹有功,封其子若木於徐。」《後漢書·東夷傳》云:「徐夷僭號,率九夷以伐宗周,西至河上。穆王畏其方熾,乃分東方諸侯,命徐偃王主之。」林之奇云:「周自文、武興於西土而化行於南,故南夷最先服,而東夷之服為最後。是以武王牧野之戰,方與商師決服負於行陳之間,而西南夷之邦所謂庸、蜀、羌、髳、微、盧、彭、濮者已皆作使。及成王之即政,天下已太平矣,然東夷之徐奄猶興兵以叛也。故徐雖伯益之後,而俗流於夷。周初,一叛於三監流言之時,再叛於伯禽撫封之日,周公、魯公僅能定之。至穆王稍有荒淫之失,而偃王者遽爾僭號,侈然有朝諸侯、有天下之意。洎厲王無道,宣王撥亂之始,而繹騷於南國者,又徐也。及徐始微弱,而東南之甌張僭竊以爭諸侯者,荊楚、吳、越相繼興矣。其後徐益以弱,服屬吳、楚,不得免焉。然吳、楚倔強於東周衰微之後,而徐倔強於西周鼎盛之日,則其初本非弱國也。」曹氏云:「《禹貢》,徐州東至海,北至岱,南至淮,其地廣人眾矣。若淮夷,則東夷之種散處淮浦者爾。」陳氏云:「徐大而淮夷小。淮夷即徐州之夷而服屬於徐者。」愚按:徐國地在徐州,故以徐得名。命休父誡敕師旅,務必循淮之浦涯以達徐之境土而省視之,毋得故違節制,規便趨利,此嚴號令也。萬尚烈云:「夫伐徐何以率淮?徐北淮南,其勢相倚,故淮、徐倡亂,每每並興,則淮者固徐夷出沒之地,常遁逃藏匿以為亂藪者也。王師來自西北,若惟直搗順攻,不為東南壅截之計,彼不難於歷淮浮海,而天戈亦有所難指者。故命將之時,即已定策於淮,而師之所至,不曰『鋪敦淮濆』,則曰『截彼淮浦』。彼徐夷者,勢不得越淮南下。其來同也,固其所哉!此所以為王猶之允塞也。」又按:淮南之役,命一召虎而止,此乃自將。自將未已,又必正副之將。張皇若此,何哉?周起豐、岐,淮、徐至遠,其從化也則後,其倡亂也則先。徐之無周,其積玩也。宣王赫然中興,伐獫狁,滅蠻荊,平淮南,庶幾乎一伸中國之氣,而蠢爾之徐尚背叛如此,其為四方釁孽豈小小哉?倘非出之全力,期於蕩平,何以成終善後而稱極治?故不難屈萬乘之尊,躬夷荒之遠,正副之將必諄諄焉,誠永逸之策而長治之圖也。《常武》,其三代之盛舉乎!「不留不處」二句,尹氏以王命命三事也。「留」,《說文》云:「止也。」《爾雅》云:「久也。」邢昺云:「留止稽久也。」「處」,《說文》亦云:「止也。」徐鍇云:「《詩》『爰居爰處』,居者定居,處者暫止而已。」「留」,如孔明平孟獲而議者欲留兵以鎮之;「處」,如王

全斌平蜀而師遷延不還是也。按：《孫子》曰：「兵聞拙速，未聞巧久。夫兵久而國利者，未之有也。」《常武》所以戒留處也。「三事」，指六卿，與《十月》篇之「擇三有事」，《雨無正》篇之「三事大夫」其義皆同。按：《周書‧立政》篇云：「任人、準夫、牧，作三事。」《周官》篇云：「三事暨大夫，敬爾有官，亂爾有政。」故知統指六卿而言。因六卿職掌六典，皆為天子理事，故以任人稱；皆為天子守法，故以準夫稱；皆為天子愛民，故以牧稱。著其職業所在，非官名也。時六卿中休父雖以司馬出履行間，然邦政之職亦必有人掌之耳。「就」，《說文》云：「就，高也」，字「從京從尤。尤者，異於凡也」。京者，高大之義。「緒」，《說文》云：「絲耑也。」《爾雅》訓為事，毛《傳》訓為業，以理事建業者如治絲然。《周禮‧宮正》職云「稽其功緒」是也。言此行也，王師所臨，有徵無戰，天子必不久居於外爾。三事諸臣為王居守，當各積累其事業，毋曠厥官，以待王之歸可也。○**赫赫業業**，叶藥韻，逆約翻。**有嚴天子。王舒保作**，藥韻。**匪紹匪遊。**尤韻。**徐方繹騷**，叶尤韻，蘇侯翻。**震驚徐方。**陽韻。**如雷如霆，徐方震驚。**叶陽韻，居良翻。○賦也。「赫」，解見首章。「業」者，動而不息之意。虡業之懸鍾磬，其象如之，故謂之業。徐光啟云：「當積弱之後，奮起而立功，真是威靈氣焰，足以動人，故曰『赫赫明明』，又曰『赫赫業業』，極其摹擬。」「嚴」，《說文》云：「教命急也。」字從吅。徐鍇云：「急則從二口也。」愚按：此所謂嚴急，非急於束士卒，乃急於討徐方也。承上章言。大將有皇父，副將有休父，居守有三事，王乃可以出而親征矣。但見師行在途，其氣勢赫赫然，其進發業業然，有嚴急而可畏者，天子之教命，凡在師中者俱無敢泄泄也。「舒」，通作「紓」，《說文》云：「緩也。」「保」，安。「作」，起也。言宣王之為此行也，舒徐審諦，以為必如此然後可以保安南國，於是起而為之，非輕舉也。「匪」，通作「非」。「紹」，《說文》云：「糾緊也。」「遊」，本作「游」，《說文》云：「旌旗之旒也。」人之逍遙散誕，其象如之，故浮水、出行，皆命曰遊。「紹」與「舒」字意反，「遊」與「保」字意反。舒而後作，則非激於一時之血氣而後紹也。且作以圖保，則非騖於遠方之覽勝而為遊也。「徐方繹騷」，正原其所以作之故也。曰「徐土」，曰「徐方」，曰「徐國」，非有二地，特變文耳。「繹」，《說文》云：「抽絲也。」相續而不斷之意。「騷」，《爾雅》云：「動也。」《說文》云：「擾也。」字從馬，當謂擾馬使動也。徐方數興兵，擾動南國，為害已甚，故親征之，役不可已也。「震」，《說文》云：「霹靂振物者。」即雷也。《易》

云：「震為雷。」「驚」，《說文》云：「馬駭也。」人之惶恐不安如之，故亦曰
驚。天子親征，出徐方所不意，亦如雷之猝然發聲，不可預避，以此驚動乎徐
方也。「如雷」，蒙上「震」字而言，指王也。觀下章「王奮厥武，如震如怒」
可見。「霆」者，雷之餘聲。《采芭》言「嘽嘽焞焞，如霆如雷」，以「如霆」
屬「嘽嘽」，「如雷」屬「焞焞」。此第五章亦曰「王旅嘽嘽」，則「如霆」當指
王旅也。王行而六師從之，亦如雷之餘聲為霆也。「徐方震驚」者，徐方聞王
師之來，喪膽褫魄，亦如聞震雷而驚懼也。朱善云：「用兵之法，攻心為上。
『徐方震驚』，雖未即順從，而已先服其心矣。」○**王奮厥武**，襄韻。**如震
如**陸云：「一本此兩『如』字皆作『而』。」**怒。**叶襄韻，暖五翻。**進厥虎
臣**，真韻。**闞如虓**《風俗通》作「哮」。**虎。**襄韻。**鋪**《韓詩》、《後漢書》
俱作「敷」。**敦**《爾雅》「鋪敦」作「敦彼」。**淮濆**，叶真韻，符筠翻。臣與
濆葉。**仍**陸本作「扔」。**執醜虜。**襄韻。**截彼淮浦**，襄韻。**王師之所。**
叶襄韻，讀如數，爽主翻。○賦也。上章言「徐方震驚」，意此時聞大軍從西
來，必越淮南竄，而王師適至淮，與之遇，故宣王奮武而進兵也。「奮」，《說
文》云：「翬也」，字「從雀〔註22〕在田上」。鳥鼓翅翬翬然迅疾也。「奮厥武」
者，奮揚其威武，命迎擊而進戰也。「震」、「怒」只一意。「如震」者，如雷之
威，於下文「進厥虎臣」見之。「如怒」者，如天之怒而雷鳴不已，於下文「仍
執醜虜」見之。「進」，鄭云：「前也。」「虎臣〔註23〕」，猛勇如虎之臣，所謂
戰將也，不指皇父、休父言。「進厥虎臣」，如遣銳騎以迎敵，用奇兵以邀擊，
其大軍在後，尚未動也。「闞」，《說文》云：「望也。」「虓」，《說文》云：「虎
鳴也。」《格物論》云：「虎怒而吼，其聲如雷，百獸為之震恐，而風從之生。」
言虎臣前行，人從後望之，但見其喑嗚叱吒之狀，如虎之虓而張威然也。「鋪」，
鄭云：「陳也。」解見《江漢》篇。「敦」，通作「惇」，《說文》云：「厚也。」
「濆」，《說文》云：「水厓也。」孔云：「布陳敦厚之陣於淮水濆厓之上。」
愚按：此所謂正兵也。「仍」，因也。「執」，捕罪人也。「丑」，可惡也。「虜」，
獲也。孔云：「虜者，囚繫之名。」「仍執醜虜」者，蓋正兵不動，但更番迭
出，以頻仍捕執其可惡之人而囚繫之也。「截」，《說文》云：「斷也。」即今人
所謂堵截者。「所」，處所也。「獻于公所」之「所」。按：所本伐木聲，而舊皆
借訓為處所，其義未詳，當是通作「處」，音之轉也。王師踞地利，截斷彼淮

〔註22〕「雀」，《說文解字》作「䳅」。
〔註23〕「虎臣」，四庫本作「如虎」。

浦而居之,而時分兵以迎擊,彼欲拒則不得,欲逸則無路,此其所以服也。詳此章及下章,見宣王之行兵有法如此。○**王旅嘽嘽**,叶翰韻,徒案翻。**如飛如翰**。韻。**如江如漢**,翰韻。**如山之苞**,叶尤韻,甫侯翻。**如川之流**。尤韻。**緜緜**《韓詩》作「民民」。**翼翼**,職韻。**不測不克**,職韻。**濯征徐國**。職韻。○賦也。嚴云:「此章述移師征徐也。」「王旅」,王之師旅也。聲之舒緩者曰嘽,解見《采芑》篇。「嘽嘽」,鄭云:「閑暇有餘力之貌。」愚按:此言其在道之容也。「翰」,鳥羽也。「如飛如翰」,只是一意,言其兵不留行,如鳥之飛,又如其有兩羽也。即次章所謂「左右陳行」者。「如江如漢」,以合流言,雖左右陳行,而同時俱發,絕無後先,亦如江漢之合流然也。嚴云:「征淮北之夷,不繇江漢,而言『如江如漢』者,以江漢為九州之最大,天下所共知,猶《邶‧谷風》言『涇以渭濁』,亦非土風也。」「苞」,通作「包」,裹也。如山包裹,不可闌入。李衛公所謂「大陳包小陳,大營包小營,隔落鈎連,曲折相對」者也。「川」,《說文》云:「貫穿通流水也。」如川長流,不可間斷,《八陳圖》所謂「以後為前,以前為後。四頭八尾,觸處為首。敵衝其中,首尾俱救」者也。此三句皆以陳法言。蓋師行在道,亦必結陳而行也。一說:孔云:「兵法:有動有靜。靜則不可驚動,故以山喻;動則不可禦止,故以川喻。」亦通。「緜緜」二句,申上四句而言也。「緜」,《說文》云:「聯微也。」「翼」,《說文》云:「翅也。」合流如江漢,固見其聯緜不絕矣。而細觀之,則左右分為兩翼,如鳥之有羽翰然。隊伍何分明也!「測」,度。「克」,勝也。其層層包裹則如山,其節節穿貫則如川,亦既不可測度矣。不可測,又孰能攻而勝之?陳法何堅固也!「濯」,《說文》云:「浣也。」《孟子》云:「征之為言正也。」言征而先之以濯者,有「殲厥渠魁,脅從罔治,舊染污俗,咸與維新」之意。又,黃佐云:「《大雅》言文王之兵,若『臨衝閑閑』章;言武王之兵,若『牧野洋洋』章;皆略述武事耳。《常武》言宣王之兵,則極其鋪張揚厲,若有過於文、武之威者,聖人之兵尚德,賢人以下之兵尚威。論德者其詞典,論威者其詞誇,且亦可見盛世中興氣象。」張文潛云:「是詩所陳,蓋先王之時用兵之法可以覼見。『王旅嘽嘽』,所謂以逸待勞也。有飛鳥之舉者,善超高也;有積水之洋者,善守下也。固如山之苞,止營壘也;順如川之流,行部位也。緜緜為弱,外誘敵也;翼翼為飭,內謹法也。先王之用兵,雖動以仁義,然行之有法,馭之以術,不為小仁末義,以陷人於死。蓋明恥教戰,務以勝敵。而宋襄公以『君子不重傷,不擒二毛』,為君子之所笑也。」

○王猶《韓詩外傳》、《荀子》俱作「猷」。允塞，職韻。徐方既《荀子》作「其」。來。叶職韻，六直翻。徐方既同，東韻。天子之功。東韻。四方既平，叶陽韻，皮陽翻。徐方來庭。叶陽韻，徒陽翻。徐方不回，灰韻。王曰還歸。叶灰韻，古回翻。○賦也。「猶」，本獸名，性多顧慮，故借訓為謀。徐光啟云：「凡平日所為，興衰撥亂，安內攘外，經營於廟堂，敷布於海隅者，皆王猶也。」「允」，《說文》云：「信也。」「塞」，《說文》云：「窒也。」字本作「窒」，象壘物捧而塞於屋中，故有充塞之義。顏師古云：「滿也。」「既來」，鄭云：「已來告服也。」嚴助云：「言王道甚大而遠方懷之也。」承上章言。宣王方移師以臨徐方，而徐方畏懾，不戰自服，於是推美其所以然者，繇於宣王平日經國之謀猷，信哉其無所不充滿，故能致徐方之來，非一時兵威使之然也。此微辭也。《序》所謂「有常德以立武事，因以為戒」者，二意具見於此。《韓詩外傳》云：「修禮以齊朝，正法以齊官，平政以齊下，然後禮義節奏齊乎朝，法則度量正乎官，忠信愛利平乎下。行一不義、殺一無罪而得天下，不為也。故近者競親而遠者願至，上下一心，三軍同力，名聲足以薰炙之，威強足以一齊之，則拱揖指麾而強暴之國莫不趨使，如赤子歸慈母者。何也？仁刑義立，教誠愛深。故《詩》曰：『王猶允塞，徐方既來。』」《荀子》云：「厚德音以先之，明禮義以道之，致忠信以愛之，賞賢使能以次之，爵服慶賞以申之，時其事、輕其任以調齊之，長養之，如保赤子，政令以定，風俗以一，故民歸之如流水，所存者神，所為者化而順。暴悍勇力之屬為之化而願，旁闢曲私之屬為之化而公，矜糾收繚之屬為之化而調，夫是之謂大化至一。《詩》曰：『王猷允〔註24〕塞，徐方其來。』此之謂也。」又云：「械數者，治之流也，非治之源也。君子者，治之源也。官人守數，君子養源。源清則流清，源濁則流濁。故上好禮義，尚賢使能，無貪利之心，則下亦將綦辭讓，致忠信，而謹於臣子矣。故賞不用而民勸，罰不用而民服，有司不勞而事理，政令不煩而俗美，百姓莫敢不順上之法，象上之志，而勤上之事，而安樂之矣。故籍斂忘費，事業忘勞，寇難忘死，城郭不待飾而固，兵刃不待陵而勁，敵國不待服而詘，四海之民不待令而一，夫是之謂治平。《詩》曰：『王猷允塞，徐方既來。』此之謂也。」或又以「塞」通作「寒」，其義訓實。「允塞」、「既來」，即至誠動物之謂。劉向《新序》及《韓詩外傳》皆云：「勇士一呼，三軍皆闢，士之誠也。昔者楚熊渠子夜行，見寢石，以為伏虎，關弓

〔註24〕「允」，底本誤作「充」，據四庫本改。

射之，沒矢飲羽，下視知石也。卻復射之，矢摧無跡。熊渠子見其誠心，而金石為之開，況人心乎！唱而不和，動而不隨，中必有不誠者矣。夫不降席而匡天下者，求之己也。孔子曰：『其身正，不令而行。其身不正，雖令不從。』先王之所以拱揖指揮而四海賓者，誠德之至已形於外。故《詩》曰：『王猷允塞，徐方既來。』此之謂也。」又云：「昔者趙之中牟叛，趙襄子率師伐之。圍未合而城自壞者十堵，襄子擊金而退士。軍吏曰：『君誅中牟之罪，而城自壞，是天助也。君曷為去之？』襄子曰：『吾聞之於叔向曰：君子不乘人於利，不迫人於險。』使之城而後攻。中牟聞其義，乃請降。《詩》曰：『王猷允塞，徐方既來。』此之謂也。」「既同」，孔云：「與他國同服於王也。」是役也，大將之敬戒，副將之陳行，虎臣之出力，王旅之用命，皆天子精神所鼓奮，故曰「天子之功」。《荀子》云：「君子賢而能容罷，智而能容愚，博而能容淺，粹而能容雜，夫是之謂兼術。《詩》曰：『徐方既同，天子之功。』此之謂也。」亦借辭取義。朱子云：「《江漢》篇召公帥師以出，歸告成功，故備載其褒賞之詞。此篇王實親行，故於卒章反覆其詞，以歸功於天子也。」「既」，盡也。「來庭」，鄭云：「來王庭也。」先言「四方既平」者，宣王北驅玁狁，西征羌戎，南威荊蠻，東伐淮夷，皆已平定，獨徐方未服，及今而始來庭，以其平獨在四方之後也。「回」，《說文》云：「轉也。」嚴云：「『不回』，謂既服而不復叛也。」徐方來在王庭，其心不復回轉，則天下晏安，不須用武。王乃告之曰：『可以還歸矣，不黷武也。』「王猷允塞」、「王曰還歸」，皆因以為戒也。劉氏云：「武則戒黷，故曰還歸者，止於義也。」愚按：此亦與次章「不留不處」相應。

《常武》六章，章八句。王肅主毛《傳》，以為「王不親行」。王基主鄭《箋》，以為「王自親行」。今玩詩詞，則鄭說是也。乃朱子以為「宣王自將以伐淮北之夷，詩人作此美之」。鄒駁之云：「淮浦、淮濆，指所經歷之地，未嘗指淮夷也。」或乃依違其說，云：徐方者，兼徐、淮而言。謬也。《申培說》亦剟朱子親征淮北之說，而兼剟《序》以為召穆公所作。《子貢傳》闕文。

江漢

《江漢》，宣王命召穆公帥師伐淮夷，王歸自伐徐，錫召穆公命，尹吉甫作詩美之。據《竹書》，為宣王六年事。《序》云：「尹吉甫美宣王也，能興衰撥亂，命召公平淮夷。」《後漢書》云：「殷武乙衰，東夷浸盛，遂

分遷淮岱，漸居中土。周公征之，遂定東夷。厲王無道，淮夷入寇。王命虢仲征之，不克。宣王覆命召公伐而平之。」劉汝楨云：「宣王淮上之役，武功告成也。蓋《六月》，北伐首事四夷；《采芑》之南征次之，故曰『征伐玁狁，蠻荊來威』，此其證也。荊蠻既平，乃伐淮夷，故《常武》、《江漢》二篇，一是自將伐徐，一是命將伐淮，二師想一時併發。王則將本國之六師，而穆公則徵兵江漢以行者也。何也？夷在淮之南，北勢相掎角，假令穆公先平淮南，則還兵北伐，亦易易耳，何必侈言於王之親行？假令王既北定徐戎，則淮南之夷膽已破，穆公此行如發蒙耳，何必張大其功而寵異若此哉？故伐淮、伐徐以兩詩考之，知其必併發也。知平淮在《采芑》之後者，荊蠻未平，則穆公疆理不得至南海，以南海之北正荊蠻之國故也。一平淮，而疆理至南海，可見南海以內諸國無不從服矣。」今按：《竹書紀年》，其征伐次第實是如此。召穆公名虎。

江漢浮浮，尤韻。《風俗通》作「陶陶」。**武夫滔滔**。叶尤韻，他侯翻。**匪安匪遊**，尤韻。**淮夷來求**。尤韻。**既出我車**，叶魚韻，斤於翻。**既設我旟**。魚韻。**匪安匪舒**，叶虞韻，讀如須，詢趨翻。**淮夷來鋪**。虞韻。○賦也。「江」、「漢」，二水名。江出岷山，漢出嶓冢。漢流至大別，與江合流。杜預云：「大別在江夏界。」胡旦云「今大別山之北漢口」是也。亦曰沔口，亦曰夏口。江東即江夏郡也。呂祖謙云：「江漢合流，去淮夷絕遠，或者會江漢之師以伐之歟？」季本云：「召公伐淮夷，必自江漢順流而下，故所征本江淮之地，而並漢言之也。」「浮」，《說文》云：「氾也。」「浮浮」，毛《傳》云：「眾強貌。」孔穎達云：「以其合而東流，是水之眾而強大也。」愚按：此固賦其所經，亦以二水合流為諸侯會師之況。林氏云：「古者畿兵不出，所以重內，調兵諸侯，各從其方之便。武王伐商，實用西土，至於征徐以魯，平淮夷以江漢。」[註25]季云：「荊蠻既服，而後召伯伐淮夷，故此詩言『江漢浮浮，武夫滔滔』。若荊蠻方叛，則武夫何繇可從江漢而發耶？」「武夫」，將士從征者。「滔」，《說文》云：「水漫漫大貌。」曰「武夫滔滔」者，王安石云：「以其眾逝也。」鄭玄云：「宣王命將率，遣士眾，使循流而下滔滔然。」孔云：

〔註25〕段昌武《毛詩集解》卷二十五《蕩之什・江漢》：「林賢良《事要》曰：『古者畿兵不出，所以重內。卒有四方之役，即用諸侯人耳。或遣上公帥王賦，亦不過元戎十乘，以先啟行而已。而調兵諸侯，又各從其方之便。高宗伐楚，蓋褒荊旅；武王伐商，實用西土。至於征徐以魯，平淮夷以江漢，略見於經，可考也。』」

「淮在江北，相去絕遠。夷在淮上，兵當適淮。而云順流下者，江東北流，順之而行，將至淮夷乃北行向之也。」「匪」，通作「非」。「匪安」，以心言。此心兢惕，不敢遑寧，非急於爭利也。下段放此。《說文》無「遊」字，當通作「游」。遊本旌旗之旒〔註26〕，人之翺翔自放似之，故以敖為遊。「匪遊」者，身在軍中，不敢別有所遊息也。「淮夷」，朱子云：「夷之在淮上者也。」孔云：「淮夷在東國。昭四年，楚子會諸侯於申，而淮夷為國號，其君之名姓則書傳無文。召公伐淮夷，當在淮水之南。《魯頌》所伐淮夷，應在淮水之北。當淮之南北皆有夷也。」「求」，通作「捄」，斂索之義。以其散處潛伏，故欲求而得之。《左傳》曰「率師以來，唯敵是求」是也。孔云：「『淮夷來求』，正是來求淮夷。古人之語多倒。凡言來，據自彼至此之辭。」「車」，鄭云：「戎車也。」「設」，《說文》云：「施陳也。」《周禮》云：「鳥隼曰旟。」愚按：軍行前朱雀。此舉前軍，以該其餘也。孔云：「上言『來求』，已至淮夷之境。此承其下云出車、設旟，明兵至境而期戰地，至期日而出車建旟也。兵法止則有壘，謂從營壘而出陳之也。旌旟無事則納之於弢，故將戰乃建之也。」「舒」，通作「紓」，《說文》云：「緩也。」心既不敢安寧，故於出車設旟之事不敢紓緩，與前言「匪安匪遊」見當時從征之武夫皆競勸用命如此。「鋪」，陸元朗云：「陳也。」按：《說文》訓「鋪」為「著門鋪首」。而舊說謂漢門有鋪首，乃鋪陳之義，故亦訓為「陳也」。「淮夷來鋪」，句法當與「淮夷來求」一例，同為倒語。季以為「來陳其罪」，是也。鄭云：「據此戰地，故又言來。」○**江漢湯湯**，陽韻。**武夫洸洸。**陽韻。《鹽鐵論》作「潢潢」。**經營四方，**陽韻。**告成于王。**陽韻。**四方既平，**庚韻。亦叶敬韻，皮命翻。又叶青韻，讀如萍，旁經翻。**王國庶定。**徑韻。亦叶青韻，唐丁翻。**時靡有爭，**庚韻。亦叶青韻，葘經翻。又叶敬韻，側迸翻。**王心載寧。**青韻。亦叶徑韻，乃定翻。○賦也。「湯」，《說文》云：「熱水也。」「江漢」言「湯湯」者，水流之怒，如湯之沸也，正與下文「洸洸」相照。「洸」，《說文》云：「水湧貌也」，引《詩》「有洸有潰」。徐鍇云：「言勇如水之湧也。」語曰：戰勝之威，士氣百倍。伐淮夷而戰勝，於「洸洸」一語見之矣。「經」，本織絲之經。縱曰經，橫曰緯。「營」，亦周匝之意。《說文》訓為「匝居」是也。曰「經營」者，縱橫周匝而相度之，正照下文「四方」言，兼伐叛、招攜二意。當時江漢之間，小國尚多，淮夷倡亂，或附和、或觀望者必非一國，觀下章言「于疆于理，至

〔註26〕「旒」，底本作「流」，據四庫本改。

于南海」，則豈獨淮夷而已。「四方」，近淮夷之四方。「成」，成功也。鄭云：
「召公既受命伐淮夷，服之。復經營四方之叛國，從而伐之，克勝，則使傳遽
告功於王。」孔云：「上言來至戰地，此言『經營四方』，明是既戰而勝，乃經
營四方之叛國也。知非召公親告王者，以下章方云『于疆于理』，則是召公未
還，故知使人告也。」「四方既平」，蒙上『經營四方』之文也。「平」，猶言帖
服也。「王國」，《周禮》所謂「國畿」也。義與《六月》篇同。淮夷倡亂，聲
息搖動。今四方既平，則畿甸之內自此庶幾安定也。彭執中云：「用兵非人主
之美事，不得已而興師，故召公告成於王曰『王國庶定』。庶云者，幸其僅然，
非以是為美也。」「時」之言「是」，「靡」之言「無」，皆音之轉也。相侵相凌，
所謂爭也。「時靡有爭」，槩天下言之也。「載」之言「則」，亦音近也。「寧」，
通作「甯」，《說文》云：「安也。」輔廣云：「宣王以天下為心，一有爭鬥，則
王之心不安也。讀此章，見宣王能以天下之心為心，而召公又能以宣王之心
為心也。」朱善云：「天下之所以未平者，以爭心之未息。而爭心之所以未息
者，以王化之未洽也。故必使天下無有爭心，而後大臣之功成，而王者之心
亦安矣。」嚴粲云：「周興西北岐、豐，去江漢最遠，故淮夷最難服，從化則
後孚，倡亂則先動。周人經理淮夷，用力最多。成王初年，淮夷同三監以叛，
其後又同奄國以叛。伯禽就封，又同徐戎以叛。至厲王之時，四夷交侵，宣王
一命吉甫，北方旋定。繼命方叔伐蠻荊，其後又命召公平淮南之夷，又命皇
父平淮北之夷。蓋南方之役至再至三。淮夷未平，則一方倡亂，天下皆危，故
至淮夷平，然後四方平。此《江漢》、《常武》所以為宣王之終事，而繫之宣王
《大雅》之末也。」○**江漢之滸**，**麌韻。王命召**音邵。後同。**虎**。**麌韻。
式辟**音闢。**四方，徹我疆土**。**麌韻。匪疚匪棘**，**職韻。王國來極**。職
韻。**于疆于理**，**紙韻。至于南海**。叶紙韻，虎洧翻。○賦也。「滸」，本作
「汻」，《爾雅》、《說文》皆云：「水厓也。」召公伐淮夷之師，從江漢來，仍
從江漢歸，故班師至江漢合流之滸，而適承王之後命，諭以且無歸也。虎，召
穆公名。《世本》云：「康公十六世孫。」「式辟」以下四句，命之辭也。「式」，
發語聲。「辟」，通作「闢」，《說文》云：「開也。」「式辟四方」，獎其平淮之
功也。淮南諸國久隔化外，今始重開闢之也。云「四方」者，亦蒙上召公告成
中有「四方既平」之言也。「徹我疆土」，今日所當有事也。「徹」，即《孟子》
所謂「周人百畝而徹」者。方里而井。井九百畝，其中為公田，八家皆私百畝
而同養公田，耕則通力合作，收則計畝均分，謂之徹也。「疆」，《說文》云：

「界也。」與下文「於疆」之「疆」不同。此為地界,以入版圖內之疆域言,彼為田界。按:《說文》,疆、畺本有兩字,而誤混為一。愚意疆以土定意而以疆得聲,疆土之疆也。畺從二田,上中下各以一橫之,是其界畫。「於疆」之「疆」當作此字。曰「徹我疆土」者,我疆域內之土地皆以徹法行之也。嚴云:「古人伐叛討貳之後,則必去其苛政,平其賦斂,以慰民心,故此章言徹法之事。」「疚」,本作「疢」,《說文》云:「久病也。」「棘」,通作「㦸」,《說文》云:「急也。束物之急莫若革。」「極」,徐鍇云:「脊之棟也。」屋故為高之義,亦為中之義。此則以中言。《周禮》:「體國經野,以為民極」,是其義也。「王國來極」是倒句法,與「淮夷來求」語氣正同,言來取中於王國也。嚴云:「武事僅定,而即行疆理賦稅之法,疑於病民,且疑於急迫矣。宣王謂我非疚也,非棘也,蓋什一天下之中,正乃我周之定制,欲天下皆於王國來取中焉耳。」「于疆于理」,二句紀事之辭也。蘇轍云:「召公於是經理其地,至南海而止。」「于」,「於」也。對此而言,猶言往彼也。「疆」、「理」,義與《信南山》篇同。畫經界為疆,分地理為理。「南東其畝」,所謂理也。呂云:「淮夷在南,故極其遠而言之,曰『至于南海』。」按:《左傳》:「楚子曰:『寡人處南海。』」是時淮夷、荊蠻俱已平定,故召公奉行徹法,得以至于南海也。

○**王命召虎,來旬來宣。**先韻。**文武受命,召公維翰。**叶先韻,胡田翻。**無曰予小子,**紙韻。**召公是似。**紙韻。**肇敏戎公,**《後漢書》作「功」。**用錫爾祉。**紙韻。○賦也。武功已成,疆理已定,宣王於是美召虎之功而錫命之。自「來旬來宣」以下,至「自召祖命」,皆冊命之文也。「旬」,《說文》云:「遍也。十日為旬。」周匝十日,有遍之義。「宣」,朱子云:「布也。」按:宣字從宀。宀者,屋也。《說文》訓為「天子宣室」,無布之義。愚意當通作「亘」,其字上下從一,上天下地,中從回,象回轉形,故《說文》解云「上下所求物也」。徐鍇又為之解云:「回風回轉,所以宣陰陽也。」其義俱湮鬱不明。以意通之,不過曰轉旋布濩於天地之間耳。凡訓「宣」為「布」者,義皆當取此。「來旬來宣」,是敘功之辭。言爾昔奉王命來此南方,遍歷淮夷之地,宣布疆理之事,皆有成勞也。孔云:「上章云『經營四方,告成於王』,又言『于疆于理,至于南海』,則召虎大功在此二事而已。今王命召虎,稱其功勞,則『來旬來宣』當指此二事。」「召公」,召康公也,名奭。「翰」,鳥羽也。《白虎通》云:「《禮·服傳》曰:『子得為父臣者,不遺善之義也。』《詩》曰:『文武受命,召公維翰。』召公,文王子也。」「予小子」,宣王謙自謂也。

「似」，《說文》云：「象也。」昔文王、武王受天命之時，汝祖康公實為羽翼。今即不敢言予小子能比蹤文、武，而汝則固已克肖康公矣。按：康公日闢國百里，而其宣布政教亦在江漢之間，所謂「是似」者，此耳。「肇」，《爾雅》云：「始也。」當通作「肁」，《說文》云：「始開也。」「敏」，《說文》、毛《傳》皆云：「疾也。」「戎」之言「汝」，音之轉也。此云「戎」，下文變云「爾」者，亦猶《韓奕》篇雖稱「戎祖考」、「戎辟」，亦變稱「爾位」也。「公」，當依《後漢書》通作「功」，《說文》云：「以勞定國也。」呂云：「自召康公之後，其風烈寂寥無聞矣。至穆公始復，敏於從事，以繼其烈。」「錫」，通作「賜」，《說文》云：「予也。」「祉」，《說文》云：「福也。」徐鍇云：「祉之言止也，福所止不移也。」嚴云：「我用此賜汝以福，即下章所陳是也。」○**釐爾圭瓚，秬鬯一卣**。陸本作「攸」。按：二句無韻。豐本遂改作「秬鬯一卣，釐爾圭瓚」，云：「瓚叶才田切。」**告于文人**，真韻。**錫山土田**。叶真韻，他因翻。**于周受命**，叶真韻，眉辛翻。**自召祖命**。見上。**虎拜稽首，天子萬年**。叶真韻，奴因翻。○賦也。孔云：「上言『用錫爾祉』，此言賜之之事。」《釋文》云：「釐音賚。」按：《周書》：「用賚爾秬鬯一卣」，文法與此同。當通作「賚」，《說文》云：「賜也。」「瓚」者，祭時酌鬯以獻尸之器，其柄以圭為之。詳見《旱麓》、《棫樸》篇。「秬」，黑黍也。詳見《生民》篇。「鬯」者，酒名。釀秬為酒，和以鬱金。鬱金者，香草也，狀如蘭，十葉為貫，百二十貫為築，搗之取汁，合黑黍米煮而釀之。秬為百穀之華，鬱為百艸之英，其氣芬香，調鬯故謂之鬯。今按：鬯之為字，從凵。凵者，器也。中從乂，又有四點，象秬米及鬱形，匕所以扱之。然則鬯之為酒，以合釀秬、鬱二物而成，主秬言則謂之秬鬯，主鬱言則謂之鬱鬯。而或據《禮記》有「鬱合鬯」、「蕭合黍稷」之文，遂謂鬯亦香草，另是一物，恐未然也。鬱字本作「鬱」。羅願云：「鬱與鬯皆陰，而玉為陽物，圭璋又東南陽方之玉，故假之，嫌於無陽也。若諸侯，則天子賜之圭瓚，然後為鬱。未賜圭瓚，則資鬯於天子。故先儒說《王度記》『天子以鬯，諸侯以薰』者，謂未得圭瓚之賜則用薰，得賜日用鬱鬯耳。故自《詩》、《書》所載召虎及晉文侯仇皆嘗受秬鬯圭瓚之賜，惟文公重耳獨言『秬鬯一卣』，不言圭瓚者，圭瓚自與秬鬯相副，不言可知也。既賜之後，得自為鬯，故又有諸侯相朝，灌用鬱鬯之禮。」《爾雅》云：「彝、卣、罍，器也。卣，中尊也。」孫炎云：「尊彝為上，罍為下，卣居中。」郭璞云：「卣，不大不小者。」按：卣之為字，要是象形，而《說文》不載。趙宧光疑當作「卣」。卣

者，小甌也。似未足信。又，《說文》有「卥」字，讀如調，其字形殊與「卣」類。按：《周禮・鬯人》：「廟用修。」《注》云：「修亦有調音。」豈「卥」即「卣」耶？其義為「艸木實丞卥卥然，象形」，豈亦以卣之為形上小下大，艸木懸實之象似之耶？書之以質博古者。孔云：「按：《春官》：『鬱人掌和鬱鬯以實彝而陳之。』則鬯〔註27〕當在彝。」而此及《尚書》、《左傳》皆云「秬鬯一卣」者，當祭之時，乃在彝；未祭，則在卣。賜時未祭，故卣盛之。毛云：「九命，錫圭瓚秬鬯。」《韓詩外傳》云：「諸侯之有德，天子錫之。一錫車馬，再錫衣服，三錫虎賁，四錫樂器，五錫納陛，六錫朱戶，七錫弓矢，八錫鈇鉞，九錫秬鬯。」班固云：「圭瓚秬鬯，宗廟之盛禮，故孝道備而賜之。秬鬯所以極著孝道。」程大昌云：「初賜圭瓚，未及自為之鬯，即並鬯以賜，使歸〔註28〕告之也。」「告」，祭告〔註29〕【也。孔云：「告祭於汝先祖有文德之人。」按：《周書・文侯之命》篇曰：「追孝於前文人」，義亦同此。張文潛云：「『釐爾圭瓚』，文事之器也。『秬鬯一卣』，行禮之酒也。召伯有武功，而錫之以文事禮酒者，蓋將與之修文德故也。故曰『告于文人』而終曰『矢其文德』也。」毛云：「諸侯有大功德，賜之名山土田。」孔云：「召本岐山之陽埰地之名，且為畿內之國。《書傳》無召穆出封之文，則益之土田，大於故耳。」羅泌云：「『錫之山川，土田附庸』，錫魯公也。『錫山土田，于周受命』，錫召虎也。無益地哉？蓋昔先王三歲而一受〔註30〕封，必其俊異之功，殊偉之德，乃於千百輩中陟其尤者一二而稍益之，故善者以勸；必其敗群之懟，違命之最，乃於千百輩中絀其一二尤者而稍削之，故不善以沮。時而措之，是所謂益削也。魯公、召虎見之歌頌，惟其希闊而不可易得也。」「周」，鄭云：「岐周也。宣王欲尊顯召虎，故如岐周，使虎受山川土地〔註31〕之賜命。」孔云：「時實周世，而特言于周受命，明非京師。以虎祖康公在岐周事文、武有功而受采地，今虎嗣其業，功與之等，故往岐周命之。《祭統》云：『賜爵祿必於太廟。』以岐是周之所起，為其有先王之靈，謂有別廟在焉，故就之也。」朱

〔註27〕「鬯」，四庫本作「鬱」。

〔註28〕四庫本「鬯即並鬯以賜使歸」一行，下空十三格，小字注「闕」。按：檢程大昌《演繁露》卷七《秬鬯》，原文與此同。

〔註29〕四庫本「告之也告祭告」一行，下空十五格，小字注「闕」。按：實則【】內文字，四庫本俱闕。

〔註30〕「受」，《路史》卷二十九《國名紀六》作「脩」。

〔註31〕「地」，鄭《箋》作「田」。

－839－

子云：「示不敢專也。」「自」，從也。「自召祖命」者，追行先王所以命其祖康公之禮，以寵異之。孔云：「明虎之功與康公同也。」謝枋得曰：「錫山川土田，必使召虎受賜於岐周，用文、武封康公之禮以待之。此時此意，賞非宣王之賞，如稟命於乃祖文、武也；功非召虎之功，如受教於乃祖康公也。召虎思文、武之德，思康公之德，必能盡心盡力，以報宣王之德矣。三代令主〔註32〕，不責人子以事功，惟勉臣子以忠孝，本於人心天理而感動之也。盤庚亦得此意。」「稽首」，首至地也。按：《周禮・春官・大祝》：「辨九擥，一曰稽首。」鄭云：「『拜稽首』者，受王命策書也。臣受恩無可以報謝者，稱言使君壽考而已。」

虎拜稽首，有韻。**對揚王休**。叶有韻，虛九翻。**作召公考**，叶有韻，去九翻。**天子萬壽**。有韻。**明明天子**，紙韻。**令聞不已**。紙韻。**矢**《爾雅》作「弛」。《禮記》作「弛」。**其文德**，職韻。**洽**《禮記》作「協」。**此四國**。職韻。○賦也。上章「拜稽首」，第鳴感恩之意而已。此章意更有進焉，故復再「拜稽首」而陳之。「對揚」二句，自勉之詞也。「天子萬壽」以下，勉王之詞也。「對揚王休」與《說命》篇「敢對揚天子之休命」語氣相類。「對」，猶應也。「揚」，舉也。「休」，止也。王之所命虎者止矣，臣敢仰應王之意。重複舉之，見其服膺不忘也。「作召公考」，「對揚」之實也。「作」，為也。「考」，成也。王之命虎也，曰「召公是似」，曰「自召祖命」，欲我無忝厥祖耳。我自今以往，當益勵力不怠，為我祖召公成其終也。嚴云：「成者，毀之對。康公立大勳於王室，而後嗣子孫不能繼之，則康公之功業將毀矣。我不敢不勉期為康公之成，謂不毀墜其功也。」郝敬云：「前作後繼，則作者有成矣。」「天子萬壽」，申前「天子萬年」之祝，而轉致屬望無盡之意，言我誠願王壽考矣，而所深願者，尤在我王御世，明而益明，善譽垂於無窮，不徒得萬年之壽已也。「矢」者，政教所施，沛然莫禦，如發矢然。「文德」，如仁漸義摩，禮陶樂淑是也。「洽」，《說文》云：「沾也。」徐徐淪注，非用威武以震疊之也。徐光啟云：「『令聞不已』是虛，『矢其文德』是實。武節飆逝，一時之功也；協氣橫流，萬年之計也。至於文教浹洽，而治安之慶永世無斁，令聞不已，其在斯乎！」嚴云：「宣王方以武功褒虎，而虎乃以文德勉宣王，蓋不矜己之功而納君於德，意度遠矣。」朱子云：「言武功之不可恃，亦所以戒之也。」《禮・

〔註32〕「主」，劉瑾《詩傳通釋》卷十八、胡廣《詩傳大全》卷十八、錢澄之《田間詩學》引謝枋得之說俱作「王」。

《孔子閒居》篇云：「三代之王也，必先其令聞。《詩》云：『明明天子，令聞不已。』三代之德也。『弛其文德，協此四國』，大王之德也。」

　　《江漢》六章，章八句。朱子謂「宣王命召公平淮南之夷，詩人美之」。鄒云：「《江漢》明言伐淮夷，《常武》明言征徐國，何必取南北為目？曰淮夷，則淮南、淮北兼舉之矣。《常武》所云『淮浦』、『淮濆』，指所經歷及駐劄之地，未嘗指淮夷也。」《申培說》雷同朱《傳》，而但歸作詩者於史籀，不根殊甚。《子貢傳》闕文。

無衣

《無衣》，復王仇也。周宣王以兵七千，命秦莊公伐西戎。周從征之士賦此。據金履祥《通鑒前編》，以此詩屬之莊公，今從之。按：《史記》：「周厲王無道，西戎反王室，滅犬丘大駱之族。宣王即位，以秦仲為大夫，誅西戎。後仲死於戎。有子五人，其長者曰莊公。宣王乃召昆弟五人，與兵七千，使伐西戎，破之。於是復予秦仲後及其先大駱地犬丘並有之，為西垂大夫。莊公居其故西犬丘。」

豈曰無衣？與子同袍。叶尤韻，蒲侯翻。王于興師，脩我戈矛，尤韻。與子同仇。尤韻。《吳越春秋》作「讎」。○賦也。嚴粲云：「曰子者，行伍相爾汝也。」「袍」，《爾雅》、《說文》皆云：「襺也。」孔穎達云：「《玉藻》：『纊為襺，縕為袍。』《注》謂『衣有著之異名也。縕謂今纊及舊絮也』。然則純著新綿名為襺，襍用舊絮名為袍。雖著有異名，其制度是一，故云『袍，襺也』。」「與子同袍」，猶所謂解衣相衣者。「王」，周天子也。「于」，《爾雅》云：「曰也。」李氏云：「按：《左傳》：『欒武子曰：楚自克庸以來，其君無日不討國人，而訓之於民生之不易。』杜元凱以『於』為『曰』，與此正同。」「脩」，通作「修」，理也。「戈」，《說文》云：「平頭戟也。從弋，一橫之。象形。」徐鍇云：「謂戟小支上向則為戟，平之則為戈。」鄭玄云：「今之句子戟也。或謂之雞鳴，或謂之擁頸。」「句」，亦作「鉤」。「子」，亦作「釨」。孔云：「鉤子戟，如戟而橫安刃，但頭不向上為鉤也。」《考工記》云：「戈廣二寸，內倍之，胡三之，援四之。」又云：「戈柲六尺有六寸。」按：內謂刃下接柄處，其長四寸。胡，橫刃，即所謂鉤釨者也，其長六寸。援，直刃，其長八寸。柲即柄也。「矛」，即今之「鎗」字，亦象形。毛云：「長二丈。」孔云：「謂酋

矛也。夷矛則長二丈四尺。《考工記》謂『攻國之兵欲短，守國之兵欲長』。此言興師以伐人國，知用二丈之矛，非夷矛也。」「仇」，讎也。西戎反王室，又儼然殺天子之命吏，此必討之讎也。時七千之士從征在行者，自相告語曰：我平日所以與子衣袍必共，無分爾我者，豈誠為爾與我無衣之故哉？正以我輩居則為比閭族黨之民，出則為伍兩軍師之眾。倘一日焉，王命興師，則將飭我戎器，與子同心，以讎君父之讎，是以相結締而不可解耳。言外見我輩今既奉王命征戎，正出力敵愾之日也。卒之破戎，復所侵地，所藉於同仇之奮發者，不可誣矣。謝枋得云：「《無衣》一詩，毅然以天下大義為己任，其心忠而誠，其氣剛而大，其詞壯而直，吾乃知岐、豐之地被文、武、周公之化最深。惜也，周既不能以此而令諸侯，秦復不能以此而匡王室，卒之數傳之後，其囂然好戰之習非復先王之民，真秦之民矣。」○豈曰無衣？與子同澤。叶藥韻，達各翻。《說文》作「襗」。**王于興師，脩我矛戟**，叶藥韻，訖約翻。**與子偕作**。藥韻。○賦也。「澤」，朱子云：「裏衣也。以其親膚近於垢澤，故謂之澤。」又，《說文》作「襗」，云：「褲也。」孔云：「以上袍下裳，則此亦衣名。」「戟」，《說文》云：「有枝兵也。」本作「𢧢」，從戈從榦省。榦者，枝也。今文省作「戟」。劉熙《釋名》云：「戟，格也。傍〔註33〕有枝格也。」鄭玄云：「今之三鋒戟也。」《考工記》云：「戟廣寸有半寸，內三之，胡四之，援五之。」又云：「車戟常。」謂之車戟者，以其建於車上，其制長丈六尺。晁錯云：「兩陣相近，平地茂艸，可前可後，此長戟之地也，劍盾三不當一。」「作」，《說文》云：「起也。」「仇」以心言，「作」以氣言。○**豈曰無衣？與子同裳**。陽韻。**王于興師，脩我甲兵**，叶陽韻，逋旁翻。**與子偕**《漢書》作「皆」。**行**。叶陽韻，戶郎翻。○賦也。「甲」，鎧屬。《周禮注》云：「古用皮謂之甲，今用金謂之鎧。」《釋名》云：「甲、介、函、鎧，皆堅重之名。」按：蚩尤作鎧，輿作甲。輿，少康子也。又，蚩尤以金作兵。鄭司農云：「車之五兵，戈、殳、戟、酋矛、夷矛。卒之五兵，無夷矛而有弓矢。」「行」，毛云：「往也。」心相同，氣相鼓，則可以偕〔註34〕行矣。班固云：「山西、天水、隴西、安定、北地處勢迫近羌胡，民俗修習戰備，高上勇力，鞍馬騎射，故秦詩曰『王于興師，脩我甲兵，與子皆〔註35〕行』。其風聲

〔註33〕「傍」，四庫本作「旁」。
〔註34〕「偕」，底本誤作「借」，據四庫本改。
〔註35〕「皆」，《漢書》卷六十九《趙充國辛慶忌傳》同，四庫本作「偕」。

氣習，自古而然。今之歌謠慷慨，風流猶存耳。」《左·定四年》：「吳入郢，楚申包胥如秦乞師，立依於庭牆而哭，日夜不絕聲，勺飲不入口七日。秦哀公為之賦《無衣》。九頓首而坐，秦師乃出。」以此詩凡三章，每章三韻，一韻一頓首，故有「九頓首」云。

　　《無衣》三章，章五句。《序》云：「刺用兵也。秦人刺其君好攻戰，亟用兵，而不與民同欲焉。」朱子以為「《序》意與詩情不協」，良是。然謂是「秦俗強悍，樂於戰鬥」之詩，則胥失之矣。《子貢傳》、《申培說》皆云：「秦襄公以王命征戎，周人赴之，賦此。」較為近之。然襄公之世，周西之地已為秦有，宜不復知有王。而此詩尚諄諄以「王于興師」為言，則固周人詩也。考《史記》稱「宣王以兵七千與秦莊公，使伐西戎」，正與「王于興師」之言合，故仁山金氏編次此詩屬之莊公，不為無見也。又按：《竹書》西戎殺秦仲，事在宣王六年。

崧高

《崧高》，尹吉甫美宣王也。天下復平，能建國親諸侯，襃賞申伯焉。出《序》。○《竹書》載宣王七年，王錫申伯命。鄒〔註36〕忠胤云：「《崧高》與《黍苗》相表裏。彼代為役者言，此則王朝重臣贈章祖道，詞氣迥別，且篇中雖美申伯，而多述王命，亦以見王靈之赫濯。《序》謂『美宣王。能建國親侯，襃賞申伯』，得之矣。」張文潛云：「《崧高》之所《序》，止於「建國親諸侯，襃賞申伯」。《韓奕》之所《序》，止於「能錫命諸侯」。夫武王之盛時，大邦畏其力，小邦懷其德，朝覲會同，無敢失時，征伐侵討，莫不如志，爵賞有度，錫命有禮，夫豈以為盛哉？天子之事，固若是也。一不能是，則亂而已矣。而宣王之所能，乃止於襃賞申伯，錫命韓侯，而詩人美之如是者，蓋周至厲王而亂極矣。王室衰微，諸侯肆行，王且不能有國矣，而況能建國乎！諸侯背叛，構怨連禍，而況能親諸侯乎！賞命不行於上，則襃賞申伯為可美也。錫命不行乎下，則錫命韓侯為可善也。揚子曰：『習治則傷始亂也，習亂則好始治也。』方宣王之初，可謂習亂矣。而宣王之始，能行天子之職，詩人為樂其始治而好之，此所以美之也。」郝敬云：「吉甫對揚於朝，而國史錄之，

〔註36〕「鄒」，底本誤作「鄭」，據四庫本改。按：原出鄒鄒忠胤《詩傳闡》卷二十
　　　　《大正續·崧高篇》（《四庫全書存目叢書》經部第65冊，第758頁）

聖人存之,以表親親崇賢,封建復古之治耳。人臣立功紀勳,著於《小雅》。人主治定功成,見於《大雅》。詩至《大雅》,作者之志愈遠,而《序》者之義愈深。故《雲漢》不為救旱,以明格天之德;《嵩高》不為贈行,以明親賢之禮;《烝民》不為贈山甫,以表能使之功;《梁山》不為美韓封,以紀馭福之柄。《江漢》以下皆可知也。」

崧《風俗通》作「嵩」。高維《禮記》作「惟」。嶽,陸德明本、豐氏本俱作「岳」。駿《禮記》、豐本俱作「峻」。極于天。叶真韻,汀因翻。維嶽降神,真韻。生甫豐本作「呂」。下同。及申。真韻。維申及甫,維《禮記》作「為」。周之翰。叶先韻,胡田翻。四國于蕃,叶先韻,汾沿翻。四方于宣。先韻。○賦也。「崧」,毛《傳》云:「高貌。」劉熙云:「竦也。」孔穎達云:「山形竦然,故為高貌。」「崧」,古文亦作「嵩」,《說文》因解為「嵩高山」。按:《爾雅》:「山大而高曰崧。」郭璞《注》謂「今中嶽崧高,蓋依此名」。然則凡大山之高竦者皆可以崧稱。因中嶽高大,故取崧以名之,非崧專為中嶽之名也。觀郭《注》了然。「嶽」,即《周禮》所謂「嶽山」,雍州鎮也。古文「嶽」、「岳」通用,故《爾雅》又作「岳」。凡天下諸山之得專以嶽名者,惟此山耳。一名吳山。古文以為汧山,在今陝西鳳翔府隴州南八十里。唐為西鎮。山聳五峰,一曰西顛,二曰大賢,三曰靈應,四曰會仙,五曰望輦,見《雍大記》。其名不雅,非古名也。舊說皆謂指四嶽言。按:四嶽始見於堯、舜時,以堯建官主四方之嶽,故《堯典》每云「諮四嶽」。至舜五載一巡守,東至岱宗,南至南嶽,西至西嶽,北至北嶽,所謂四嶽也。然自岱宗而外,皆未明言其處。至《周禮》有五嶽,《爾雅》稱泰山為東嶽,華山為西嶽,霍山為南嶽,恒山為北嶽,嵩山為中嶽是也。泰山在今山東濟南府泰安州北五里。華山在陝西西安府華州華陰縣南十里。霍山即衡山,在湖廣衡州府西衡山縣西三十里。恒山在直隸真定府定州曲陽縣北一百四十里。嵩山在河南河南府登封縣北十里,《禹貢》之外方也,東為太室,西為少室,相去十七里,嵩其總名也。衡山一名霍,與泰山一名岱,皆一山而有二名,故孔安國、鄭玄、服虔及《孝經鉤命決》、《龍魚河圖》皆以衡山為南嶽,而《書傳》、《白虎通》、《風俗通》、《爾雅》、《廣雅》、《說苑》諸書並以霍山為南嶽,衡、霍一也。乃直隸廬州府六安州有霍山,即天柱山。漢武南巡,以衡山遼曠,移嶽神於此而祀焉,其後因得霍山之名。張揖、郭璞並以天柱當之,非也。然考《禮記》言「天子祭天下名山,五嶽視三公」,而《書‧周官》篇乃言「六年五服一朝」,

又，「六年王乃時巡，考制度於四嶽，諸侯各朝於方岳」，則意祭告有五嶽，而
壝考功德之處仍止四嶽，固與唐、虞不異耳。五嶽之名雖見《爾雅・釋山》
篇，而其發首則云「河南華，河西嶽，河東岱，河北恒，江南衡」，與五嶽微
異者，增河西之嶽而不數嵩高。而《周禮・職方氏》列九州山鎮之名，正西曰
雍州，其山鎮曰嶽山，嵩高亦不與焉。鄭玄注《周禮》「五嶽」因此，遂取吳
山與岱、衡、恒、華以足其數。而其注《康誥》有云：「岐、鎬處五嶽之外，
周公為其於正不均，故東行於雒邑，合諸侯，謀作天子之居。」是西都無西
嶽，權立吳嶽為西嶽。《爾雅》嵩高為中嶽、華山為西嶽者，據東都地中而言
爾。今即未知鄭說信否。然此詩之言「維岳」，既與《周禮》、《爾雅》所言山
名相合，又為雍州之鎮，依文求義，其為嶽山，斷斷無疑也。「駿」，通作「峻」，
《說文》云：「高也。」「極」，毛云：「至也。」言其高竦之勢將至於天也。山
高近天，亦大臣近天子之象，五嶽之所以視三公也。「降」，《說文》云：「下
也。」孔云：「降其神靈和氣也。」「甫」，據鄭玄《禮記注》云：「仲山甫也。」
「申」，即下章「申伯」也。《後漢書》：「劉陶云：『周宣用申、甫，以濟夷、
厲之荒。』」舊說依毛《傳》，指嶽為四嶽之神。以堯之時，姜氏為四伯，掌四
嶽之祀，申、呂皆其苗裔，故詩以為嶽神所生。而據孔安國稱呂侯後為甫侯，
故《尚書・呂刑》篇名、《禮記》引作「甫刑」，因遂以此詩所言甫即指穆王時
甫侯也。嚴粲不然其說，謂「申伯光輔中興，而遠取周道始衰之甫侯以匹之，
非所以襃揚申伯」，其論確矣。或又疑「甫」、「父」古文通用。仲山甫，《國
語》作「仲山父」。至如吉甫、蹶父、皇父、休父之類，亦皆以甫、父為名字，
安見其為仲山甫乎？愚但就詩文證之，唯仲山甫、吉甫字俱作甫，而其餘蹶
父、皇父、休父皆是父非甫，何虞其混？若吉甫既為作詩之人，必無自贊之
理。而《烝民》之詩美仲山甫，篇中亦明著為吉甫所作，則此詩以申、甫並
言，乃似統為二詩發端，亦可以見甫之為仲山甫，又斷斷無疑也。「生甫及申」，
敘甫於申之前者，或以爵，或以齒差次之，皆未可知，定非泛泛趁韻。嶽山與
岐周相近，乃肇基王跡之地。推本二人之生於神降者，猶曰祖宗神靈之所孕
毓云爾。黃佐云：「凡氣之靈處則為神，神之靈處則為人。故曰人者，鬼神之
會也。韓子論衡山，謂其蜿蜒扶輿，磅礴而鬱積，則白金、水銀、丹砂、石英
等物皆不足以當其奇，意必有魁奇才德之民生於其間也。是亦不過以氣之神
而為人之神耳。」嚴云：「詩人之意，謂申伯佐宣王中興，關國家之運，則其
生必不凡，故設為神異之辭。言崧然而高竦者嶽也，其山駿大，極至於天，惟

此嶽降其神靈，以生仲山甫及申伯也。當時仲山甫為相，申伯亞於山甫，此詩為美申伯而以山甫並言，蓋為申伯與山甫伯仲間耳，借山甫以大申伯也。推原於嶽降以尊之，猶《烝民》言『天生仲山甫』耳。或者疑甫為字，申為國，則名稱不類，故以申甫皆為國。不知古人文辭難以例拘。《舜典》稱『稷契』，稷以官，契以名。漢稱『絳灌』，絳以封邑，灌以姓。皆不類也。」「維申及甫」，又先申後甫者，明此詩為贈申伯而作，自宜主申伯以立言耳。「翰」，鳥羽也，言其為王室之羽翼。鳥有兩翼，亦見二人闕一不可也。「四國」，四方之國。「蕃」，通作「藩」。《晉語》：「以蕃為軍。」韋昭《注》云：「籬落也。」王安石云：「言捍蔽也。」「四方」，則自四國之外廣言之。張文潛云：「四國有所界，內也。四方無所限，外也。《民勞》曰：『惠此中國，以綏四方。』則中國者，四國也。四方，外也，故先中國而後四方，則四國為內可知也。」又曰：「『惠此京師，以綏四國』者，蓋四國比四方為內而比京師為外。京師者，王所都而已，故其言如此。」「宣」者，遍布之義。布威靈、布德澤皆是也。言二人雖身在王朝，而能佐王制馭宇內，故四國則於以藩蔽其患難，四方則於以宣布其威德，此皆指已然之效言。《禮記·孔子閒居》篇云：「清明在躬，志氣如神。耆欲將至，有開必先。天降時雨，山川出雲。其在《詩》曰：『崧高維嶽，駿極于天。維嶽降神，生甫及申。維申及甫，為周之翰。四國于蕃，四方于宣。』此文、武之德也。」嚴云：「謂文、武之德施及後世，故天生申甫以佐中興。」魏了翁云：「蓋自天地山川之神氣鍾而為人，是心清明，與宇宙之內流行發見者實同一原，又推本而求之，有如甫申之生，乃緜十世而上，文、武二王積德所感。嗚呼！人之此心與天地山川相為流通，固也。而人物之生，又繫乎時數清明之感、山川英靈之會、祖宗德澤之積，然則是豈數數然哉！」○亹亹豐本作「娓娓」。**申伯**，王纘《韓詩》作「踐」。《潛夫論》作「薦」。**之事**。寘韻。**于邑于謝**，《潛夫論》、《路史》俱作「序」。**南國是**《潛夫論》作「為」。**式**。叶寘韻，式吏翻。豐本「是式」作「之紀」。**王命召**音邵。後同。**伯**，陌韻。**定申伯之宅**。陌韻。**登是南邦**，叶東韻，悲工翻。**世執其功**。東韻。○賦也。「亹」，《爾雅》訓「勉」。《說文》無「亹」字，當通作「娓」，其義訓「順」，兼此二義。見臣道無成代終之意。「申」，國名。王符謂「在南陽宛北序山之下」，即今河南南陽府南陽縣是也。李氏云：「按：《史記·周本紀》，申者乃侯爵也。以其為方伯，故謂申伯。」嚴云：「方伯者，一方之牧也。」黃佐云：「召公稱伯，恐亦是如此。」「王」，宣王也。

後仿此。「纘」，《爾雅》、《說文》皆云：「繼也。」李云：「『王纘』繼之以『事』，如《北門》『政事一埤益我』。」「于」，鄭云：「往也。」下同。「邑」，指申言。王安石云：「國之所都，亦曰邑。『作邑于豐』、『商邑翼翼』是也。」「謝」，國名，在今河南汝寧府信陽州。歐陽修《謝絳銘》云：「黃帝後，昔周滅之，以封申伯，在南陽之宛。」羅泌《路史》云：「其地西甚廣。」嚴云：「《西漢·地理志》，申國在南陽宛縣。《後漢·地理志》，謝城在南陽棘陽縣東北百里。申、謝其地相近。」愚按：時必宣王命申伯於申、謝之間，有所經營，故先自京師而往其國邑，繼又從其國邑而往謝，正上文所謂「王纘之事」者也。「于謝」，或即是命之滅謝，特舊史無明文耳。林氏云：「宣王之世，申伯以王舅大臣為南國屏翰，蓋前此申在王畿之內，而宣始分封之，以扞〔註37〕城〔註38〕王室。楚經營北方，大抵用申、息之師，其君多居於申，合諸侯亦在焉。秦、漢之際，南陽為要地，高祖踰宛攻武關，張子房曰：『強秦在前，強宛在後，此危道也。』漢與楚相持，常出武關，收兵宛、葉間。光武起南陽，以宛首事。申即宛也。」王應麟云：「當成周者，南有申、呂。《左傳》：『楚子重請申、呂以為賞田。申公巫臣曰：不可。此申、呂所以邑也，是以為賦，以禦北方。』蓋楚得申、呂而始彊茲，所以為周邑之屏翰與？高帝入關、光武起兵皆先取宛，其形勢可見。」李忠定嘗言天下形勢，關中為上，襄、鄧次之。季本云：「謝近於荊，而荊與徐連，舊嘗表裏為江淮諸國之患。穆王以降，周德寖衰。至於厲王，失道滋甚，江、淮上下，荊、徐並興。宣王命將以伐荊而蠻荊威，自將以伐徐而淮夷服，於是使召虎疆理江漢。申在漢陽，因使虎徹謝土田，以築城定宅焉。謝，荊、徐之要衝也，其扼吭之慮遠矣。」「南國」，南方諸侯之國。「式」，《說文》云：「法也。」「南國諸侯」，見申伯有於蕃於宣之能，則皆以之為法式也。「召伯」，孔云：「以《常武》之《序》知召伯是召穆公也。」王肅云：「召公為司空，主繕治。」「宅」，《爾雅》云：「居也。」宅是鎬京之宅，該宗廟宮室城郭之類。王嘉申伯之能式南國也，思並以謝與之，乃使召伯更定申伯所居之國，欲使自申而遷於謝也。但尚未明言，至下章「王命申伯」乃定指其地，而召伯遂因而成之耳。「登」，《爾雅》云：「升也。」申伯在南邦中獨膺加地進律之賞，是升之於此南邦也。「執」者，持守之意。

〔註37〕「扞」，四庫本作「干」。

〔註38〕引文見王應麟《詩地理考》卷四《謝　南國》。「扞城」，《詩地理考》作「捍衛」。

「功」，即蕃宣之功。世世子孫長有此土，以持守其蕃宣之功，欲其與國咸休，久而不替也。〇**王命申伯，式是南邦**。叶見前章。**因是謝人，以作爾庸**。叶東韻，讀如融，余中翻。**王命召伯，徹申伯土田**。先韻。亦叶真韻，他因翻。**王命傅御，遷其私人**。真韻。亦叶先韻，如延翻。〇賦也。申伯出為諸侯，所治者不過一國而已。而命之式是南邦者，使之為州牧也。使為州牧，則當改大其邑，故以謝地界之。曰「因是」者，蒙上章「於謝」之文也。「作」，《說文》云：「起也。」「庸」，《爾雅》云：「勞也。」《說文》云：「用也。」字從用從庚。庚，更事也。《周禮》云：「民功曰庸。」按：《鄭語》：「桓公問於史伯曰：『謝西之九州何如？』對曰：『其民沓貪而忍，不可因也。惟謝、郟之間，其冢君侈驕，其民怠沓其君，是易取也。』」《注》謂「州者，二千五百家之州」。以此推之，則謝地甚廣。其國新為宣王所滅，其人必有難治者。宣王既使申伯往謝以經理之，而今又使之改封於謝以鎮壓之，故其命之之辭謂因是謝地之人，俾之屬爾統轄，以奮起爾之事功也。「徹」者，周之稅名。詳見《公劉》篇。用徹法以正其土田，則經界之修明，稅賦之畫一，皆在其中矣。此即《黍苗》篇所云平原隰、清泉流之事。沈萬鈳云：「《韓奕》言『實畝實籍』，《江漢》言『徹我疆土』，而此言『徹申伯土田』，蓋自厲王貪暴而稅法壞盡矣。宣王中興之美，此亦可見其一。」「傅御」者，鄭云：「貳王治事，謂冢宰也。」孔云：「三公有太傅，知此非者，以王之所命，當有職事。三公無職，故知非也。僖二十八年《左傳》曰：『鄭伯傅王』，是謂輔相王事者為傅也。副貳於王，以治國事者，唯冢宰為然。故知謂冢宰。」「私人」，毛云：「家臣也。」孔云：「對王朝之臣為公人，家臣為私屬也。《有司徹》云：『主人降獻私人。』《注》謂『大夫言私人，明不純臣』。此申伯雖是王之卿士，亦是不得純臣，故稱私人也。」愚按：此即第七章所云「徒御」者。「遷其私人」，謂先定其名籍以待遷耳，非先使之就國。孔謂「其遷猶與申伯同行」是也。〇**申伯之功，召伯是營**。庚韻。亦叶陽韻，於方翻。**有俶**陸本作「併」。**其城**，庚韻。亦叶陽韻，辰羊翻。**寢廟既成**。庚韻。亦叶陽韻，辰羊翻。**既成藐藐**，叶質韻，莫筆翻。**王錫申伯**。叶質韻，必益翻。亦叶藥韻，卜各翻。**四牡蹻蹻**，藥韻。亦叶沃韻，拘玉翻。**鉤膺濯濯**。叶沃韻，廚玉翻。亦叶藥韻，書藥翻。〇賦也。「功」，猶事也，與「世執其功」之「功」不同。此指工役之事言，觀《黍苗》篇言「肅肅謝功，召伯營之」可見。「營」者，周匝相度之意。規制新邑而自居之，乃申伯之事，而今召伯則奉王命為

之相度也。「俶」,《爾雅》以為「始」,《說文》以為「善」。兼此二義,言創始為之而甚善也。堅完之謂善。「城」,《說文》云:「以盛民也。」「寢廟」,宗廟也。前曰廟,後曰寢,詳見《巧言》篇。專舉「寢廟」,亦營宮室先宗廟之意。「既」者,已事之辭。「成」,《說文》云:「就也。」城以納民而扞患,廟以奉先而萃渙,皆謝功之大者。下「既成」,只蒙上文言。「寢廟既成」,則其餘功之小者皆可以兼該之矣。「藐」,通作「邈」,《說文》云:「遠也。」《上林賦》:「微睇綿藐。」《注》亦以「綿藐」為「遠視貌」。《左傳》「以是藐諸孤」,《孟子》「說大人則藐之」,其義皆同。謝去周京頗遠,故云「藐藐」也。此結王命召伯定申伯之宅一案,亦為下文遣行發端。或問朱子:「《崧高》、《烝民》二詩皆是遣大臣出為諸侯築城,不知當初何故不教本土人築?」朱子曰:「此也曉不得。封諸侯,故是大事。看《黍苗》詩,當初召伯帶領許多車徒人馬去,也是勞攘。古人重勞民,如此等事卻又不然,更不可曉。如漢築長安城,如今建州南劍上下築城,皆去別處調人來,都曉不得。」鄧元錫云:「古王者封諸侯,諸定宅,俶城,作寢廟,至於徹田,皆司空職之。司空掌邦土也。又董工作,既成而全畀之,昨之土之道也。亦嫌侯始就國,以寢廟工作之事遽勤民焉。曲而至矣。」「錫」,通作「賜」,《說文》云:「予也。」謝功既成,就封有日,故又賜之車馬。「四牡」,所以駕車者。「蹻」,《說文》云:「舉足行高也。」以非一馬,故重言之,見其壯也。「鉤膺」,毛云:「樊纓也。」詳見《采芑》篇。乃馬腹帶之飾,非金路馬領之鉤也。按:《周禮·巾車》職云:「象路,朱樊七就,異姓以封。」申伯,異姓諸侯,只宜用象路耳。「濯濯」,鮮明之貌。季云:「此章言營謝既成而始命申伯以往,不以工役累其心也。」○**王遣申伯,路車乘馬。**叶囊韻,滿補翻。**我圖爾居,莫如南土。**囊韻。**錫爾介**《爾雅注》作「玠」。**圭,**《爾雅注》作「珪」。**以作爾寶。**皓韻。亦叶囊韻,彼五翻。**往近**豐本作「辺」。**王舅,南土是保。**皓韻。亦叶囊韻,彼五翻。○賦也。「遣申伯」者,孔云:「發遣申伯,令使之國也。」「路車」,象路也。四馬曰乘,即上章所云「四牡」也。上章言馬而未及車,故此又合車馬總言之。「圖」,《說文》云:「畫計難也。」徐鍇云:「規畫之也,故從口。啚者,吝嗇,難之義也。」《爾雅》云:「謀也。」南土所包者廣,凡南方之國皆是。謝地亦在其中,故以「南土」言。曰「莫如」者,非徒以地美人眾,有酌全才、擇重地意。圭之類不同。其制上圓下方,介圭居其一。「介」,通作「玠」,《說文》云:「大圭也。」《爾雅》云:「圭大尺二寸謂之玠。」《注》訓大為長

也。鄭《箋》訓介圭從此說。按：《考工記》玉人之事云：「鎮圭尺有二寸，天子守之。命圭九寸，謂之桓圭，公守之。命圭七寸，謂之信圭，侯守之。命圭七寸，謂之躬圭，伯守之。天子執冒四寸，以朝諸侯。大圭長三尺，杼上終葵首，天子服之。」《周禮·典瑞》職云：「王晉大圭，執鎮圭，繅藉五采五就，以朝日。」據此，則《爾雅》所謂珩即所謂鎮圭。鎮圭與大圭其長不同。《說文》訓珩為大圭，混也。又，《書·顧命》言「太保承介圭，上宗奉同瑁」。王惟朝日，始執鎮圭，搢大圭。若見諸侯，則執瑁圭耳。此承與奉所以不同也。至如公、侯、伯守圭名桓、信、躬，不名介，故宜從鄭說。「寶」，《說文》云：「珍也。」徐鍇云：「人所保也。」「以作爾寶」者，言錫此物以為爾之所貴重也。陳祥道云：「夫王之大圭長三尺，則尺有二寸，所以錫諸侯者也。諸侯之圭長不過九寸，錫以尺有二寸，使寶之而已。」愚按：《典瑞》職云：「珍圭以徵守，以恤凶荒。」杜子春云：「珍當為鎮。書亦或為鎮。以徵守者，以徵召守國諸侯，若今時徵郡守以竹使符也。鎮者，國之鎮。諸侯亦一國之鎮，故以鎮圭徵之也。凶荒則民有遠志，不安其土，故以鎮圭鎮安之。」鄭玄云：「珍圭，王使之瑞節。王使人征諸侯，憂凶荒之國，則授之執以往致王命焉，如今時使者持節矣。凡瑞節歸，又執以反命。」詳杜、鄭二說，乃識此詩「錫介圭」之意。王命申伯鎮撫南土，故使之執介圭而往以鎮安之，如王自行也。「介圭」，王之守器。申伯執此物，即王之威靈在焉。當加寶重，不敢褻也。又按：《論語》言「執圭，鞠躬如也」，亦是使臣執諸侯之圭，可以相證。「往」，謂申伯之國也。「近王舅」，指南土諸國言。《說文》云：「母之兄弟為舅，妻之父為外舅。」申伯稱王舅，疑是后父。《漢書·外戚恩澤侯表》云：「其餘后父據《春秋》褒紀之義，帝舅緣《大雅》申伯之意，寖廣博矣。」又以《列女傳》證之，宣后稱姜后。申國姜姓，而後章亦有「申伯番番」之語。「番番」者，老也。此非后父而何？「保」，猶安也。言申伯往矣，表裏江淮，控帶荊、徐，為南方巨鎮，凡地近王舅，遍南土之諸侯，皆將賴是以保安也。自「我圖」至此，皆冊遣之辭。一說：萬象烈云：「此介圭也，自王錫之，往與王舅朝夕親近，而不相離，以保此南土。」亦通。〇申伯信邁，王餞于郿。支韻。亦叶寘韻，明秘翻。申伯還南，謝于誠歸。叶支韻，俱為翻。亦叶寘韻，求位翻。王命召伯，徹申伯土疆。陽韻。豐本作「畺」。以峙陸本作「時」。其粻，陽韻。式遄其行。叶陽韻，戶郎翻。〇賦也。「邁」，《說文》云：「遠行也。」「信邁」，猶云果行也。「餞」，《說文》云：「送去也。」鄭云：「送行

飲酒也。」《一統志》云:「古郿城,在今陝西鳳翔府郿縣北十五里渭水之北也。」鄭云:「時王蓋省岐周,故於郿云。」孔云:「申在鎬京之東南,自鎬適申,塗不經郿。時宣王蓋省視岐周,申伯從王至岐,自岐遣之,故餞之於郿也。岐周,周之所起,以有先祖之靈,故時省之,非為申伯故往。王先在岐,得召公之報,知營謝已訖,召申伯於鎬,至岐周而命之也。」嚴云:「郿即董卓所築郿塢。郿、豐皆在鎬京之西,其地相近。王命申伯為州牧,改邑於謝,必冊命於文王之廟,故告廟畢而飲餞於郿也。《祭統》云:『賜爵祿必於太廟。』《召誥》:『王朝步自周,則至於豐。』《注》謂『文王之廟在豐』。命諸侯必至豐告廟,于周受命亦豐廟也。」「還」,《說文》云:「復也。」言復之鎬京也。「南」,指謝也。「還南」二字中具有轉折。自郿至鎬,繇是而南也。按:輿地,岐周最在西北,稍東則為郿,又東則為鎬,而謝又在鎬之東南。或誤謂南還於鎬,然後適謝,豈知鎬在東,不在南也。「誠歸」,言始成行也。申伯改封於謝,則謝是其本國,故以往為歸。「謝于誠歸」者,鄭云:「誠歸於謝也。」孔云:「古人之語多倒,故申明之。」嚴云:「申伯志存王室,宣王恩隆元舅,人疑其未必往謝,故言『信邁』、『誠歸』,謂果然成行也。」陸化熙云:「曰『信』、曰『誠』,見王不能捨伯,伯亦不能去王。唯其勢不得已,故黽勉辭去。」「王命召伯」,是重複追述之辭,非謂此時更命也。「徹土疆」,與上「徹土田」同,言徹土田之疆界也,意在喚起下「峙糧」一語。言追自王命召伯徹土田之時,而已預峙其糧,謂取井田十一之賦,以供委積之用也。此結前「王命召伯,徹申伯土田」一案。「峙」,本作「偫」,《說文》云:「待也。」徐鍇云:「按:《漢書》:『張忠為孫寶設儲偫物,以待須索也。』」「糧」,《說文》云:「食米也。」「式」,發聲也。「遄」,《爾雅》云:「速也。」「式遄其行」,是預計其如此。鄭云:「自京至國,在路所須,命皆預備委積,以速申伯之行。繇在道無所闕乏,故得疾至也。」按:《周禮·地官·遺人》職云:「凡國野之道,十里有廬,廬有飲食;三十里有宿,宿有路室,路室有委;五十里有市,市有候館,候館有積,少曰委,多曰積。」季云:「觀申伯至此方行,則其事可以需遲,而當在荊徐既服之後矣。」○**申伯番番**,叶先韻,孚焉翻。亦叶歌韻,逋禾翻。**既入于謝。**《楚辭章句》作「徐」。**徒御嘽嘽**,叶先韻,於權翻。亦叶歌韻,託何翻。**周邦咸喜。**戎豐本作「我」。**有良翰**,叶先韻。見首章。不豐本作「丕」。**顯申伯。王之元舅,文武是憲。**叶先韻,孚焉翻。○賦也。「番」,通作「皤」,《說文》云:「老人白也。」《秦誓》:「番

番良士」，義亦同此。觀其先言詢茲黃髮，而以良士為旅力既愆，又與仡仡勇夫對言，則其為高年之狀可知矣。「既入于謝」者，黃佐云：「言自此而入於彼，非已到謝也。」「徒御」，毛云：「徒，行者。御，車者。」聲之緩者曰嘽。此「嘽嘽」，亦取緩義。鄭訓為「安舒」是也。此據其去時之儀如此，結前「王命傅御，遷其私人」一案。「周邦咸喜」者，京師之臣若民皆聚觀而喜也。「戎有良翰」者，周人自相謂之辭。「戎」之為「汝」，音之轉也。古者「戎」有「汝」音。「良」，《說文》云：「善也。」申伯在王朝則王朝重，在南土則王朝益重，以其保南土於外，而內之王朝愈安，故曰「良翰」。與首章「維周之翰」相應。「不顯」三句，吉甫推咸喜之意而誇美之也。「不顯」，即「丕顯」也，以聞望言。「元」字從一在兀上。徐鍇云：「高也。」舅以元稱，謂輩行之高尊者。黃佐云：「王之元舅似常事，何足道者。然觀韓信拜大將而一軍皆驚，則位望亦未可全輕也，故道及之。」「文武」，毛云：「言有文有武也。」愚按：文武是德之見於才者，乃據申伯平日在王朝而言。文能經邦，武能戡亂。蕃宣之績，所自來也。「憲」，《爾雅》云：「法也。」鄭云：「表也。」凡法令以表懸之謂之憲。是憲即「南國是式」之意。言「丕顯申伯」，豈徒以其為王之元舅而人瞻仰之哉，亦以其有文武全才，足為南國諸侯法式，此所以咸喜其為良翰耳。錢天錫云：「因親建賢，疑為王者之私恩，以親蒙寵，亦非申伯之休美，故特鋪張其賢，見錫之、遣之、餞之以華其行者，非止為一外戚之榮而已。」○**申伯之德**，職韻。**柔惠且直**。職韻。揉陸本作「柔」。**此萬邦，聞于四國**。職韻。**吉甫作誦，其詩孔碩**。陌韻。亦叶藥韻，實若翻。**其風肆好，以贈**崔靈恩《集注》作「增」。**申伯**。陌韻。亦叶藥韻，卜各翻。○賦也。德高文、武一層，承上章言申伯所以有文武之才者，以其本於有「柔惠且直」之德耳。「柔」者，對「剛」之名。「惠」，《說文》云：「仁也。」《爾雅》云：「順也。」「直」，《說文》云：「正見也。」《荀子》云：「是謂是，非謂非，曰直。」惟有柔惠之德，故能文。惟有直之德，故能武。中加一「且」字，見兼濟之妙。張文潛云：「柔者嫌於無立，不能剛而有立，則其為柔惠也，撓而已矣。夫惟『柔惠且直』者，外柔順而內不撓者也。夫直者，所以為無撓也。」「揉」，《說文》云：「屈伸木也。」強者治以剛，弱者撫以柔之謂，此足以徵其文武矣。「萬邦」，即「四國」。舉其多而言則曰萬邦，就其方而言則曰四國。「聞」跟「揉」字來，謂懷其柔惠者頌仁，憚其直者頌義也。此皆追申伯在王朝時而言，觀「揉此萬邦」語可見。若在往謝後，則但當云揉此南邦，

不得汎及萬邦矣。「吉甫」，毛云：「尹吉甫也。周之卿士。」孔云：「其先嘗為
尹官而因氏焉。《六月》言宣王北伐，吉甫為將。禮，軍將皆命卿也。」「作
誦」，毛云：「作是工師之誦也。」孔云：「詩者，工師樂人誦之以為樂曲，欲
使申伯之樂人常誦習此詩也。」「孔」，甚。「碩」，大也。詩中所指陳者甚大，
有繫於天下國家也。「風」，鄭云：「風切申伯也。」按：聲之足以感人者為風。
「肆」，朱子云：「遂也。」取披拂四散之意。「好」，《說文》云：「美也。」意
無不盡，辭無不美，足以感動申伯矣。或謂此雅詩而有風體，非是。詩言志，
吉甫豈按風雅之體而作詩者乎？「贈」，《說文》云：「玩好相送也。」毛云：
「增也。」孔云：「凡贈遺者，所以增長前人。贈之財，使富增於本。贈之言，
使行增於義也。」「以贈申伯」者，詳美其已往，所以益勉其將來，如德則「柔
惠且直」也，才則「文武」也，功則「四國于蕃」、「四方于宣」也。循此不替，
則可以保是南土，而永為周之翰矣。此吉甫作詩送行之意。崔靈恩謂「增益
申伯之美」是也。孔云：「此詩之作，主美申伯而已。申伯有德，王能建之，
美申伯亦所以美宣王，故為宣王詩也。」鄒忠胤云：「夫『柔惠且直』，『揉萬
邦』而『聞四國』，申伯固宜為『文武憲』矣。豈可因王之元舅而反掩其德？
謝功之營，亦豈猥與後世恩澤侯可同日語哉？至其後人逆節，亦非憑椒房之
寵，內執朝權，如王、竇、閻、梁輩也。嗟夫！為媾為寇，斯其故，蓋難言
之。而以造端咎《崧高》，過矣。」又，郝敬云：「按：申伯以王元舅褒封晉
錫，可謂厚矣。未幾，以幽后見黜，率犬戎殺幽王而滅宗周，申為戎首焉。然
則宣王之褒賞元舅，與後世主寵任外戚移祚篡國者，何以異乎？故天子有道
則萬國親，無道則親戚叛。《易》曰：『匪寇，婚媾。』反覆手之間而已。父子
相繼，宣興幽滅，可不畏哉！故《國風》存《揚之水》，《大雅》錄《崧高》，
聖人有微意焉。誦者見其美而忘其規，泥其辭而不逆其志，烏可與言詩矣？」
王應麟云：「外戚秉政，未或不亡。漢亡於王莽、何進，晉亡於賈謐，唐幾亡
於楊國忠，石晉亡於馮玉。」愚按：《竹書》紀王錫申伯命在宣王七年，又紀
四十一年，王師敗於申。則申人之逆王命，已在宣王之季矣。

　　《崧高》八章，章八句。朱子謂「宣王之舅申伯出封於謝，而尹吉甫
作詩以送之」。《申培說》同。此但據篇中約略成文，固自不謬。然使作詩之大
意非為美王，則不過朋友相送之詩，但當列之《小雅》，何以入《大雅》乎？
《子貢傳》闕文。

黍苗

《黍苗》，營謝也。宣王封申伯於謝，命召穆公往營城邑，故將徒役南行，而行者作此。自「宣王」下俱出朱《傳》。○朱子云：「此詩與《大雅·崧高》相表裏。」鄒忠胤云：「《崧高》何以繫之《大雅》，《黍苗》何以繫之《小雅》，固知體裁音律自爾不等。蓋《黍苗》即非作於行役庶士，亦代為行役庶士言。若《崧高》鋪敘宏闊，自是名公鉅章。此大小雅所繇別與？」愚按：《崧高》意重申伯，此意重召公，命旨各別。

芃芃黍苗，陰豐氏本作「黔」。雨膏叶號韻，居號翻。之。悠悠南行，召音邵。後同。伯勞叶號韻，郎到翻。之。興也。「芃芃黍苗，陰雨膏之」，解見《下泉》篇。以陰雨能澤物，興召伯能撫下。「悠」，《說文》云：「憂也。」《爾雅》云：「思也。」字從心。國有大役，眾之所憚，又地遠而時久，則憂思迸集矣。北自鎬京至謝，故曰「南行」。孔穎達云：「以《崧高》言『王命召伯，定申伯之宅』，又曰『因是謝人』，與四章『肅肅謝功』相當，故知此南行謂宣王之時，召伯營謝邑，將徒役南行也。」「召伯」，韋昭云：「召康公之子，穆公虎也。」「勞之」，謂慰其勞苦，恤其饑渴，拊循勸勉，如天澤沃然。其勞也，蓋膏也。孔云：「此言『南行』，是舉其始去而勞之。」《左·襄十九年》：「季武子如晉拜師，晉侯享之，范宣子為政，賦《黍苗》。季武子興，再拜稽首，曰：『小國之仰大國也，如百穀之仰膏雨焉。若常膏之，其天下輯睦，豈惟敝邑！』」《晉語》：「秦伯燕公子重耳，子餘使重耳賦《黍苗》。子餘曰：『重耳之卬君也，若黍苗之卬膏雨也。若君實庇蔭膏澤之，使成嘉穀，薦在宗廟，君之力也。君若昭先君之榮，東行濟河整師，以復彊周室，重耳之望也。』」○我任豐本作「壬」。我輦，我車我牛。叶支韻，魚其翻。我行既集，蓋云歸哉。叶支韻，將其翻。○賦也。召伯知南行者之勞苦憂思也，因呼而喻之。此下二章皆召伯之語，所謂「勞之」也。孔云：「任、輦、車、牛是轉運所用。」「任」，鄭《箋》訓「抱也」。按：《說文》訓「任」為「保」。保、抱同意，故孔氏謂「任在前，負在背」。訓「抱」是也。或訓為「擔」，非也。「輦」，《說文》云：「輓車也。從車，從㚁在車前引之。」㚁音伴，並行也，從兩夫。《漢書注》：「駕人以行曰輦。」《司馬法》云：「夏后氏謂輦曰余車，殷曰胡奴車，周曰輜輦。輦，一斧一斤一鑿一梩〔註39〕一鋤。周輦加二板二

〔註39〕「梩」，底本作「狸」，據四庫本改。

築。」又曰：「夏二十人而輂，殷十八人，周十五人。」楊慎云：「說者以為夏出師不踰時，殷踰時，周歷時，故前世輂少，後世輂多。」「車」，大車也。孔云：「此轉運載任，則是大車。」朱子云：「牛所以駕大車也。」「我任我輂」者，我有所抱持之器具，則置於我之輂。「我車我牛」者，我有所任載之大車，則駕以我之牛也。「集」，猶就也。「蓋」者，未定之辭。百物具備，竣事不難，俟我南行之功既就，斯時庶可言歸哉！嚴粲云：「示以歸期，安其心也。」〇**我徒我御，我師我旅。**語韻。**我行既集，蓋云歸處。**叶語韻，敞呂翻。〇賦也。鄭云：「步行曰徒。」召伯營謝邑，以兵眾行。其士卒有步行者，有御兵車者。五百人為旅，五旅為師。《春秋傳》曰：「君行師從，卿行旅從。」孔云：「旅屬於師，徒行御車，還是師旅之人。天子之卿與諸侯同，故有師也。」「處」，止也。功成事畢，庶可以歸而止息矣，皆慰勞之辭。上章任、輂、車、牛以載工作之器言，此章徒、御、師、旅以受工役之人言，蓋皆自周調發而不以勞謝民也。〇**肅肅謝功，召伯營**庚韻。**之。烈烈**《左傳》杜《注》作「列列」。**征師，召伯成**庚韻。**之。**賦也。「肅」，《說文》云：「持事振敬也。」以相度周至，故曰「肅肅」。「謝」，申伯今所改封之國。《郡國志》云：「南陽郡宛縣，本申伯國，棘陽縣東北百里有謝城。」按：棘陽即今河南汝寧府信陽州也。申、謝相近。「功」，朱子云：「工役之事也。」「營」，本匝居之義，故舊說以縱橫相度為經，周回相度為營。「烈」，《說文》云：「火猛也。」「烈烈」，是猛於趨事之狀。「征」，行也。「師」，即上章「我師」之「師」，謂此南行之師眾也。「成之」者，以撫循為激勸，有以成其烈烈也。此詩先言初行之時，備加慰勞，及規模既定，於是人皆趨事赴功，而謝功於是可成矣。蓋立言之次第如此。《左·襄二十年》：「鄭伯享趙孟於垂隴，子西賦《黍苗》之四章。趙孟曰：『寡君在，武何能焉？』」〇**原隰既平，**庚韻。**泉流既清。**庚韻。**召伯有成，**庚韻。**王心載寧。**叶庚韻，泥耕翻。豐本作「寧」。〇賦也。「原隰」，解見《信南山》篇。孔云：「五土有十等。獨言原隰者，以其最利於人，故特言之。」治土高下，各得其宜，故曰「平」。「泉流」，以水利言。水壅則流濁。既清，如縱者為溝，橫者為遂，而無壅塞之患也。蔡汝楠云：「清水道所以平原隰也。」上章言「烈烈征師，召伯成之」，不過成就建城郭治宮室等事而已。至此相其原隰之宜，通其水泉之利，則召伯營謝之功於是乎有成矣。「載」之言「則」也。「寧」，通作「窜」，安也。謝為荊、徐要衝之地，封申伯於此，則足以鎮撫南國，宣王之心則安也。觀《崧高》之詩，一

則曰「南土是保」，再則曰「戎有良翰」，則王心之所以寧可知，不獨謂其足以
篤厚元舅，克副親親賢賢之念已也。呂祖謙云：「天子，子萬姓者也。大臣，
慮四方者也。方伯，分一面者也。申伯之體勢不重，則無以鎮定南服。召穆公
身為卿士，豈得辭其憂責哉？宣王雖深居九重，宵旰之慮，固未嘗一日忘之
也。必待召公告厥成功，而王心始寧焉，此真知職分者也。」

《黍苗》五章，章四句。《子貢傳》以為「城申也」。按：申伯改封於
謝。詩言營謝，非言城申也。《序》以為「刺幽王也。不能膏潤天下，卿士不
能行召伯之職焉」。黃震云：「詩中明言美召公，而《詩序》乃以為『刺幽王』，
此類亦何訝晦庵之去《序》耶？」杜預謂「美召伯勞來諸侯」。韋昭亦云：「道
召伯述職，勞來諸侯也。」今按：詩言營謝功成，於述職何與？其云「勞之」
者，乃勞南行師旅，非勞來諸侯明甚。華谷嚴氏又謂此詩乃兼美「營謝、伐淮
二役」，郝敬取之。蓋誤認「徒御師」旅一章及「烈烈征師」二語為平淮夷之
事。考《竹書紀年》，宣王六年，召穆公帥師伐淮夷。是年，王伐徐戎。歸自
伐徐，錫召穆公命。越明年，始錫申伯命。則營謝之舉在平淮之後。今篇中先
言「肅肅謝功，召伯營之」，後言「烈烈征師，召伯成之」，何得以征師為指伐
淮耶？若《申培說》，亦與朱《傳》同，但謂此詩乃史籀所作，亦無稽據。何
宣王之世，惟史籀作詩為多？我未之聞也。

烝民

《烝民》，宣王命樊侯仲山甫城齊，尹吉甫作詩美之。據《竹書》，
事在宣王七年。《序》云：「尹吉甫美宣王也，任賢使能，周室中興焉。」愚
按：賢以德言，能以才言。篇中言「柔嘉維則」，是德也；「賦政于外，四方爰
發」，是才也。「王命仲山甫，式是百辟。纘戎祖考，王躬是保」，所謂「任賢」
也。「王命仲山甫，城彼東方」，所謂「使能」也。陳氏云：「《崧高》、《烝民》
二詩皆尹吉甫贈行之詩，而序詩者皆以為美宣王，何也？蓋人君委任得人，
而僚友之間賦詩以相娛樂，則人君之美莫大焉。」郝敬云：「普天之下，莫非
王土。惟王建國，文、武之制也。周衰，諸侯強僭，繼世不繇天子，裂封啟
土，悉自己出。厲王中衰，周人放之於彘。是幾旬諸侯且不知有天子，而況齊
遠在東隅境內！區區之城郭，必以上請，豈非宣王中興之烈足以震疊之與？
夫子刪《詩》，存《烝民》，《春秋》之義也。故曰『《詩》亡，《春秋》作』。」
樊，地名，仲山甫所封也。杜預云：「一名陽樊。野王縣西南有陽城。」季本

云：「野王本河內，今屬懷慶府。夾漈鄭氏以為陽樊在濟源東南三十八里濟源南，與河內相鄰，即其地也。」《晉語》：「王賜文公陽樊之田，陽人不服，公圍之，將殘其民。倉葛呼曰：『陽有夏商之嗣典，有周室之師旅，樊仲之官守焉。』」樊仲，即仲山甫也。毛《傳》稱仲山甫為樊侯，與《竹書》合。孔穎達云：「山甫為樊國之君。韋昭謂『食采於樊』，樊在東都之畿內。杜預曰：『經傳不見畿內之國稱侯男者。天子不以此爵賜畿內也。』如預之言，畿內本無侯爵。《傳》言樊侯，不知何所按據。」

天生烝《孟子》、《韓詩外傳》俱作「蒸」。**民，有物有則。**職韻。**民之秉彝，**《孟子》作「夷」。**好**去聲。**是懿德。**職韻。**天監有周，昭假**豐氏本作「格」。**于下。**叶霽韻，後五翻。**保茲天子，生仲**豐本作「中」。後同。**山甫。**霽韻。豐本作「父」。後同。○賦也。「烝」，《爾雅》云：「眾也。」按：「烝」本「熱」義，轉訓為「眾」者，人眾則氣熱。曰「蒸民」者，汎言天下之人也。「物」，猶事也。「則」，《說文》云：「等畫物也。從刀從貝。貝，古之物貨也。」徐鍇云：「則，節也。取用有節，刀所以裁制之也。」愚按：凡制度品式皆曰則。天理當然，不可增減者，亦謂之則。《易》所云「天則」，《詩》所云「帝則」是也。《大學》言「致知在格物」。格者，格式之謂。有一物，必有一天然恰好之格，不可過，不可不及。即此所謂則也。是格也，《大學》又謂之「至善」。散之為物物之至善，合之為統體之至善，知其散則知其合也。以其極至而無以復加，如是則可以止矣，此非意識所得預，與生俱生，乃吾性本然之體也。故知而致及於是，則知止矣，亦所謂知之至矣。《莊子》云：「各有義則謂之性。」真德秀云：「《易》曰：『形而上者謂之道，形而下者謂之器。』道者，理也。器者，物也。精粗之辨，固不同矣。然理未嘗離乎物之中。知此，則知『有物有則』之說矣。蓋盈乎天地之間者，莫非物，而人亦物也，事亦物也。有此物則具此理，是所謂則也。以人言之，如目之視，耳之聽，物也。視之明，聽之聰，乃則也。君臣、父子、夫婦、長幼，物也。而君之仁、臣之敬、子之孝、父之慈、夫婦之別、長幼之序，乃則也。則者，準則之謂，一定而不可易也。古人謂規矩準繩衡為五則者，以其方圓平直輕重皆天然一定之法故也。夫物之所以有是則者，天實為之，人但循其則耳。」「秉」，《爾雅》云：「執也。」此字宜著力說。《韓詩外傳》云：「民之秉德，以則天也。」「彝」，《說文》云：「宗廟常器也。」《爾雅》訓「彝」為「常」，其義取此。「好」者，慕愛之意。「懿」，《說文》云：「專久而美也。」曰「則」、曰

「彝」、曰「懿」，德其實一也。自其麗於物而言謂之則。自其人人所同、更無改易而言謂之彝，即《書》言「恒性」是也。自其至一至精、無容增減出入而言謂之懿德。按：德與惪字有辨。理之得於天者謂之惪，其字從直從心。行道而有得於心者謂之德，其字從彳從惪。今文多混。此言「懿德」，乃性之德也，正當通作「惪」。蘇轍云：「民能秉常，則莫不好德。維其失常，乃有不善。」《孟子》云：「仁義禮智，非由外鑠我也，我固有之也，弗思耳矣。故曰求則得之，舍則失之。或相倍蓰〔註40〕而無算者，不能盡其才者也。《詩》云：『天生蒸民，有物有則。民之秉彝，好是懿德。』孔子曰：『為此詩者，其知道乎！故有物必有則，民之秉夷也，故好是懿德。』」舊說皆謂民自然好德，殊未知此詩及孔、孟之意。按：此詩以此四語發端，其理甚精而意甚切，乃統宣王及山甫俱包括於天生之內，而言物各有則，而惟山甫能完其則，故能予君以則。觀後章言「柔嘉維則」，是山甫之能自完其則也。又言「袞職有闕，惟仲山甫補之」，是山甫之能予君以則也。凡民非能秉執其彝不使放失者，則雖有自有之懿德，亦不知好。「德輶如毛，民鮮克舉之」，惟不能秉彝故也。「我儀圖之，惟仲山甫舉之」，惟其能秉彝故也。山甫之德如是，為保王躬計，豈可少此人哉！「監」，臨下也。「昭」，日明也。俱見《說文》。「假」，通作「徦」，至也。「保」者，扶持之意。「仲山甫」，孔云：「字也。」按：《漢書・杜欽傳》云：「仲山父異姓之臣，無親於宣，就封於齊。」唐《權德輿集》云：「魯獻公仲子曰仲山甫，入輔於周，食采於樊。」羅泌《路史》中，樊國凡兩見。一以為泰伯仲雍後，一據《潛夫論》以為慶姓，俱未詳孰是。然據第三章有「纘戎祖考」之語，疑德輿說為近之。彼所云「祖考」，指周公耳。若其他，固未有顯者。蘇云：「天之監周也，其明實指於下，將保安宣王，乃生仲山甫以佐之。凡宣王之所以能全其性而無失其常者，皆仲山甫之功也。」嚴粲云：「此詩欲美山甫，故謂山甫天實生之。」山甫卒，諡穆。《周語》亦稱樊穆仲。

○**仲山甫之德**，職韻。**柔嘉維則**。職韻。**令儀令色**，職韻。**小心翼翼**。職韻。**古訓是式**，職韻。**威儀是力**。職韻。**天子是若，明命使賦**。若、賦叶韻未詳。豐本「賦」作「職」。○賦也。仲山甫之德，只「柔嘉維則」一語盡之。君道主剛，臣道主柔，此亦一物之則也。臣道無成，故尚柔。鄒忠胤云：「《易》，坤為臣道，繫以『利牝馬之貞』，蓋坤非偏柔，承乾而為柔也。」「嘉」，美也。「則」，即物則之則。萬象烈云：「『柔嘉維則』者，言柔之嘉處

〔註40〕「蓰」，底本誤作「屣」，據四庫本、《孟子・告子上》改。

乃其則也。柔非其則,即不得為嘉。柔而不嘉,只為非其則。即此一句,已自
細到至處。」「令」,鄭玄云:「善也。」「令儀令色」,亦自其對君者而言。嚴
云:「『令儀』則動止雍容,『令色』則容貌溫粹。」「小心翼翼」,與《大明》
篇義同。為君者,心欲大,主於仁也;為臣者,心欲小,主於敬也。念念皆在
羽翼王室,故曰「翼翼」。輔廣云:「『令儀令色』,柔嘉之發於外也。『小心翼
翼』,柔嘉之存於內也。」「古訓」,鄭云:「故訓也。」「式」,《說文》云:「法
也。」法古訓,遜志典學。後章言「既明且哲」,不茹柔,不吐剛,其理皆從
此出。蔡汝楠云:「所以全此則者,為其有此學也。凡民無此學,則無此德。
天生之則,亦乍明乍滅,終謂之凡民而已。」《左傳》云:「有威可畏謂之威,
有儀可象謂之儀。」「力」者,以志帥氣,以神馭官,非著力矜持之謂。嚴云:
「山甫『令儀令色』,則動容周旋中禮矣,猶曰『威儀是力』,何也?有德者固
威儀之所自形,而謹其威儀者亦所以檢攝而養其德也,故致禮以治躬則莊敬。
外貌斯須,不莊不敬,而慢易之心入之矣,可不勉與?」愚按:「式」古訓「力」。
「威儀」,亦見山甫之能時時秉執其常性處,此其所以有柔嘉之德而能盡為臣
之則也。「天子」二句,引起下二章。若《爾雅》云「順也」。按:「若」字從
草從右,《說文》云:「擇菜也。」徐鍇云:「擇之順手,故從右。右者,手也。」
以此訓順,似乎強解。當通作「叒」。周伯琦云:「順也,從三又。又者,手
也。二又為㕛,三又為叒。所助者多,故為順也。會意。」愚因是悟「桑」字
從若從木,古人析為二文,訛叒為若,曰若木。若木者,扶桑也,其實即桑之
一字耳。然則叒、若同音,其混用久矣,請以此補字學所未發明。「命」者,
天子明告邦國悅之命也。「賦」者,徵求之義。言宣王見山甫有柔嘉之德心,
順其為人,因使之典司政本,為天子宣布明命,以徵求邦國之應。即下章所
稱「出納王命」是也。《書》曰:「令出惟行,不惟反。」令出而必求其行,即
賦之說矣。○**王命仲山甫,式是百辟**。甫、辟叶韻未詳。**纘戎**豐本作「爾」。
祖考,皓韻。亦叶有韻,去九翻。**王躬是保**。皓韻。亦叶有韻,補茍翻。
豐本作「佛」。**出納**陸本、豐本俱作「內」。**王命,王之喉舌。賦政于外,
四方爰發**。舌、發叶韻未詳。○賦也。此章言仲山甫所居之職,鄭以為冢宰
是也。自「式是百辟」以下至「王之喉舌」,皆命辭。孔云:「王命此仲山甫
曰:爾可以為長官,施其法度於是天下之百君。」「纘」,《說文》云:「繼也。」
「戎」之言「汝」,以音同通用。「祖考」,祖父也。疑但指祖言。意必嘗居冢
宰之職,故今又使山甫繼之也。依權德輿說,周公是山甫之祖。《書》言「惟

周公位冢宰，正百官」是也。自周公後，歷伯禽、考公、煬公、幽公、魏公、厲公至獻公，凡七公。煬公為考公之弟，魏公為幽公之弟，獻公為厲公之弟，實止三世耳。獻公卒，子真公濞立。真公卒，弟敖立，是為武公。當宣王時，嘗以長子括、少子戲見王，王愛戲，欲立戲為魯太子。山甫諫曰不可。事見《周語》。據德輿謂山甫是獻公仲子，則山甫乃真公弟、武公兄，而仕於王朝者也。「王躬是保」，與首章「保茲天子」之「保」義同。王躬之所以保，其故尚在下文。「惟動丕應徯志」，則天子之身於是獲安矣。「出納王命」者，胡一桂云：「謹審上之命令，命之善者宣出之，不善者繳納之，如後世封還詞頭之類。」或但謂出為宣而布之，既布則納而復之，亦自可通。但此不過一奉行之任。冢宰居密勿論思之地，其間調劑剛柔，使得其宜，以致邦國之若者尚有許多參詳，恐不止如此。且此既已言「出納」，而下文又言「賦政」，言「將命」，亦太復矣。「喉」，《說文》云：「咽也。」「舌」，《說文》云：「在口所以言也。」喉舌皆言之所從出。曰「王之喉舌」，則其膺代言之任明矣。孔云：「舜命龍作納言，云：『出納朕命。』彼特立納言之官，以典王命出入，即今之納言也。與此『出納王命』者異。」「賦」，解見前章。凡有所施行者皆謂之政。「外」，鄭云：「畿外也。」「爰」，《說文》云：「引詞也。」「發」，猶起也。徵求其所當施行之政於外，則天下諸侯無不於是皆起而應者，繇其所出之命皆盡善故也。山甫身在王朝，而其所召致者如此，非以經營四方言也。○肅肅《後漢書》作「赫赫」。**王命，仲山甫將**叶陽韻，資良翻。**之。邦國若否，仲山甫明**叶陽韻，謨郎翻。**之。既明且哲，以保其身。**真韻。**夙夜匪解，**音懈。《左傳》、《晏子春秋》、《韓詩外傳》作「懈」。**以事一人。**真韻。○賦也。嚴云：「此章申上章賦政之事。」命出天子，何等莊嚴，故曰「肅肅」。「將」者，奉行之義。此二句即上章所謂「賦政于外」者也。「邦國」，謂諸侯也。「若」，解見二章。「否」，《說文》云：「不也」，字「從口從不」。徐鍇云：「不可之意見於言也。」「明」，朱子云：「謂明於理。」此二句在將命以前事，即上章所謂「出納王命」者。一令之出，如何而邦國順，如何而邦國不順，山甫皆能燭照其理而逆計其必然。其可使邦國順者則詔王出之，否則訥之，故其所將之於外者皆有順而無拂。「四方爰發」，實繇於此，非徒以宣布塞責已也。又，《韓詩外傳》云：「王者必立牧方二人，使窺遠牧眾也。遠方之人有飢寒而不得衣食，有獄訟而不平其冤，失賢而不舉者，入告乎天子。天子於其君之朝也，揖而進之，曰：『噫！朕之政教有不得爾者耶？何如乃有飢

寒而不得衣食，有獄訟而不平其冤，失賢而不舉？』然後其君退而與其卿大夫謀之。遠方之民聞之，皆曰：『天子也夫！我居之僻，見我之近也。我居之幽，見我之明也。可欺乎哉！』故牧者所以開四目，通四聰也。《詩》曰：『邦國若否，仲山甫明之。』此之謂也。」仲山甫既能明於邦國若否之理，且又能哲以保其身。「哲」，《爾雅》云：「智也。」就保身見哲，則知幾之謂，即柔嘉二字可以想見。山甫主眷既隆，輿望共屬，若使驁然自恃，信心一往，略無前瞻後顧之意，未必非悔吝之所緣叢。有山甫之哲，則知微知彰，知柔知剛，故能功蓋天下而主不疑，位極人臣而眾不忌，自然災害不及其身矣。揚雄言「明哲煌煌，旁燭無疆」，於山甫之哲殆有合焉。特其言「遜於不虞，以保天命」者非耳。《中庸》云：「居上不驕，為下不倍。國有道，其言足以興。國無道，其默足以容。《詩》曰：『既明且哲，以保其身。』其斯謂與？」徐幹云：「《大雅》貴『既明且哲，以保其身』。夫明哲之士者，威而不攝，困而能通，決嫌定疑，辨物居方，禳禍於忽杪，求福於未萌，見變事則達其機，得經事則循其常，巧言不能推，令色不能移，動止可觀，則出辭為師表。比諸志行之士，不亦愈乎！」「夙」，早。「夜」，暮也。「匪」，通作「非」。「解」，通作「懈」，《說文》云：「怠也。」「一人」，鄭云：「謂天子也。」山甫之保身，非為身也，將為事一人計也。身保，則可以長在位而事一人。而山甫朝乾夕惕，凡所以盡其所事者，一日如是，日日亦如是，無有一毫怠忽，信可謂「小心翼翼」矣。《左・襄二十六年》：「衛太叔文子曰：『君子之行，思其終也，思其復也。《書》曰：慎始而敬終，終以不困。《詩》曰：夙夜匪懈，以事一人。』」文二年〔註41〕，「秦伯伐晉，遂霸西戎，用孟明也。君子是以知孟明之臣也。其不解也，能懼思也。《詩》曰：『夙夜匪懈，以事一人。』孟明有焉。」《晏子春秋》云：「叔向問晏子曰：『人何以則可謂保其身？』晏子對曰：『《詩》曰：既明且哲，以保其身。夙夜匪懈，以事一人。不庶幾，不要幸，先其難乎，而後幸得之，時其所也。失之，非其罪也。』」《韓詩外傳》云：「昔者周德大衰，道繫於厲。申伯、仲山甫輔相宣王，撥亂世反之正，天下略振，宗廟復興。申伯、仲山甫乃並順天下，匡救邪失，喻德教，舉遺士，海內翕然向風，故百姓勃然詠宣王之德。《詩》曰：『周邦咸喜，戎有良翰。』又曰：『邦國若否，仲山甫明之。既明且哲，以保其身。夙夜匪懈，以事一人。』如是可謂救世矣。」

○人亦有言，柔則茹^{叶襄韻，讀如乳，榮主翻}之，剛則吐^{叶襄韻}之。

〔註41〕按：下所言見《左傳・文公三年》，非二年。

維仲山甫，襲韻。柔亦不茹，見上。剛亦不吐。見上。《左傳》顛倒引此二句。不侮矜《左傳》、豐本俱作「鰥」。寡，不畏彊《韓詩外傳》作「強」。禦。叶襲韻，讀如襲，魚矩翻。《漢書》作「圉」。〇賦也。此章再以其賦政之善言之。「人亦有言」，相傳之言也。後仿此。五、六章言山甫之賢，各以人言起之，見恒情如此，而山甫不然，正其異於凡民處。柔、剛就人所處之地言。引言之意，黏著邦國上，與第二章「柔嘉」之「柔」全無干涉。「柔」，鄭云：「猶濡毳也。」「茹」，《說文》云：「飤馬也。」「飤」者，餧也，俗作「飼」。按：馬之食草為茹。而孔氏謂「菜之入口亦名為茹」，《孟子》言「舜之飯糗茹草」，《莊子》謂「不茹葷」，即其義也。又，《禮記》言「飲血茹毛」。曹居貞云：「茹者，吞啖之名。凡魚肉，柔也，則吞啖之。」「剛」，鄭云：「堅強也。」「吐」，《說文》云：「寫也。」曹云：「骨鯁則吐棄之。」嚴云：「喻陵弱而畏強也。」「侮」，《說文》云：「傷也。」「矜」，通作「鰥」。《孟子》云：「老而無妻曰鰥，老而無夫曰寡。」劉熙《釋名》云：「鰥，愁悒不能寐，目常鰥鰥然。其字從魚。魚目恒不閉者也。」「寡」，裸也。裸然單獨也。「畏」者，懼怯之意。「彊禦」，解見《蕩》篇。但彼以彊梁禦善言，此以彊梁禦人財物言。凡人情鮮不茹柔吐剛，而非所以語山甫。柔莫柔於鰥寡，亦不之侮，而凡為柔者可知己。剛莫剛於彊禦，亦不之畏，而凡為剛者可知。孔云：「『不侮』、『不畏』即是『不茹』、『不吐』。既言其喻，又言其實以充之。」愚按：「不侮鰥寡，不畏彊禦」，亦是借言，即扶弱除暴影子，見仲山甫所以為王扶政者，寬猛相濟，仁義並用，各有當然之則在。澤所必加，不靳於弱小；故無不懷其德；勢所必行，不詘於強大，故無不畏其力。「四方爰發」，有以也夫。蘇轍云：「此詩言仲山甫，其始曰『柔嘉維則，令儀令色』，此與漢胡廣、趙戒何異？其終曰『柔亦不茹，剛亦不吐。不侮鰥寡，不畏彊禦』，此與漢汲黯、朱云何異？胡、趙柔而陷於佞，汲、朱剛而近於狂。如仲山甫，內剛外柔，非佞非狂，然後可以為王者之佐，當天下之事矣。嗚呼！非斯人，其誰與歸？」又，《韓詩外傳》云：「君子崇人之德，揚人之美，非道諛也；正言直行，指人之過，非毀疵也。詘柔順從，剛強猛毅，與物周流，道德不外。《詩》曰：『柔亦不茹，剛亦不吐。不侮矜寡，不畏彊禦。』」又云：「所貴為士者，上攝萬乘，下不敢傲乎匹夫；外立節矜，而敵不侵擾；內禁殘害，而君不危殆。是士之所長，君子之所致貴也。《詩》曰：『不侮矜寡，不畏彊禦。』」《左·文十年》：「楚子田孟諸，宋公為右盂，鄭伯為左盂。文之無畏為左司馬，命夙駕載

爕。宋公違命,無畏抶其僕以徇。或謂子舟曰:『國君不可戮也。』子舟曰:
『當官而行,何彊之有?《詩》曰:剛亦不吐,柔亦不茹;毋縱詭隨,以謹罔
極。是亦非辟彊也。敢愛死以亂官乎?』」昭元年,「楚右尹子干出奔晉,叔向
使與秦公子同食。趙文子曰:『秦公子富。』叔向曰:『底祿以德,德鈞以年,
年同以尊。公子以國,不聞以富。且夫以千乘棄其國,彊禦已甚。《詩》曰:
不侮矜寡,不畏彊禦。秦、楚匹也,使後子與子干齒。』」定四年,「蔡侯、吳
子、唐侯伐楚。楚昭王奔郧。郧公辛之弟懷將弒王,曰:『平王殺吾父,吾殺
其子,不亦可乎?』辛曰:『君討臣,誰敢讎之?君命,天也。若死天命,將
誰讎?《詩》曰:柔亦不茹,剛亦不吐。不侮矜寡,不畏彊禦。唯仁者能之。
違彊陵弱,非勇也。乘人之約,非仁也。滅宗廢祀,非孝也。動無令名,非知
也。必犯是,余將殺女。』以王奔隨。」按:以上皆斷章取義,無關詩旨。○
人亦有言,德輶如毛,民鮮克舉叶囊韻,讀如踽,果羽翻。**之。**《荀子》
無「之」字。**我義**此毛《傳》古本。陸德明《釋文》同。鄭《箋》作「儀」,
以後諸本皆從之。**圖**叶囊韻,動五翻。**之,維仲山甫舉**見上。**之,愛莫
助**叶囊韻,床五翻。**之。袞職有闕,維**《左傳》作「唯」。**仲山甫補**囊韻。
之。賦也。此章推言山甫所以能賦政之善如斯者,緣於其中之有德故耳。人
性中所本具,有一物必有一則,所謂「懿德」也。「輶」者,輕車也,故《爾
雅》訓「輶」為「輕」。言「德」而言其「輶」,又以「如毛」比之者,取微妙
恍惚之義。「民」,即「烝民」之「民」。「鮮」,通作「尟」,《說文》云:「少
也。」「克」,能也。「舉」者,以手挈之。天則無形,不可控執,毫釐之差,
千里之謬。詩意言其微而難舉。而舊說相承,皆以為輕而易舉,非也。鄧元錫
云:「夫懿德之則如毛然,微乎微者也。入微難,烝民具有之,而鮮其舉之。」
按:《中庸》引《詩》曰:「予懷明德,不大聲以色。」子曰:「聲色之於以化
民,末也。《詩》曰:『德輶如毛。』毛猶有倫,上天之載,無聲無臭,至矣。」
夫緣聲色之不大,而推之於如毛。緣如毛而極之於無聲無臭,則《中庸》之言
德愈精,而「德輶」之義亦可識矣。《韓詩外傳》云:「德也者,包天地之美,
配日月之明,立乎四時之調,覽乎陰陽之交,寒暑不能動,四時不能化也。斂
乎太陰而不濕,散乎太陽而不枯,鮮潔清明而備,嚴滅務疾而神,競清而福
乎天地之間者,德也。微聖人,其孰能與於此矣?《詩》曰:『德輶如毛,民
鮮克舉之。』」《荀子》云:「財物貨寶,以大為重。政教功名反是,能積微者
速成。《詩》曰:『德輶如毛,民鮮克舉。』此之謂也。」「我」,鄭云:「吉甫

自我也。」「義」，毛云：「宜也。」「圖」，猶度也。「我義圖之」，即孔子所謂「以義度人」者。我嘗於事事物物之間，以當然之宜度之，而見山甫之所為，無不合乎是者，故知此微妙之德，惟山甫為能舉之。如上章言「柔不茹」、「剛不吐」，即其類也。「義」字亦與「則」字同意。「愛」，好也。「好是懿德」之「好」。「助」，猶與也。山甫誠心好乎懿德，故能舉此懿德，而人莫有相偕助而好之者，此德之所以獨讓山甫也。《禮·表記》篇：「子曰：『仁之為器重，其為道遠，舉者莫能勝也，行者莫能致也，取數多者仁也。夫勉於仁者，不亦難乎！是故君子以義度人，則難為人；以人望人，則賢者可知己矣。』子曰：『中心安仁者，天下一人而已矣。《大雅》曰：德輶如毛，民鮮克舉之。我儀圖之，惟仲山甫舉之，愛莫助之。』」按：德之渾然在心，無私意間斷，則謂之仁，故《詩》以德言，孔子以仁言。王安石云：「商之時，天下嘗大亂矣，在位貪毒，禍敗皆非其人。及文王之起，而天下之才嘗少矣。當是時，文王能陶冶天下之士而使之皆有士君子之才，然後隨其才之所有而官使之。《詩》曰：『豈弟君子，遐不作人。』此之謂也。及其成也，微賤兔罝之人猶莫不好德，《兔罝》之詩是也。又況於在位之人乎！文王惟能如此，故以征則服，以守則治。及至夷、厲之亂，天下之才又嘗少矣。至宣王之起，所與圖天下之事者，仲山甫而已。故詩人歎之曰：『德輶如毛，惟仲山甫舉之，愛莫助之。』蓋閔人士之少而山甫之無助也。宣王能用仲山甫〔註42〕推其類，以新美天下之士，而後人才復眾。於是內修政事，外討不庭，而復有文、武之境土。」「袞職」，鄭云：「不敢斥王之言也。」孔云：「以衣服之中有袞冕者，是人君之上服，故舉袞以表君也。不言王而言袞，猶律謂天子為乘輿也。」凡事之有專主者謂之職。「闕」，本門觀之名。徐鍇云：「中央闕而為道，故謂之闕。」舊說以闕為空而不完之義，蓋本於此。或通作「缺」，《說文》云：「器破也。」「補」，《說文》云：「完衣也。」孔云：「服袞冕之人，職事有所廢闕，維仲山甫能補益之，謂有所不可則諫爭之，故可任用以致中興。」鄧云：「仲山甫，踐物維則者也。微無不入，以補袞，袞不廢矣。」按：《周語》，宣王立魯公子戲，則山甫有諫；料民太原，則山甫又諫。此其為補王闕也多矣。《左·宣二年》：「晉靈公不君。士季曰：『人誰無過？過而能改，善莫大焉。《詩》曰：袞職有闕，唯仲山甫補之。能補過也。君能補過，袞不廢矣。』」季云：「言此以起下章，欲其遄歸之意。」又，黃震云：「方博士解《王制》『三公，一命袞，若有

加，則賜也』，云：『袞雖三公可服，非有加，則不賜。《詩》言袞職有闕，維仲山甫補之。蓋謂是也。此言袞者，人臣之極，常缺之而不服，唯仲山甫加賜而得之，是當時所缺而今則補之也。』」按：《後漢書》：「蔡茂在廣陵，夢坐大殿極上，有三穗禾。茂跳〔註43〕取之，得其中穗，輒復失之。以問主簿郭賀。賀離席慶曰：『大殿者，官府之形象也。極而有禾，人臣之上祿也。取中穗，是中臺之位也。於字，禾失為秩。雖曰失之，乃所以得祿秩也。袞職有闕，君其補之。』旬月而茂徵焉。」賀之引《詩》，其意與黃說合。然補為完衣之義，乃蒙上「袞衣」而言。從《左傳》補過之說，於義為允。○**仲山甫出祖，四牡業業。**叶韻。**征夫捷捷，**叶韻。**每懷靡及。**叶葉韻，極叶翻。**四牡彭彭，**叶陽韻，逋旁翻。**八鸞鏘鏘。**陽韻。陸本作「將將」。**王命仲山甫，城彼東方。**陽韻。○賦也。顏師古云：「祖者，送行之祭，因饗飲焉。昔黃帝之子纍祖好遊，而死於道，故後人祀以為行神。其祭，設軷於門外。」曹云：「出門而後祖祭，故云『出祖』也。詳見《生民》篇。「四牡」，駕車之四馬。「業」，所以懸鐘虡。曰「業業」者，嚴以為「動而不息之意」蓋取鐘虡搖動之象。「征夫」，從行之人也。「捷」，通作「疌」，《說文》云：「疾也。」或通作「倢」，《說文》云：「佽也。」「佽」者，便利也。一云：佽者，相次比也。其義俱通。「捷捷」，鄭云：「言樂事也。」孔云：「捷者，舉動敏捷之貌。行者或苦于役，則舉動遲緩，故言捷捷，以見其勸樂於事也。」「每懷靡及」，與《皇皇者華》義同。不獨山甫懷如不及事之慮而已，雖其征夫，亦無人而不然，蓋山甫之急公所感也。然以下章「永懷」之語觀之，山甫身遠闕庭，而心懸啟沃，其所為皇皇如靡及者，亦欲事畢而早還朝耳。又，《韓詩外傳》云：「趙王使人於楚，鼓瑟而遣之，曰：『慎無失吾言。』使者受命，伏而不起，曰：『大王鼓瑟，未嘗若今日之悲也。』王曰：『調。』使者曰：『調則可記其柱。』王曰：『不可。天有燥濕，弦有緩急，柱有推移，不可記也。』使者曰：『請藉此以喻。楚之去趙也，千有餘里，亦有吉凶之變，凶則弔之，吉則賀之，猶柱之有推移，不可記也。故王之使人，必慎其所之，而不任以辭。』《詩》曰：『征夫捷捷，每懷靡及。』蓋傷自上而馭下也。」「彭」，通作「駍」，《說文》云：「馬盛也。」「八鸞」者，四馬鑣八，鸞鈴象鸞鳥。朱子云：「馬口兩旁各一，四馬故八」是也。詳見《采芑》篇。《說文》無「鏘」字，當作「瑲」，玉聲也。鸞聲之和似之。觀《采芑》篇可見。前「出祖」是將行之時，

_____

〔註43〕「跳」，《後漢書》卷五十六《蔡茂傳》同，四庫本作「挑」。

此彭彭、瑲瑲則行而在道矣。「王命」二句，始言其所以行之故也。「東方」，毛云：「齊也。古者諸侯之居逼隘，則王者遷其邑而定其居，蓋去薄姑而遷於臨淄也。」孔云：「毛時書籍猶多，去聖未遠，其當有所依約而言也。」《史記·齊世家》：「獻公元年，徙薄姑，都治臨淄。」計獻公當夷王之時，與此傳不合。遷之言未必實也。按：薄姑在今山東青州府博興縣。臨淄今為臨淄縣，亦在青州府。朱子云：「豈徙於夷王之時，至是而始備其城郭之守歟？」鄒云：「天為保天子生山甫，王以保王躬命山甫。山甫之責甚鉅，區區城齊之役，曾何足以煩之？第成王時，召康公亦嘗以太保營雒，雖王都之肇建不比於侯封，然是役也，倘非異人堪任，堪者必仲山甫乎？且山甫於王命固無不能將，而城彼東方，亦王命之一，此行亦未必久淹，固不妨其為保躬補闕也。」王安石云：「城郭者，先王有之，而非所以恃而為存也。及至喟然覺悟，興起舊政，則城郭之修也，又常不敢以為後。蓋有其患，而圖之無其具；有其具，而守之非其人；有其人，而治之無其法；能以久存而無敗者，皆未之聞也。故文王之興也，有四夷之難，則城於朔方，而以南仲；宣王之起也，有諸侯之患，則城於東方，而以仲山甫。此二臣之德，協於其君，於為國之本末與其所先後，可謂知之矣。慮之以悄悄之勞而發赫赫之名，承之以翼翼之勤而續明明之功，卒所以攘戎夷而中國以全安者，蓋其君臣如此而守衛之有其具也。」林氏云：「宣王時，北有玁狁，南有荊楚，東有徐夷。故式是南邦以申伯，城彼東方以仲山甫，奄受北國以韓侯。其為謀甚悉，而犬戎自西作焉。夫四隅而防其三，有變出於不備之方，況得一不為備乎！」〔註44〕又，杜欽以山甫為封於齊。鄒展引《韓詩》之說亦然。〔註45〕王符謂山甫以文德致升平，王封之以樂土。皆誤。○四牡騤騤，支韻。八鸞喈喈。叶支韻，堅夷翻。仲山甫徂齊，叶支韻，牆之翻。式遄其歸。叶支韻，讀如儇，渠為翻。吉甫豐本作「父」。作誦，穆如清風。叶侵韻，孚金翻。仲山甫永懷，以慰其心。侵韻。○賦也。「騤」，《說文》云：「馬行威儀也。」「喈」，《說文》云：「鳥鳴聲。」徐鍇云：「聲眾且和也。」前言「彭彭」，第詠馬之盛，此則及其行之容。前言「鏘鏘」，第詠聲之和，此則及其聲之眾。意微有別，而總之皆紀其在道所見耳。「徂」，往也。「式遄其歸」，吉甫告王之詞也。「式」，發聲也。「遄」，《說

〔註44〕王應麟《詩地理考》卷四《城東方》。

〔註45〕王應麟《詩地理考》作：「漢杜欽曰：『仲山父，異姓之臣，就封於齊。』鄒展注《韓詩》，以為封於齊。此誤耳。」

文》云：「往來數也。」毛云：「疾也。」欲王敦趣山甫，使其疾歸也。郝云：「詩稱山甫才德位望為王補袞之臣，不可一日去王所。詩言『袞職有闕』，『式遄其歸』，寓諷規之意云爾。」「作誦」者，作此詩，命工歌誦之也。「穆」，通作「䆳」，《說文》云：「細文也。」朱子云：「如《烝民》詩，大較細膩。」「清風」，毛云：「清微之風也。」篇中縷縷言山甫德業人品心術，若讚誦不盡者，朝野關重之人，誰不愛好？播之聲詩，使人聞之者，如清風徐來，形神為之俱釋，而豈肯令久居於外乎！吉甫言此，非自誇所作之美，蓋寓規諷於揚厲，欲王之深思而自得之也。「永懷」，長思也。「慰」，《說文》云：「安也。」吉甫以遄歸告王，所以安山甫之心也。張叔翹云：「山甫一身所繫甚重，不可一日不在朝廷之上者，當時城齊之役，未詳其事，或者當用大臣董治之，亦未可曉。然山甫一旦去君遠行，其身在遠，不得朝夕納誨，顧瞻君側，繫心不忘，能無永長之懷乎？故山甫之城齊，而有懷愛君之心也。吉甫之作誦，以慰山甫，亦所以諷王也。夫漢臣尚有辭淮陽而願入禁闥者，山甫豈無是心？而大臣遠役，間疏之漸，識微如吉甫者，安得不深致意〔註46〕哉？『遄歸』之語，其旨深矣。」說者謂此詩言降生之異，為舉德盡職張本；言德職之隆，為城齊易副張本。夫吉甫之反覆贊詠，乃僅為一城齊事，而仲山甫之惓惓永懷，亦止於東方一役而已，是豈詩人立言之旨哉？

　　《烝民》八章，章八句。朱《傳》謂「宣王命樊侯仲山甫築城於齊，而尹吉甫作詩以送之」。《申培說》同。郝云：「僚友相送，非關獻納，何登於《雅》？王朝命使往來，餞送不少，詩可勝錄乎？」

無羊

《無羊》，宣王考牧也。出《序》。《子貢傳》同。○考者，成也，故凡落成曰考。鄭玄云：「厲王之時，牧人之職廢，宣王始興而復之。」陳氏云：「牧者，牧養畜牲之牢。畜牲之多寡，足以表國之盛衰，故於其牧成而考之。」《孔叢子》載孔子曰：「於《無羊》見善政之有感也。」按：《列子》云：「周宣王之牧正有役人梁鴦者，能養野禽獸，委食於園庭之內。雖虎狼雕鶚之類，無不柔馴者。雌雄在前，孳尾成群，異類雜居，不相搏噬也。王慮其術終於其

〔註46〕「意」，四庫本作「思」。按：引文見張以誠《張君一先生毛詩微言》卷十八
　　　　《大雅》（《四庫全書存目叢書》經部第 63 冊，第 737 頁），稱「張七澤曰」，
　　　　亦作「意」。

身，令毛丘園傳之。梁鴦曰：『鴦，賤役也，何術以告爾？懼王之謂隱於爾也。凡順之則喜，逆之則怒，此有血氣者之性也。然喜怒豈妄發哉？皆逆之所犯也。吾豈敢逆之使怒哉？亦不順之使喜也。夫喜之復也必怒，怒之復也常喜，皆不中也。今吾心無逆順者也，則鳥獸之視吾猶其儕也，故遊吾園者不思高林曠澤，寢吾庭者不願深山幽谷，理使然也。』」《列子》之書，大都詼詭，不足信。然彼生於周末，而以此事屬之宣王，則當日宣王之留意牧事可知已。

誰謂爾無羊？三百維《讀詩記》作「為」。**群**。叶先韻，逵員翻。**誰謂爾無牛？九十其犉**。叶先韻，而宣翻。**爾羊來思，其角濈濈**。緝韻。陸德明本作「觡觡」。《埤雅》作「戢戢」。**爾牛來思，其耳濕濕**。緝韻。○賦也。「爾」，指牧人之官。舊以為呼宣王，似無此理。首言「誰謂」者，矜詫之辭。季本云：「無羊、無牛者，其心不知有羊牛也，故人以此謂之。然則斯人其百里奚，爵祿不入於心，而飯牛牛肥之儔與？」陸佃云：「羊性喜群，故於文羊為群，犬為獨也。」「犉」，牛名，有二義。《爾雅》及《尸子》云：「牛七尺為犉。」又，《爾雅》云：「黑脣。」「犉」，《說文》、毛《傳》皆以為黃牛之黑脣者。諸家俱從後說。愚按：牛類雖多，不應獨舉黑脣者言，似無意味。當是標其最高大者，於義為長。孔穎達云：「羊三百頭為群，故一群有三百，不知其群之有多少也。犉者，九十頭。直知犉者有九十，亦不知其不犉者之數也。」「來」者，自外而來。「歸」，即「羊牛下來」之「來」。「思」，語辭也。「濈」，《說文》云：「和也。」王安石云：「羊以善觸為患，故言其和，謂聚而不相觸也。」或通作「戢」，斂也。陸云〔註47〕：「『其角戢戢』，羊前其剛以觸者也，故以其角齊聚為善」；「『其耳濕濕』，言潤澤也。蓋牛〔註48〕之為物，病則耳燥，安則溫潤而澤。」毛《傳》則謂「呞而動，其耳濕濕然」。食已復出嚼之曰呞，言其用力，故濕濕也。董氏則謂「牛臥則耳下垂，濕者其垂也」。亦通。又，《祭義》云：「卿大夫袒，而毛牛尚耳。」孔《疏》謂「耳主聽，蓋欲使神聽之也」。然古之盟者亦執牛耳。陸謂「牛耳無竅，以鼻聽。盟者聽於人神，故執牛耳。正以不聽為戒。焦貢《易林》曰：『牛龍耳聵。』蓋龍亦聾者也。先儒以為面牛鼓簧，為聾故也」。以上二說，各有取義，但與此言牛耳無涉。此章先舉羊牛之歸來者而言，已可見其眾盛。至若未歸來者，數目尚繁，不僅此三百九十，若下二章所稱是也。嚴粲云：「羊不歸而聚，則不見其

〔註47〕按：兩則分見《埤雅》卷三《釋獸・羊》、《牛》。
〔註48〕「牛」，底本誤作「羊」，據四庫本改。

角之濈濈；牛不歸而息，亦不見其耳之濕濕。兩言『來思』，皆所以見牢之成也。故首章及之。」先言羊、後言牛者，羊躁進競前，又其性畏露，每歸嘗先於牛。《君子于役》篇所謂「羊牛下來」、「羊牛下括」是也。古人立言之不苟如此。○**或降于阿**，歌韻。**或飲于池**，支韻。阿與訛叶，池與思叶，隔句為韻。亦叶歌韻，唐何翻。**或寢或訛**。歌韻。《韓詩》、《讀詩記》、豐氏本俱作「譌」。**爾**《詩緝》作「而」。**牧來思**，支韻。何豐本作「荷」。後同。**蓑**豐本作「衰」。**何笠，或負其餱**。叶宥韻，讀如候，胡茂翻。**三十維物，爾牲則具**。叶宥韻，忌救翻。○賦也。「阿」，曲阜也。孔安國云：「停水曰池。」「訛」，本作「吪」，《說文》云：「動也。」徐鍇云：「臥既覺，必有聲氣也。」言羊牛之歸者歸矣，而其未歸者或降阿，或飲池，又或寢者，或訛者，其不一如此，後乃將次第而來歸也。「爾牧」，指牧養牛羊之人，與末章「牧人」不同。彼乃官名，統此牧者。「來思」，亦謂日將夕而驅牛羊以來歸也。「何」，《說文》云：「儋也。」即負荷也。「蓑」，《說文》云：「草雨衣也。」「笠」，《儀禮注》云：「竹篛蓋也。」有柄曰簦，無柄曰笠。「蓑」、「笠」，皆雨具。今蓑何之而不披，笠何之而不戴，則亦但備之而已。又，笠兼所以禦暑，日夕則笠亦無所用也。「負」之言「背」，蓋音近也。古負有背音。《史記・晉世家》：「負父之命。」《正義》「音佩」是也。《釋名》云：「置項背也。」徐鍇云：「飯乾曰餱。」言牛羊布滿於山谷之間，而牧人持雨具，齎飲食，從其所如，以順適其性。故於其來歸之時，見其裝束如此。「物」，謂毛物，與「比物四驪」之「物」同。「三十維物」，兼牛、羊、豕、犬、雞五者言之也。按：《周禮・牧人》職云：「掌牧六牲而阜蕃其物，以供祭祀之牲牷。凡陽祀，用騂牲毛之；陰祀，用黝牲毛之；望祀，各以其方之色牲毛之。凡時祀之牲，必用牷物；凡外祭毀事，用尨可也。」舊說本《爾雅》六畜之名為六牲，謂牛、馬、羊、豕、犬、雞也。愚以為不然。馬以供駕乘之用，原不可為牲。所謂六牲者，止是以毛色別之耳。青、赤、黃、白、黑五色並尨為六色。凡牲皆具此六色，故謂之六牲。尨者，厖也。雜色曰厖，純色曰牷。天與宗廟為陽祀，牲毛用赤。地與社稷為陰祀，牲毛用黑。望祀嶽瀆則隨其方之色以取其毛。山川以下，凡四時之常祀，則不拘何色，但必取其毛色之純者。其副辜、候禳、毀除、殃咎之屬，謂之毀事，則用褾色之毛。此皆所謂物也。每牲六色，五六三十，故云「三十維物」。「爾牲則具」，兼祭祀燕享言。「牲」，謂牛羊也。鄭云：「始養之曰畜，將用之曰牲。」「具」，備也。毛物有三十，牛羊各居其六，

爾之牲，索則皆有之也。按：《周禮・牛人》職云：「掌養國之公牛，以待國之政令。凡祭祀，共其享牛，以授職人而芻之。凡賓客之事，共其牢禮積膳之牛。饗食、賓射，共其膳羞之牛。軍事，共其犒牛。喪事，共其奠牛。」又，《羊人》職云：「掌羊牲。凡祭祀，飾羔。祭祀，割羊牲，登其首。凡祈珥，共其羊牲。賓客，共其法羊。凡沈辜、侯禳、釁積，共其羊牲。若牧人無牲，則受布於司馬，使其賈買牲而共之。」又，《周禮》有犬人、雞人，獨無豕人，鄭以為豕屬司空，《冬官》亡，故不見。孔云：「此詩唯言牛羊者，豕、犬、雞則比牛羊為卑，故特舉牛羊以為美也。」○**爾牧來思，以薪**豐本作「新」。**以蒸，**韻。**以雌以雄。**叶蒸韻，如乘翻。**爾羊來思，矜矜兢兢，**蒸韻。**不騫不崩。**蒸韻。**麾之以肱，**蒸韻。**畢來既升。**蒸韻。○賦也。再言「爾牧」者，牛羊多則牧養者亦必多，故復舉之也。上言「來思」，是方歸來之時，此則已來而至矣。鄭云：「粗曰薪，細曰蒸。」《說文》云：「雄，鳥父。雌，鳥母。」此言牛羊馴擾，故牧者亦閑暇，得乘其餘力，拾取柴木，以供爨燎，弋取飛鳥，以備飲食，至暮乃攜之以俱歸也。又言「爾羊來思」者，此是續歸之羊，即前所言「或降于阿，或飲于池，或寢或訛」者。並牛亦在其內，而專以羊言者，羊性躁競行，常在牛前，故特揭之也。「矜」之為言「兢」也，「兢」之為言「競」也。陵矜不讓，競先爭歸，此羊態也。又，陸云：「『矜矜』，言羊之愛牧人也。『兢兢』，言羊之畏牧人也。牧之為道，擾之以順其性，故能使物愛；支之以制其放，故能使物畏。」亦通。「不騫不崩」，舊說以「騫」為「虧損」，似也；以「崩」為「群疾」，則殊不倫。愚有二說，皆可通。《天保》言「如南山之壽，不騫不崩」，則此指山體言也。山之中有虧損者，有崩圮者。今群羊皆循正道而行，未嘗奔逸旁出於崎嶇險仄之處，致難收攝。此一說也。又，《說文》解「騫」為「馬腹縶也」。「崩」，通作「繃」，束也。言此羊馴擾之極，不假縶維之拘束之，但聽其自行。賈思勰所謂「羊必須老人及心性宛順者，起居以時，調其宜適，緩驅行，勿停息。若使急性人及小兒者，攔約不得，必有打傷之災。或懶不驅行，則無肥充之理」是也。此又一說也。「麾」，通作「摩」，亦作「撝」。王逸云：「以手教曰麾。」「肱」，徐鍇云：「臂上一節也。」「畢」，《說文》云：「田罔也。」以罔羅物，盡入其內，故《爾雅》又訓「畢」為「盡」，言畢則兼及牛可知。以牛隨羊後而至，故檃括之也。「升」之為言「進」也。「既升」者，牛羊皆進入於閑也。至是而一日之牧事畢矣。○**牧人乃夢，**豐本作「癮」。**眾維**《潛夫論》作「惟」。後同。魚韻。**矣，旐**

維旟魚韻。矣。大人占之，眾維魚矣。實維豐年，叶真韻，奴因翻。
旐維旟矣，室家溱溱。真韻。《潛夫論》作「蓁蓁」。豐本作「蓁蓁」。○
賦也。「牧人」，說見次章。仲山甫云：「牧協職。」《周禮・牧人》：「下士六
人，府一人，史二人，徒二十人。」上章言牧事有成，物各得所如此，則年豐
人阜，自是此時景象所有，故其朕兆形於牧人之夢。或以為託言者，非也。
「眾維魚矣」，言初見為眾，而忽見為魚。「旐維旟矣」，言初見為旐，而忽見
為旟。皆夢景如此。「大人占之」，解見《斯干》篇。按：《周禮・占夢》職云：
「歲終，獻吉夢於王，王拜受之。」孔謂天下臣民有為國夢者，其官得而獻
之。蓋此夢是也。人多為眾，而魚則其族尤盛，故為豐年之兆。以年豐則人蕃
物阜，故夢眾，又夢魚，蓋富庶之象也。鄭云：「旐旟所以聚眾。」按：《周
禮・司常》職云：「州里建旟，縣鄙建旐。」州里是州中之里，乃六鄉之屬，
與五鄰之里不同。《爾雅注》以邑居為里，故《鄉師》職云：「凡四時之田，前
期，出田法於州里」；《州長》職云：「三年大比，則大考州里。」里繫於州，
知其非六遂中五鄰之里也。縣鄙乃六遂之屬，詳《司常》之文。鄉遂所建，惟
旐旟二物。今既夢旐，又夢旟，則鄉遂之眾羅列咸在，故其象為「室家溱溱」。
男有室，女有家。「溱」，通作「蓁」，草盛貌，言生齒殷盛也。徐光啟云：「記
曰：『問眾人之富，數畜以對。』若止前三章，則一庶人之富已耳。有此一章，
便關天下國家之大。」鄒云：「詩人點綴中興富庶之兆如此。向使千畝之籍時
修，太原之民不料，此豐年溱溱者正未有艾矣。」曾鞏云：「竊觀於詩，其所
言者，蓋農夫女工築室治田、師旅祭祀、飲尸受福委曲之常務，至於兔罝之
武夫行修於隱，牛羊之牧人愛及微物，無不稱紀，所以論功德者繇小以及大，
其詳如此。後嗣所以昭先人之功，當世之臣子所以歸美其上，非徒薦告鬼神，
覺寤黎庶而已也。《書》稱『勸之以九歌，俾勿壞』，蓋歌其善者，所以興其嚮
慕之意，防其怠廢難久之情。養之於聽，而成之於心，其於勸帝者之功美，昭
法戒於將來，聖人之所以列於經垂為世教也。」又，陳際泰云：「卜夢之說，
惟人以其意言之，未知其果安在也。眾何以為魚也？民其魚乎？旐何以為旟
也？小其大乎？不數十年，諸侯分爭，神州陸沉，而徐、吳、楚、越淫名上淹
於天子，牧人之夢已妖矣。」馮時可云：「宣王《雅》終《無羊》，隱之哉！三
百九十，溓溓濕濕，牧盈而牧人志亦盈矣。『眾維〔註49〕魚』、『旐維旟』，盈
之感也。太卜之官，雷同獻諛，豐年溱溱，何以稱焉？吁嗟！虛美薰心，信吉

〔註49〕「維」，底本誤作「為」，據四庫本改。

忘凶。太子晉傷之，曰：『自我先王，厲、宣、幽、平，貪天禍，至於今未弭。宣之埒於三王也，其以鮮終哉！』」按：二論亦有理，並存之。

《無羊》四章，章八句。《申培說》云：「宣王考牧，史籀美之。」按：宣王諸詩，申說多以為史籀作，亦無據。又按：《竹書》紀宣王八年初考室，意考牧亦同時事也。

車攻

《車攻》，美大田也。宣王朝諸侯於東都，遂狩於圃田，詩人美其能復古。按：《竹書》：「宣王九年，王會諸侯於東都，遂狩於甫〔註50〕。」即此詩事也。又，《墨子》云：「周宣王殺其臣杜伯而不辜。杜伯曰：『吾君殺我而不辜，若以死者為無知則止矣。若死而有知，不出三年，必使吾君知之。』其三年，周宣王合諸侯而田於圃田，車數百乘，從數千，人滿野。日中，杜伯乘白馬素車，朱衣冠，執朱弓，挾朱矢，追周宣王。射入車上，中心，折脊，殪車中，伏韜而死。當是之時，周人從者莫不見，遠者莫不聞。著在周之《春秋》。」今考《竹書》，則殺杜伯乃宣王四十三年事，至四十六年而王陟。豈宣王之時曾兩合諸侯於圃田歟？《序》云：「《車攻》，宣王復古也。宣王能內修政事，外攘夷狄，覆文、武之境〔註51〕土，修車馬，備器械，復會諸侯於東都，因田獵而選車徒焉。」朱子云：「此詩所賦，自『修車馬，備器械』以下，其修政事，攘夷狄，則前乎此矣。」孔穎達云：「《序》以選徒本為田獵，故言『因田獵選車徒』也。言因者，以見王為因會而獵也。王者能使諸侯朝會，是事之美者，故以會諸侯為主焉。」嚴粲云：「宣王中興，為東都之會。詩人自於復見威儀之盛，故鋪張揚厲，以見喜談樂道之意。」鄒忠胤云：「嘗觀《無逸》之訓曰：『繼自今嗣王，則其無淫於觀、於逸、於遊、於田。』乃詩美宣王田事，何也？此正宣王所為無逸也。蓋古者蒐苗獮狩之法實與軍政相為表裏，先王陰用其道，使人繇而不知，而後王藉為利獸之樂。宣王之舉則異乎是。彼其乘積衰之後，奮然圖治，蠱事終而鼎事始，東萊呂氏所謂『王賦復，軍實盛，師律嚴，上下洽，綜理周』者，蓋具見之。」《左傳》：「楚椒舉曰：『夏啟有鈞臺之享，商湯有景亳之命，周武有孟津之誓，成有岐陽之蒐，康

〔註50〕「甫」，《竹書紀年》同，四庫本作「圃」。
〔註51〕「境」，底本誤作「竟」，據四庫本改。

有酆宮之朝，穆有塗山之會，皆所以示諸侯禮也，諸侯所繇用命也。夏桀為
仍之會，有緡叛之。商紂為黎之蒐，東夷叛之。周幽為太室之盟，戎狄叛之。
皆所以示諸侯汰也，諸侯所繇棄命也。』」然則講事度軌，豈繁細故，其亦趾
美成康者歟？王道云：「天下雖安，忘戰必危。故周、召二公於成王、康王之
初，皆以『詰爾戎兵』、『張皇六師』為言，正恐守文之主溺於宴安，忽忘武
備，馴至陵夷，以階禍亂耳。況周家以仁厚立國，其勢頗弱，穆王幾致徐方之
亂，昭王南征不復，至於厲王，遂死於彘。雖諸王君人之道有所未盡，而兵威
不振，無以懾服人心，亦可見矣。宣王丁積衰之後，乃能蒐乘講武，蓄威昭
德，以成中興之美，以復祖宗之舊，深合二公詰兵之意，故詩人喜而幸之。」

我車既攻，東韻。《子貢傳》、《申培說》、豐氏本俱作「工」。**我馬既同。**
東韻。**四牡龐龐**，叶東韻，盧東翻。**駕言徂東。**韻。○賦也。《考工記》
攻木之工七：輪、輿、弓、盧、匠、車、梓。董氏云：「攻者，治也。治而成
其良，故曰攻。」「同」，齊也，《爾雅》云：「宗廟齊毫，戎事齊力，田獵齊
足。」毛《傳》云：「齊毫尚純也，齊力尚強也，齊足尚疾也。」孔云：「祭於
宗廟，當加謹敬，取其同色也。兵革戰伐之事，當齊其力以戰。田獵取牲於苑
囿之中，追飛逐走，取其疾而已。」此車馬皆所以備田獵之用者。曰「既攻」、
「既同」，見天子中興，百度惟新，田賦復，馬政修，非如昔日車馬之凋敝也。
朱善云：「『車』、『攻』、『馬』、『同』，泛言其軍實之盛也。『四牡龐龐』，則自
君子所乘者言之也。」「龐」，通作「厖」，《說文》云：「石大貌。」蓋象馬之
壯大也。凡君出，必先命有司所之，故曰「駕言」。「徂」，《說文》云：「往也。」
「東」，東都雒邑也。《左傳》：「成王合諸侯城成周，以為東都。」宣王既備車
馬，因命駕，將如東都。嚴云：「言往東都，未言所為之事也。」蔡汝楠云：
「周公營雒，非獨化殷。中原之地，鎬遠雒近。雒中乃兵車輻湊之處，天子都
鎬以建邦，極幸雒以合中原，正聖人貽謀之精也。《車攻》幸雒蒐狩，故詩人
美而詠之。」晁氏云：「昔夏后初都陽城，南踰雒陽百里而遠。成湯遷亳，殷
東踰雒陽五十里而近。皆會雒陽而不都。周興，武王既定鼎郟鄏。厥後，召公
相宅雒邑，周公營成周，其意盛矣。而成王卒不果遷。逮夫宣王中興，自濟之
雒，狩於圃田，及於敖山，因以朝諸侯，《車攻》之詩作焉。豈不欲成周、召
之志歟？惜夫宣王卒，亦不果遷矣。至平王是遷，而周衰矣。」王安石云：
「成王欲宅雒者，以天事言，則日東景朝多陽，日西景夕多陰，日南景短多
暑，日北景長多寒。雒，天地之中，風雨之所會，陰陽之所和也。以人事言，

則四方朝聘貢賦，道里均焉。雖然，鎬京，宗廟、社稷、官府、宮室具在，不可遷也，故於巡時會諸侯而已。何以知其如此？以詩考之。宣王時會諸侯於東都，而《車攻》謂之復古。」鄒云：「夫東都者，蓋先王之所高會，四方之所軌則。康朝酆宮，穆會塗山，皆不於東都。若夫楚澤膠舟，徐方回馬，又無論矣。宣王此舉，豈非目中夏而布德，瞰四裔而抗棱者哉？」按：《春秋》：「成周宣榭火。」《公羊傳》謂「成周者，東周也」。《楚語》云：「先王之為臺榭也，榭不過講軍實。」汪克寬謂「疑宣王南征北伐，講武於此，遂以為廟」。張洽則謂「宣王復會諸侯於東都，因存其廟。古者，祖有功，故不毀也」。○**田車既好**，叶有韻，許厚翻。**四牡孔阜**。有韻。豐本作「駓」。**東有甫**《文選注》、《水經注》俱作「圃」。《後漢書》作「圃」。**草**，叶有韻，此苟翻。《群書音辨》、豐本俱作「艸」。**駕言行狩**。叶有韻，始九翻。豐本作「守」。○賦也。嚴云：「此章乃言所為之事。」「田車」，田獵之車，木路是也。《周禮》：王五路，五曰木路。以田，亦曰田路。《考工記》云：「田車之輪六尺有三寸。」「好」，善也。「四牡」，即上章之「四牡」，所以駕王車者。《周禮》所謂「田馬」也。「孔阜」，解見《駉鐵》篇，高厚之意。上言「龐龐」，象其大；此言「孔阜」，則象其高而且厚也。「甫草」，鄭云：「甫田之草也。鄭有甫田。」《爾雅》作「圃田」，十藪之一。澤無水者曰藪。郭璞云：「今滎陽中牟縣西圃田澤是也。」《郡縣志》云：「圃田澤，一名原圃，在中牟縣西北七里。其澤東西五十里，南北二十六里。」或疑下章言「搏獸於敖」與此「甫草」行狩地名互異，謂不應既獵於此，又獵於彼。按：今《河南通志》，古敖城在滎澤縣西南十七里。滎澤南至鄭州界五里，鄭州東至中牟縣界三十五里。中牟、滎澤在晉，俱屬滎陽郡，在金俱屬鄭州。至我朝以滎澤屬鄭州，與中牟俱隸開封府，二地相去本不甚遠。據郡縣志，言圃田澤東西長五十里，則敖地正在圃田中耳。酈道元云：「圃田澤多麻黃草。《述征記》曰：『踐縣境便睹斯卉，窮則知蹢界。』《詩》所謂『東有圃草』也。」孔云：「宣王之時，未有鄭國。圃田在東都畿內，故宣王得往田焉。」按：宣王封庶弟友於西都咸林之地，是為鄭桓公。其子武公，當平王時，徙封於東都。然後圃田為鄭地。陳傅良謂「《詩》不以圃田繫鄭，猶《春秋》不以沙麓繫晉」，以為「九州川浸澤藪，名在職方，不屬諸侯之版」。此說非也。其所以取名為甫者，毛《傳》訓「甫」為「大」。《周語》云：「藪有圃草，囿有林池。」韋昭亦訓「圃」為「大」。古文「甫」、「圃」通用。然則此藪蓋亦以有茂大之草而得名。《穆天子傳》所云：「天子里

甫田之路，東至於房」，即此地也。「行」，謂往至彼也。「狩」，《爾雅》、《周禮》、《左傳》皆以為冬獵之名。按下章言「之子于苗」，則是夏獵。而此云「狩」者，孔氏謂「凡田之禮，惟狩最備，故以為獵之總名」。又，蒐、苗、獮、狩，四時雖各異名，惟苗、獮二者不為他時他事借用。若比年簡徒，亦名為蒐。五年大簡車徒，名謂大蒐。《春秋》書蒐者五，皆簡車徒之蒐也。豈非以春蒐為田事之始，冬狩為田事之終，故大其名而藉以他用乎？胡安國云：「蒐、狩，所以講大事也。然不時則害農，不地則害物。田狩之地，如鄭有原圃，秦有具囿，皆常所也。違其常所，犯害民物，而百姓害之，則將聞車馬之音，見羽旄之美，舉疾首蹙頞而相告，可不謹乎！」錢天錫云：「行狩分明，以收文、武之盛業，合宇宙之人心，非區區從獸也。」○**之子于苗**，蕭韻。亦叶豪韻，謨袍翻。**選徒囂囂**。蕭韻。亦叶豪韻，牛刀翻。豐本作「嚻」。**建旐設旄**，豪韻。**搏**《東京賦》、《水經注》、《後漢書注》俱作「薄」。**獸**《東京賦》、《水經注》、《後漢書注》俱作「狩」。**于敖**。豪韻。○賦也。「之子」，毛云：「有司也。」朱子云：「不敢斥王，故以有司言之。」「于」者，助語之辭，字本作「亏」，《說文》云：「象氣之舒。從丂從一。一者，其氣平之也。」試言於，則口氣直平出也。末章「之子于征」放此。「苗」，《周禮》、《爾雅》、《左傳》皆以為「夏獵之名」。《公羊傳》以「苗為春獵」，又謂「夏不田」，非也。所以名苗者，杜預云：「為苗除害也。」又，鄭玄、孫炎皆以為「擇取不孕任者，若治苗去不秀實者」。劉向亦云：「苗者，毛也。取之不圍澤，不掩群。取禽不麛卵，不殺孕重者。」「選」，通作「算」，亦作「撰」，數也。「徒」，步行之眾也。不言車者，舉徒以該車，亦以首章先已言車。至第七章「徒御不驚」，則於二者皆兼舉之也。「囂」，《說文》云：「聲也。氣出頭上。從䇂從頁。頁，首也。」鄭氏云：「象聲之形。聲形不可象，故象其氣從口出也。」重言「囂囂」者，以車徒多，故算數之聲眾而且盛。按：《周禮·大司馬》職【云：「中夏教茇舍，如振旅之陳。群吏撰車徒，讀書契，辨號名之用，帥以門名，縣鄙各以其名，家以號名，鄉以州名，野以邑名，百官各象其事，以辨軍之夜事。其他皆如振旅。遂以苗田，如蒐之法。」鄭氏《注》云：「茇舍，草止也。軍有草止之法。草止者，謹於夜，於是主別其部職。」王安石云：「『教茇舍』者，教以草舍之法。『撰車徒』，所以具之。『讀書契』，所以聲之。皆比軍事也。比軍事為將茇舍焉。古者晝戰則目相視，故為之旗旄；夜戰則聲相聞，故為之號名。草舍，欲其名聲相聞，足以相別而已。『辨號名』，固其宜也。」此

詩所詠「選徒囂囂」，即《周禮》「撰車徒，讀書契，辨號名」之事也。時王行未至東都，而有司戒徒以待其事如此。「旂」者，郊野縣鄙所建。《周禮》：「中秋教治兵」，則郊野載旂。及國之大閱，則縣鄙建旂。其夏苗建旂，禮無明文。然引類通之，距國五百里為遠郊。周之東都在今河南府，敖在今開封府，與東都相去正四五百里，其地則遠郊之野，其人則畿內縣鄙之眾，理皆得建旂也。「建」，樹也。樹以致民，非建之於車之謂。「設」，施也。「旄」者，以旄牛尾結為之。施於旂之首，如今之幢。解見《干旄》篇。「搏」，《說文》云：「索搏也。」與「捕」同義。搏獸在天子、諸侯、大夫既射之後，《王制》所謂「佐車止則百姓田獵」是也。「建旂設旄」，以召致縣鄙之民近於敖地者，俾皆來會而搏獸於敖，此又出選徒之外。《周禮・縣師》職云：「若將有田役之戒，則受法於司馬，以作其眾庶，使皆備旗鼓兵器，以帥而至。」《遂人》職云：「凡師田，任野民帥而致，以遂之大旗致之。」《縣正》職云：「若將用野民師田行役，則帥而至。」皆其事也。「敖」，山名。《史記》作「隞」，《尚書序》作「囂」。殷帝仲丁遷都於囂，即此。周時名北制，其城在敖山之陽。秦於此築倉，是為敖倉，亦曰敖庾。《郡國志》云：「河南滎陽有敖亭，周宣王狩於敖。」即其地也。呂祖謙云：「晉師救鄭，在敖、鄗之間。士季設七覆於敖前。則敖山之下，平曠可以屯兵，翳薈可以設伏。所謂『東有甫草』，即此地也。宣王之往東都，以會諸侯為主，因田獵以選車徒。而二章、三章先言田獵者，蓋有司先為戒具，以待畢而田獵也。」○駕彼四牡，四牡奕奕。陌韻。赤芾《白虎通》作「綍」。豐本作「市」。金舄，陌韻。會同有繹。陌韻。○賦也。「四牡」，即前章之「四牡」，王所乘也。嚴云〔註52〕：「泥一『彼』字，以為指諸侯之四牡。」非是。「奕」，《說文》云：「大也。」曰「奕奕」者，大而相連之貌。或通作「翼翼」。此時王已行而將至矣。「赤芾」以下，言諸侯來朝也。《序》所謂「會諸侯於東都」者即此。天子朱芾，諸侯赤芾。然按禮，君鞞用朱，則諸侯之在其國亦得用朱芾。唯入朝於天子乃用赤芾，所以別於天子也。又，禮，三命以上皆赤舄。說見《采芑》篇。羅泌云：「《車攻》之諸侯會王，則赤芾而不以朱；《覲禮》之侯氏朝，則墨車而不以輅。蓋諸侯之在國，則南面制節，以存君道，而有以與王同；徠朝，則北面謹度，以全臣道，而必以與王異。此禮之大辨也。」「舄」，毛云：「達屨也。」《古今注》云：「以木置履下，乾臘不畏泥濕，故曰舄。」《說文》本「䋘」字，象形。陸佃云：

「今通為『履舄』之『舄』。古人居欲如燕，行不欲如鵲，故借為舄字，所以為行戒也。」孔云：「重底者名舄，單底者名屨。凡屨、舄，各象其裳之色。《周禮·屨人》職云：『掌王及后之服屨，為赤舄、黑舄、赤繶、黃繶、青句、素屨、葛屨。』」「繶」者，牙底相接處，綴條於其中。「句」，通作「絇」，謂絇頭以條為鼻。「絇」者，拘也，取拘持之義。舄以赤為上，王冕服之舄也。然《詩》詠周公曰「赤舄几几」，詠韓侯曰「玄袞赤舄」，則諸侯之舄與王同。此云「金舄」者，鄭以為黃朱色。按：黃朱色名金，義所未聞。當是諸侯之舄雖赤色，而終與王之赤舄異。大都朱色較淺，黃色較深。金之為色黃，主黃而言，故遂曰「金舄」也。孔謂「加金為飾」，殊無依據。若唐制，以金飾履，則亦祖孔之說耳。《周禮·大宗伯》職云：「時見曰會，殷見曰同。」鄭氏《注》云：「『時見』者，言無常期。諸侯有不順服者，王將有征討之事，則既朝覲，王為壇於國外，合諸侯而命事焉。《春秋傳》曰『有事而會』是也。『殷』，猶眾也。十二歲，王如不巡狩，則六服盡朝。朝禮既畢，王亦為壇，合諸侯以命政焉。」「繹」，《說文》云：「抽絲也。」抽絲愈長，連屬之義也。故往來不絕曰絡繹。「會同有繹」者，言諸侯先此既已行會同之禮矣，因王有於苗之舉，復於會同之外絡繹而來朝見也。或問：「諸侯見王，不過春朝、夏宗、秋覲、冬遇、時會、殷同六禮。此有繹而來，既不名為會同，當屬何禮？」曰：「彼所謂賓禮也，此則大田簡眾之禮，所謂軍禮也。大宗伯以賓禮親邦國，以軍禮同邦國。觀秋】〔註53〕獮及大閱頒旗物之法，皆有諸侯載旐建旟之文可見矣。」從王於田，必先見王，則此詩所詠是也。舊說不達文義，即以此舉為會同。又見會、同原屬二禮，不得並行，遂謬為會同即來朝之通稱。孔氏則但以字義強解，謂「會者，交會；同者，同聚」，其鄙率可笑更甚。曹居貞云：「東都雒邑本諸侯朝覲之地，而夷、厲以來，此禮久廢。宣王中興復古，甫見斯會，詩人所以美之也。」陳際泰云：「此宣王微權之所在也。天下新服，不可不借蒐狩之禮，略地而會諸侯，以振耀其甲兵。是故天王狩於河陽，因狩而行朝禮，文公之微權也；車攻狩於東都，因狩而行會禮，宣王之微權也。」○**決**《周禮注》作「抉」。陸德明本作「夬」。**拾既佽**，叶支韻，讀如茲，津之翻。荊有佽飛，《呂氏春秋》作「茲飛」，可證。《周禮注》作「次」。**弓矢既調**。叶東韻，徒紅翻。此章四句以中二句相連為韻，首末二句遙應為韻，亦一奇體。豐氏本作「弓矢既調，決拾既佽」。**射夫既同**，東韻。**助我舉柴**。

〔註53〕按：【】內容，底本缺頁，據四庫本補。

叶支韻，楚宜翻。《說文》作「茈」。○賦也。諸侯既會，將行田獵，此章乃言
其庀器除地之事。「決」，通作「抉」，其義訓挑也。毛云：「鉤弦也。」朱子
云：「以象骨為之，著於右手大指，所以鉤弦闓體。」詳見《芄蘭》篇。「拾」，
義訓「掇」。鄭云：「韝捍也。著左臂裏，以韋為之。」《詩詁》云：「韜左臂，
拾其衣袖以利弦，曰拾。亦名為遂，取其能遂弦也。《內則》名為捍，為其可
以捍弦也。」陳祥道云：「捍、拾、遂，一物而三名。」決以護大指，拾以護
左臂。「佽」，《說文》云：「便利也。」「弓」、「矢」字俱象形。呂不韋謂「蚩
尤作弓」，荀卿謂「浮遊作矢」，《說文》、《世本》皆謂「揮作弓，夷牟作矢」，
《山海經》謂「少皞生般，是始弓矢」，莫之詳也。「調」，《說文》云：「和也。」
鄭云：「謂弓強弱與夫輕重相得。」《周禮·司弓矢》：「掌六弓八矢之法，辨其
名物。夾弓、庾弓，以授射鳥獸者。殺矢、鍭矢，用諸田獵。」《考工記》云：
「凡為弓，各因其君之躬，志慮血氣。豐肉而短，寬緩以荼，若是者為之危
弓，危弓為之安矢。骨直以立，忿埶以奔，若是者為之安弓，安弓為之危矢。」
又云：「其人安，其弓安，其矢安，則莫能以速中，且不深。其人危，其弓危，
其矢危，則莫能以願中。」謝枋得云：「矢之輕重，必視弓力之強弱。弓強而
矢輕則不中，弓弱而矢重亦不中。」「既調」，謂配和弓矢以待。觀下章「四黃
既駕」專主王車而言，則此佽「決拾」、調「弓矢」皆是待王射。《周禮·繕
人》職：「掌王之用弓矢抉拾，掌詔王射。」即其事也。「射夫」，自諸侯而下，
凡與於射者之通稱。孔云：「夫者，男子之總名。」按：《賓之初筵》乃衛武公
為王卿士時所作，紀天子大射之事，亦詠「射夫既同」，可見與射之諸侯皆通
稱射夫也。「同」，《說文》云：「合會也。」「助」，《說文》云：「佐也。」主王
事而言，故曰「我」。「舉」，挈也，《說文》云：「對舉也。」「柴」，《說文》云：
「小木散材。」徐鍇云：「師行野次，豎散木為區落，名曰柴籬。後人語譌，
轉入去聲，又別作『寨』字，非是。」愚按：此即艾草為防，纏質為樴之事
也。毛《傳》云：「田者，大芟草以為防，褐纏旃以為門，裘纏質以為樴。左
者之左，右者之右，然後焚而射焉。」孔云：「芟殺野草，以為防限，作田獵
之場，擬殺圍之處。既為防限，當設周衛而立門。乃以織毛褐布纏通帛旃之
竿，以為門之兩傍。其門蓋南開，並為二門，用四旃四褐也。又以裘纏橛質以
為門中之闑。闑，車軌之裏，兩邊約車輪者。以天子六軍，分為左右，令三軍
各在一方。其屬左者之左門，屬右者之右門，不得越離部伍，以此故有二門
也。」《穀梁傳》文與毛小異，云：「艾蘭以為防，置旃以為轅門，以葛覆質以

為楗。」《疏》云：「蘭是草之貴者。廣澤之內，而眾同生。艾之為防，則逢蘭當剪，故舉以包之。置旌以為轅門者，謂以車為營，舉轅為門，又建旌以表之。質者，中門之木梐，謂恐木梐傷馬足，故以葛草覆之以為褻。」合毛《傳》、《穀梁》二說〔註54〕，則防限之設當如柴籬。豎梐門中，原需短木，故皆用柴。特以萊田立表乃虞人事，而眾射夫協為之，是之謂「助我舉柴」也。內如諸侯大夫，雖無自舉柴之理，然命其部眾舉之，亦得名助。又按：《禮記・月令》：「季冬，收秩薪柴。」《注》謂「大者可析謂之薪，小者合束謂之柴。薪施炊爨，柴以給燎」。故《爾雅》「祭天曰燔柴」，《注》以為「既祭，積薪燒之」。今宣王此舉，乃屬夏苗。夏苗之教，以茇舍為名。其所辨者，軍之夜事，當是夜獵，蓋所以習夜戰也。夜必用燎，故《爾雅》云「宵田為獠」，或亦取義於燎。郭璞《注》云：「即今夜獵載爐照也。」然則「助我舉柴」，所以給燎，亦通。但如此說，則射夫不過指士卒輩耳。自《說文》改「柴」為「㧘」，其義訓「積」，先儒遂以為「舉積禽也」。夫苗事未行，何禽之積？試按章次繹之，亦自覺其不可通矣。○**四黃既駕，兩驂不猗**。叶實韻，於寄翻。亦叶箇韻，於箇翻。朱《傳》、豐本俱作「倚」。**不失其馳**，叶實韻，直喜翻。亦叶箇韻，徒臥翻。**舍**音捨。**矢如破**。箇韻。亦叶實韻，披義翻。○賦也。此章方言田獵事，以首句貫之，知專主宣王言也。「四黃」，即前之「四牡」。王云：「向曰『四牡』，則既言力之強；今曰『四黃』，則又言色之純。」陸佃云：「黃騂曰黃。黃亦馬之上色，故《駉》頌首章曰『有驪有黃』也。《明堂位》曰『周人黃馬蕃鬣』，言吉事乘此，《詩》曰『四黃既駕』是也。」愚按：《周書・康王之誥》：諸侯入見新王，「皆布乘黃朱」。《注》謂「陳四黃馬而朱其鬣，以為庭實」，是亦周馬貴黃之明證。又，《漢樂府》云：「君馬黃，臣馬蒼。」獨言「兩驂」者，驂在服外，易於出入也。陸謂「天子之馬，盛則駕六，常則駕四」。以四黃兩驂為駕六，要屬臆說，不足信。「猗」，通作「倚」。朱子云：「偏倚不正也。」《韻會》云：「相附著也。」「馳」，《說文》云：「大驅也。」「不失」，謂不失其法。「舍」，通作「捨」，釋也。「如破」者，鄭云：「矢發則中，如椎破物也。」舊說謂「自左膘達於右腢為上殺」，能如是，則可謂「如破」矣。此章之義，須取《穀梁》及毛氏二傳解之方明。《穀梁傳》云：「艾蘭以為防，置旌以為轅門，以葛覆質以為褻。流旁握，御璽者不得入。車軌塵，馬候蹄，掩禽旅，御者不失其馳，然後射者能中。過防弗逐，不從奔之道也。」

《疏》云：「『流』、『旒』古字通。『流旁握』者，謂建旌表門之旒旁，去車之兩軸各一握。握，四寸也。『擊』，謂掛著。若車掛著門，則不使得入，以恥其御拙也。『車軌塵』，謂驅車塵不出軌轍。『馬候蹄』，謂四蹄皆發，後足躡前足而相伺候。『掩禽旅』，旅，眾也，謂掩取眾禽。」愚按：《禮》云「不掩群」，何得盡旅禽而掩取之？詳其語意，聯屬下文，言欲掩取眾禽，必須御者不失馳驟之節，然後射可中而禽可得，非謂真掩旅也。至若車掛門，則自不能入，亦非謂其御拙取之使不得入也。毛《傳》之文與《穀梁》少異，云：「褐纏旆以為門，裘纏質以為槷。閒容握，驅而入，繫則不得入。」《疏》云：「門之廣狹，兩軸頭去旆竿之間各容一握。握，人四指為四寸。是門廣於軸八寸也。入此門，當馳走而入，不得徐也。若驅之其軸頭繫著門旁，則不得入也。」合以上二傳文觀之，車兩軸去門各止四寸，其窄已甚。若軸頭掛於門，則不得入，故有貴於「兩驂不倚」也。入此門，當馳走而入，蓋乘車馳之勢以從禽，若稍徐則禽必失，故有貴於「不失其馳」也。「不失其馳」，然後射者能中，是以「舍矢如破」也。學者不明古禮，安能解古經哉？又按：《周禮》：「保章氏掌教國子五馭之法：一曰鳴和鸞，二曰逐水曲，三曰道君表，四曰舞交衢，五曰逐禽左。」詳俱見《太叔于田》篇。五御中，惟道君表、逐禽左二者為田獵所用。若此章之御，乃道君表耳。所以知其非逐禽左者，以逐禽左乃驅逆之車，名為佐車，此首云「四黃既駕」，則君車也，故知其為道君表也。詳此，則上章先言「助我舉柴」正為此章而發。其為設防樹槷之事，無可疑者。《孟子》云：「昔者，趙簡子使王良與嬖奚乘，終日而不獲一禽。嬖奚反命，曰：『天下之賤工也。』或以告王良，良曰：『請復之。』彊而後可，一朝而獲十禽。嬖奚反命，曰：『天下之良工也。』簡子曰：『我使掌與女乘。』謂王良，良不可，曰：『吾為之範我馳驅，終日不獲一；為之詭遇，一朝而獲十。《詩》曰：不失其馳，舍矢如破。我不貫與小人乘，請辭。』御者且羞與射者比。比而得禽獸，雖若丘陵，弗為也。」○**蕭蕭**二字當作去聲讀。**馬鳴**，庚韻。**悠悠旆旌**。庚韻。**徒御不驚**，庚韻。**大庖不盈**。庚韻。○賦也。「蕭」，通作「嘯」，吹聲也。馬鳴之聲似之。重言之者，非一馬也。按：毛《傳》云：「天子發，然後諸侯發。諸侯發，然後大夫士發。」上章所言「舍矢」，是天子發之事。天子既發，則諸侯、大夫、士繼之矣。此所云「蕭蕭馬鳴」，當是諸侯、大夫、士所乘之馬，其更進迭騖之狀，總於此四字括之。又，《周禮‧田僕》職云：「設驅逆之車。凡田，王提馬而走，諸侯晉，大夫馳。」「驅」，謂驅出

禽獸使趨田。「逆」，謂逆要，不得令走。若王提馬首而走其田路，將以趨其禽
而射之，則諸侯自晉其車，大夫自馳其車，皆所以佐佑翼禽，致獲於王也。詳
此，則蕭蕭之聲在此時亦有。然如此，則是但紀天子之射，其諸侯以下之射
更不言及，於紀事之義闕矣。不如前說為密。「悠」，通作「旒」，《說文》云：
「旌旗之流也。」音義與「斿」字俱同。「流」，即「旒」也。以下言施旌皆有
旒，故重言之曰「旒旒」，亦猶「朱幩鑣鑣」，云非一鑣也。「施」，解見《出
車》篇。施惟旒有之，與第三章「建旐設旄」相應。以其地在郊野，故自始事
至終事皆建此旌也。「旌」，解見《干旄》篇。此旌即虞旌也，所以屬禽者。
按：毛《傳》云：「天子發，抗大綏。諸侯發，抗小綏。獻禽於其下。」「發」
者，發矢以射也。「抗」，舉也。「綏」，當作「緌」。旌旗無旒者，周謂之大麾，
《巾車》職所謂「建大麾以田」是也。各舉綏以為表，因獻其所獲之禽於其
下，《田僕》職所謂「令獲者植旌」是也。此第一節事。又，《王制》云：「天
子殺，則下大綏。諸侯殺，則下小綏。大夫殺，則止佐車。佐車止，則百姓田
獵。」「殺」者，射而殺之也。「下」者，弊也，謂弊仆於地也。初殺之時，各
抗其綏而舉之。已殺之後，各僕其綏而弊之。此第二節事。孔氏云：「因置虞
旗於其中，受而致禽焉。受禽獵止則弊之。」此第三節事也。虞又有山澤之
異。《山虞》職云：「若大田獵，則萊山田之野。及弊田，植虞旗於中，致禽而
珥焉。」《注》謂「山虞有旗，以其主山，得畫熊虎。珥者，取禽左耳，以傚
功也」。《澤虞》職云：「若大田獵，則萊澤野。及弊田，植虞旌以屬禽。」《注》
謂「澤虞有旌，以其主澤，澤鳥所集，故得注析羽也」。「屬禽」，亦猶致禽而
珥焉。詳二虞所職，山以旗，澤以旌，各有專屬。圍田繫澤，理當植澤之旌。
今此詩以「旌」言，與《周禮》殊合。先既設旒，後復設旌，蓋正當比禽之
時，而獵事亦將畢矣。「徒」，即選徒之徒。「御」，御車者。《爾雅》合釋「徒
御」為「輦者」，不足信也。「驚」，朱子云：「如《漢書》『夜軍中驚』之『驚』。」
「不驚」，猶言不擾也。此言其分禽時也，大獸公之，小禽私之，何驚擾之為？
《郊特牲》云：「簡其車賦，歷其卒伍，左之右之，坐之起之，以觀其習變也。
而流示之禽而鹽諸利，以觀其不犯命也。求服其志，不貪其得，故以戰則克，
以祭則受福。」按：「流示諸禽而鹽諸利」者，流如水之流，言多也；鹽與豔
通；利則禽也。多示之以禽，而歆豔之以得禽之利。若皆能不犯君命，不貪苟
得，則何往不可？是所謂「不驚」者也。「大庖」，朱子云：「君庖也。」「不
盈」，兼二義。取之節，頒之均，則君庖不得盈滿矣。《王制》云：「天子、諸

侯無事，則歲三田。一為乾豆，二為賓客，三為充君之庖。無事而不田，曰不敬。田不以禮，曰暴天物。天子不合圍，諸侯不掩群。不麛，不卵，不殺胎，不夭夭，不覆巢。」孔云：「一曰乾豆，謂第一上殺者，乾之以為豆實，供宗廟也。二曰賓客，謂第二中殺者，別之以待賓客也。三曰充君之庖，謂第三下殺者，取之以充實君之庖廚也。君尊宗廟，敬賓客，故先人而後己，取其下也。」毛《傳》云：「自左膘而射之達於右腢為上殺，射右耳本次之，射左髀達於右骼為下殺。面傷不獻，踐毛不獻，不成禽不獻。」「膘」，《三蒼》云：「小腹兩邊肉也。」《說文》云：「脅後髀前合革肉也。」徐以為肉最薄處。合革肉，言皮肉相合也。「腢」，郭璞云：「肩前兩間骨也。」「射右耳本」，鄭云：「射當為達。」「髀」，《說文》云：「股也。」「骼」，《釋文》云：「謂水脉也。」《字書》無此字。或作「膘」。孔云：「自左膘而射之，達過於右肩腢，為上殺。以其貫心死疾，肉最潔美，故以為乾豆也。射右耳本，亦自左射之，達右耳本而死者，為次殺。以其遠心，死稍遲，肉已微惡，故以為賓客也。射左股髀，而達過於右脅骼，為下殺。以其中脅，死最遲，肉又益惡，充君之庖也。凡射獸，皆逐後從左廂而射之，達於右骼。言射左髀，則上殺達於右腢，當自左脅也。次殺右耳本，當自左肩腢也。不言自左，舉下殺之射左髀，可推而知也。面傷不獻者，謂當面射之。剪毛不獻，謂在傍而逆射之。二者皆為逆射。不獻者，嫌誅降之義。不成禽不獻者，惡其害幼少。此不能使獵者無之，自君所不取，以示教法耳。」又，范甯云：「上殺中心，死速〔註55〕，乾之以為豆實。次殺射髀骼，死差遲，故為賓客。下殺中腸污泡，死最遲，故充庖廚。」與毛說異也。《穀梁傳》云：「禽雖多，天子取三十焉，其餘與士眾。以習射於射宮，射而中，田不得禽則得禽。田得禽而射不中，則不得禽。是以知古之貴仁義而賤勇力也。」孔云：「三十者，宗廟、賓客、君庖各十也。」按：合圍殺胎等事，在禮既皆有禁。及三等之獲，又惟下殺乃充君庖，且僅止於得十。其餘自總數三十而外，皆以分賜，則大庖不盈可知。愛物之仁，處己之約，待人之周，胥於此見之。後世作賦者曰：「收禽舉胔，數課眾寡。置互擺牲，頒賜獲鹵。割鮮野饗，犒勤賞功」；「樂不極盤，殺不盡物。馬踠餘足，士怒未渫」。蓋亦即此詩而衍之也。而又有云「禽相鎮壓，獸相枕藉。風毛雨血，灑野蔽天」，則幾乎導侈，而先王之意微矣。○**之子于征**，庚韻。**有聞無聲**。庚韻。**允矣**《禮記》作「也」。**君子，展也大成**。庚韻。○賦也。朱

〔註55〕「死速」，范甯《穀梁注》同，四庫本作「速死」。

子云：「此章序其事既畢而深美之也。」「征」，《說文》云：「正行也。」謂以正道行也。「之子于征」，猶云之子之為此行也。「有聞」，謂有聲譽著聞。「無聲」，謂無事條教號令。言不動聲色而人自化之也。蘇轍云：「我必聲之，然後人聞之。我則不聲，而人則聞之。必其實有餘也。」「允」，信也。「君子」，兼德位言。循禮而動，以古為師。信哉！其德足居人上矣。「展」，《說文》云：「轉也。」「大成」，謂功業大有成就。宣王維新，百度整肅，人心繇此轉進而不已，則將有大成之業也。《禮記》：「子曰：『言從而行之，則言不可飾也。行從而言之，則行不可飾也。故君子寡言而行，以成其信，則民不得大其美而小其惡。《小雅》曰：允也君子，展也大成。』」愚按：味孔子之解《詩》如此，亦可以悟「有聞無聲」之說矣。毛《傳》誤解「無聲」為「無喧嘩之聲」，遂將篇中「選徒囂囂」、「蕭蕭馬鳴」、「悠悠旆旌」、「徒御不驚」等語皆槩以無喧嘩解之。諸家遞相祖述，且以此為至極妙義，正不知即如此三字，亦有何名理？有何意趣？古禮典故通不研涉，何繇得見古人？誠可歎也。朱子云：「好田獵之事，古人亦多刺之。畋於有雒，五子作歌，以告太康。恒於游畋，伊尹作訓，以告太甲矣。然宣王之田，乃是因此見其車馬之盛、紀律之嚴，所以為中興之勢者在此，其所謂田者異乎尋常之田矣。」徐光啟云：「『靡不有初，鮮克有終。』故曰行百里者半於九十，言末路之難也。宣王赫然中興，幾覆文、武之舊，而迨其晚節，竟以鮮終，則『展也大成』之一言，已逆窺而微諷之矣。為此詩者，意亦吉甫之流與？」

《車攻》八章，章四句。朱子云：「以五章以下考之，恐當作四章，章八句。」今按：以文勢考之，每章四句，自為段落，條理井然，斷當依舊。○《子貢傳》以為「宣王閱武」，《申培說》以為「宣王大閱於東都，諸侯畢會，史籀美之」，皆妄說也。明言「之子于苗」，何謂大閱乎？

汎彼柏舟

《汎彼柏舟》，衛共姜自誓也。釐侯世子共伯蚤死，其妻守義，母欲奪而嫁之，誓而弗許，故作是詩以絕之。出《序》。朱《傳》從之。但本文「母」字上有「父」字，愚特據經文去之。又，《衛風》有《柏舟》，今加「汎彼」二字為別。○釐侯，一作僖侯。共伯，一作恭伯，名餘，恭其諡也。恭伯娶齊武公之女。考《史記》，齊武公二十四年，周宣王初立二十六年，武公卒，實宣王之三年，衛釐侯二十八年。周宣王立四十二年，釐侯卒，實宣

王之十五年。俱與《竹書》合。世子共伯之卒，其年無考。據詩中有「母也天只」之語，當在武公已歿之後。

汎彼柏舟，在彼中河。歌韻。髧《說文》作「統」。《釋文》作「忼」。**彼兩髦**，《韓詩》作「鬏」。《說文》作「髳」。**實維我儀**。叶歌韻，牛河翻。**之死矢靡它**。歌韻。今本或作「他」。**母也天**叶真韻，汀因翻。**只，不諒**《爾雅》作「亮」。**人**真韻。**只！**興也。「柏舟」，解見《亦汎其流》篇。共姜取以自況也。「中河」，河中也。舟在河中，猶婦人之在夫家，舟不可以去水，以興婦必不可以他適也。曹氏云：「齊地西以河為境，而衛居河之西。共姜歸齊，則當乘舟渡河而去，故即此以起興。」又，季本云：「柏舟堅實而在中河，以比志節之堅，而夫死無所著也。」亦通。「髧」，朱子云：「髮垂貌。」按：《說文》無「髧」字，惟作「統」。《葛覃》注云：「統，織五采如絛狀，用縣瑱者。」此則繫髦之絛也。毛《傳》云：「髦者，髮至眉。子事父母之飾。」項安世云：「以髮作偽髻，垂兩眉之上，如今小兒用一帶連雙髻，橫繫額上是也。」《禮記注》云：「髦，象幼時鬌。」小兒剪髮也。兒生三月，剪髮為鬌，男角女羈，夾囟曰角，兩髻也。午達曰羈，三羈也。否則男左女右。長大猶為飾存之，謂之髦，所以順父母幼小之心，《內則》所云「子事父母拂髦」是也。若父母有先死者，於死三日脫之。服闋，又著之。若二親並歿，則因去之矣。《玉藻》所云「親沒不髦」是也。又云：「父死，脫左髦。母死，脫右髦。」親始死，猶幸其生，未忍脫之，故士待既殯、諸侯待小殮而後脫之也。世子朝君，亦以拂髦為飾。所謂拂髦者，謂拂去髦上之塵也。此兩髦之人，指共伯也。以夫已死，不忍斥，故以其生前事親之飾言之。「我」，共姜自我也。「儀」，呂氏云：「以夫為法也。猶夫曰皇辟，辟亦法也。」「刑于寡妻」之謂也。又按：《爾雅》、毛《傳》皆訓「儀」為「匹」。《書》「鳳凰來儀」，《注》以為「相乘匹」。及《國語》「丹朱馮身以儀之」，《注》亦謂「馮依其身而匹偶之」。二義皆通。「之」，猶至也。「矢」，誓也。「靡」、「無」通。「它」，它適也。言至於死，誓不他適也。「母也天只」，情極而呼天以告也。「只」，《說文》云：「語已辭也。」陸佃云：「女子從母而已，故稱母焉。」朱子云：「母之於我覆育之恩，如天罔極，故曰『天只』。」「諒」，信也。言我心之堅貞如是，何母之不見信我也？徐光啟云：「『不諒人只』，不可說壞。蓋母之欲嫁共姜，不過兒女之情，姑息之愛，為之慮其所終耳。今共姜之自誓知此，母方且信其心之不二，幸其節之可終，惑可解，而慮可息矣。」按：《喪服傳》云：「夫死，妻稚，

子幼，子無大功之親，妻得與之適人。」或謂據此，則於禮得嫁，但以守義言，終不如不嫁為善。《禮》謂「一與之齊，終身不改」是也。或問程子：「有孤孀貧窮無託者，可再嫁否？」曰：「只是後世怕寒餓死，故有是說。然餓死事極小，失節事極大。」○汎彼柏舟，在彼河側。職韻。髧彼兩髦，實維我特。職韻。《韓詩》作「直」，云：「相當值也。」之死矢靡慝。職韻。母也天見前。只，不諒人見前。只！興也。季云：「柏舟在河側，則有畔岸，蓋以禮義為依也。」「特」之言「獨」，音之近也。從一而終，故稱夫曰「我特」。胡氏云：「慝字從心從匿，蓋惡之匿於心者。」按：《說文》無「慝」字，當通作「匿」。舊說以為陰奸也。上章言他適而誓之死無為，其事猶顯，至於一念邪思之微，亦誓至死而靡發，可見其心之貞固而節不渝矣。鄧元錫云：「易淫莫若貞，故《鄘》首《柏舟》，明貞者性也。風潰乃流，豈係固然？及其本而風可正也，移風之道也。」王慎中云：「古載籍可見，其辨於婦人女子之事，莫《詩》詳矣。事之大者，宜莫如節，《禮》所謂一醮不改，名之曰信，是為婦德，而所以事人者也。今考其《詩》，以節著者，共姜一人而已。《詩》之所載，自芼蘋湘藻，求桑采蕨，抱衾宜雁，雜佩蓄旨，敬一職而勤細事，皆錄於師氏。仲尼存之以為教，不宜詳小而顧略於大，豈《詩》之所載皆婦人之能言者？其以節自全者，或偶不能言，師氏無從採，而仲尼亦不得而存之與？至於《春秋》所書，終始全節，不失婦道者，惟紀叔姬，又何其靳也！繇是以推，而節之難全也，蓋可見矣。」

《汎彼柏舟》二章，章七句。《序》謂「共姜守義，父母欲奪而嫁之」。《申培說》亦云：「衛釐侯在位，世子共伯先卒，共姜守義，齊武公欲召之歸寧而嫁之，共姜不許，故作此詩。」今按：詩中惟言「母也天只」，無呼父之文，則謂此詩作於齊武公在時者，非也。乃《史記·世家》則曰：「衛釐侯卒，太子共作餘立。共伯弟和有寵於釐侯，多與之賂。和以其賂賂士，攻共伯於墓上。共伯入釐侯羨自殺。羨，墓道也。衛人因葬之釐侯墓旁，諡曰共伯。而立和為衛侯，是為武公。」呂祖謙云：「按：武公在位五十五年。《國語》又稱武公年九十有五，猶箴儆於國。計其初即位，其齒蓋已四十餘矣。使果弒共伯而篡立，則共伯見弒之時，其齒又加長於武公，安得謂之蚤死乎？髦者，子事父母之飾。諸侯既小斂則脫之。《史記》謂釐侯已葬，而共伯自殺，則是時共伯既脫髦矣，《詩》安得猶謂之『髧彼兩髦』乎？是共伯未嘗有見弒之事，武公未嘗有篡弒之惡也。」愚按：共伯蚤卒於釐侯在位之時，故《序》以世子

稱。東萊之辨，最為明晰。以篡弒之惡加之睿聖武公，萬無此理。郝敬、鄒忠
胤則謂此共姜未嫁而自誓之詩。以為兩髦乃童子之飾，即卉是也，分髮作雙
髻，字取象形。《內則》曰：「雞初鳴，櫛縰笄總，拂髦冠緌。」男女未冠笄
者，亦櫛縰拂髦總角。其言婦事舅姑，止櫛縰笄總衣紳，並不言拂髦，則髦為
男子已冠、未冠及女子未嫁者之通飾。漢儒以初生之髻垂兩眉之上者釋拂髦。
竊意古今體制或不甚相遠，若既冠而仍橫繫雙髻於額端，成何法象？觀《內
則》以「拂髦」先「冠緌」，先「總角」，則冠者必先拂髦而後加冠，髦當在冠
內。未冠者拂髦而總為之角，斯真童子之飾。所謂兩髦者，此是耶？禮：男子
冠而後娶。共伯兩髦，故知共姜尚未嫁也。未嫁而父母欲以別適，蓋亦人情。
共姜誓死，所以為難能而可貴，故風首列之。愚按：詩言兩髦，不言總角，意
即所謂拂髦而韜之冠內者。況父喪脫左，母喪脫右，古有明文，誰謂兩髦不
可以言既冠乎？

庭燎

《庭燎》，箴晏朝也。宣王怠於政事，詩人設為問夜以諷。《序》云：
「美宣王也。因以箴之。」愚按：宣王初年，勵精勤政，能得萬國之歡心，以
成中興之業。觀此詩末章云「君子至止，言觀其旂」，明是諸侯來朝之事，非
常朝也。蓋周自康王而後，王室漸卑。昭王南征而不復。穆王時，諸侯咸賓祭
於徐，荒服者不至。及懿王，而王室遂衰。夷王始下堂而見諸侯。至於厲王，
諸侯不享，終流於彘。非宣王中興，孰能使會同有繹，復見周官威儀乎？是
可美也。然勤初懈末，自不藉千畝而後，求治之志寢〔註56〕不如前，故《庭
燎》詩人作此詩以諷。嘗考《外紀》，姜后脫簪諫王晏朝，事在二十二年，與
此詩同意，《序》所謂「因以箴之」是也。先儒不察，反以為宣王問夜之勤，
誤矣。

夜如何其？夜未央。陽韻。**庭燎**豐本作「竂」。**之光**，陽韻。**君子至止**，
豐氏本作「只」。後同。**鸞**豐本作「鑾」。後同。**聲將將**。陽韻。陸德明本作
「鏘鏘」。豐本作「鎗鎗」。○賦也。「夜如何其」，問辭也。「其」者，語辭。
「夜未央」以下，答辭也。後放此。舊說皆謂宣王不安於寢而數問夜之早晚。
王質云：「人君數問夜，亦非體，恐是殿陛之間，宮掖之內，執事者相為問答

〔註56〕「寢」，四庫本作「寑」。

之辭。上夕及夜既旦，以警百官。《漢儀》：中黃門持五夜甲乙丙丁戊相傳，未幾，衛士雞唱。所謂《雞鳴歌》，或是此曹。」黃震云：「王朝之報早晚，自有司存，不待人主親問而後知也。縱夜未央時，為人主所問，至於鄉晨，是正不問所致。若每每親問如初，則不至於鄉晨矣。」愚按：王、黃之說，深為近理。此詩蓋雞人司烜之流所作。《周禮·雞人》職云：「大祭祀，夜嘑旦以嘂百官。凡國之大賓客、會同、軍旅、喪紀亦如之。凡國事為期，則告之時。」《司烜》職云：「凡國之大事，供墳燭庭燎。」此詩既有設燎之事，又有告時之語，其為若輩所作無疑也。「央」，《廣雅》、《說文》皆云：「中也。」字從大在冂之內。徐鍇云：「從大，取其中正。會意。」《秦風》：「宛在水中央。」央亦中也。顏師古以為「半也」。今中夜亦曰半夜。「夜未央」者，鄭玄云：「猶言夜未渠央也。」按：「渠」，通作「遽」。《史記》：「尉陀曰：『使我居中國，何渠不若漢？』」班史作「何遽不若漢」是也。故樂府有云：「丈人且安坐，調弦未遽央。」語正同此。但此詩明言夜未半，何必增一字曰未遽半乎？「庭燎」，將朝所設，所以照眾為明。毛《傳》解以為「大燭」，非也。據《周禮》，墳燭與庭燭對言，明是兩物。墳燭者，大燭也。鄭云：「在地曰燎，執之曰燭。」又謂「樹於門外曰大燭，於門內曰庭燎」。鄭所以定庭燎在門內者，以庭是門內，故有庭燎之名。又，燭、燎別文，則所設當非一處。然《燕禮》有云：「甸人執大燭於庭，闍人為大燭於門外」，則大燭亦有在庭之設。或燕則用燭，朝則用燎，所用之地各異。未可知也。又，《郊特牲》云：「庭燎之百，繇齊桓公始也。」鄭云：「庭燎之差，公蓋五十，侯、伯、子、男皆三十。」《大戴禮》文其百者，天子禮也。庭燎所作，依慕容所為，以葦為中心，以布纏之，飴蜜灌之，若今蠟燭。百者，或以百根一處設之，或百處設之。孔穎達云：「要以物百枚，並而纏束之。今則用松葦竹，灌以脂膏也。」愚按：《記》以「庭燎之百」為僭天子，恐非百枚並束之說。一燎自可束百枚，然所以異於諸侯者，正當是百處設之，所用人數與諸侯有多寡之異耳。「光」，《說文》云：「明也。」《爾雅》云：「充也。」言明充盛也。此初設庭燎之時，故其明盛。「君子」，毛云：「謂諸侯也。」「至止」，謂已至朝門之外。「鸞」，解見《蓼蕭》篇。「將將」，通作「瑲瑲」，鸞聲也。解見《采芑》篇。按：《儀禮》，諸侯覲天子之禮，「乘墨車，載龍旂」以朝。《記》以為「偏駕不入王門」〔註57〕。謂之「偏駕」者，天子五路，惟玉路以祀，不賜諸侯，金路以封同姓，象路以封異姓，革路

〔註57〕《儀禮·覲禮》。

以封四衛，木路以封蕃國。此四路者，天子乘之為正，侯國乘之為偏，蓋對天子言也。諸侯在本國，皆乘其路。若入朝，則嫌於並天子，故止乘墨車。墨車者，大夫所乘也。此詩末章云「言觀其旂」，則是入覲之禮。而有鸞聲者，豈墨車亦設鸞也與？又，《周禮》：「大行人以九儀待賓客。」上公樊纓九就，諸侯諸伯樊纓七就，諸子諸男樊纓五就。夫既「偏駕不入王門」，何得有樊纓九就之等？孔氏謂「彼乃覲禮，此乃朝禮」，未知然否。詩人相與言曰：「今夜早晚何如乎？」應者曰：「此時夜尚未半，業已設燎於庭，以待王朝，其光甚盛。而諸侯已有來朝而至止者，聞其車鸞之聲，則將將矣。」蓋諸侯之敬王而勤於趨朝也如此。王宴處深宮，其知之乎？○**夜如何其？夜未艾。**叶霽韻，魚刈翻。豐本作「乂」。**庭燎晰晰，**叶霽韻，徵例翻。陸德明本作「晢」。字同。**君子至止，鸞聲噦噦。**叶霽韻，呼惠翻。《說文》、豐本俱作「鉞」。○賦也。「艾」，通作「乂」。或從刀作「刈」，刈草也。故鄭《箋》云：「艾末曰艾。」《左傳》：「秦后子云：『一世無道，國未艾也。』」《注》訓「艾」為「絕」，亦「艾末」之意。「夜未艾」，言夜漏尚未盡也。若漏盡，則天明矣。「晰」，《說文》云：「昭晰，明也。」《易》「明辨晢也」之「晢」。曰「晰晰」者，百燎森列，晰而又晰也。「噦」，《說文》云：「氣牾也。」諸侯有後至者，驅車而行，如將不及，故其聲如此。而王於此時，亦可以夙興矣。○**夜如何其？夜鄉**去聲。陸本、《通典》俱作「向」。**晨。**叶文韻，除軍翻。豐本作「晨」。按：從臼之晨本昧爽之晨，從日之晨本晨星之晨。今以晨星之晨為辰，昧爽之晨為晨，殊誤。豐本是也。**庭燎有煇，**叶文韻，許雲翻。**君子至止，言觀其旂。**叶文韻，巨斤翻。《說文》：「旂，從㫃，斤聲。」徐鍇云：「斤、旂近似，聲韻家所以言旁紐也。」○賦也。「鄉」，通作「向」。「晨」，《說文》云：「早昧爽也。」「鄉晨」，朱子云：「近曉也」。胡旦云：「從夜未中至未盡，從未盡至嚮明也。」「煇」，與「暈」同意，字亦通用。《周禮》：「視祲掌十煇之法。」即「暈」字也。日月之旁氣為暈，火之旁氣為煇。吳棫云：「天欲明而煙光相雜也。」黃佐云：「煙者，木之氣。光者，火之精。木火相為體用，則煙結而明生焉。煙以晦而藏，光以晦而顯。煙光相雜而並見，則明窮而日出矣。」「旂」，建於車上，即覲禮所謂龍旂也。交龍為旂，諸侯之所建。《周禮·司常》職云「大閱頒旗物，王建太常，諸侯建旂。凡祭祀、會同、賓客亦如之」是也。交龍者，畫作兩龍相依倚，一升一降，升象其升朝，降象其下復也。然《大行人》職又云：「上公建常九斿，諸侯諸伯建常七斿，諸子諸男建

常五斿。」彼言「建斿」、此言「建常」者，先儒亦謂禮有觀朝之異，如觀則乘墨車，朝則乘路車也。陳祥道則謂「旗、旗、斿、常之名，古人多通用。如熊虎為旗，而九旗亦謂之旗，經傳凡言『旗旗』是也。析羽為旌，而天子至大夫士之旗亦謂之旌，《樂記》『龍旂，天子之旌』、《鄉射》『旌各以其物』是也。交龍為旂，而天子之常亦謂之旂，《覲禮》『天子載大旂』是也。日月為常，而諸侯之旂亦謂之常，《大行人》職『公侯伯子男建常』是也」。是其說良辨，並錄以俟考。上二章尚在夜時，所聞者但鸞聲耳。至此五等諸侯之旂一一可別，則辨色之時，可以朝矣，而王尚寂然也。勤怠之間，萬國之觀瞻所繫，用命恒於斯，棄命恒於斯，能不圖為王告哉？詩不以刺而以諷。先述諸侯趨朝之早，後及王視朝之晏，而意已隱躍言外矣。又按：周制，天子有三朝，外朝一，內朝二。外朝以大詢，秋官司士掌之。內朝二者：一曰治朝，亦謂之中朝，以旦夕聽政夏官司士掌之；一曰燕朝，亦謂之路寢朝，天子退而居此，與宗人圖其嘉事及待諸侯之復逆，夏官太僕掌之。諸侯來朝，則見於太廟。然外朝亦有諸侯之位在焉。意必諸侯來朝而未歸，則以其位位之，左九棘公卿大夫，右九棘公侯伯子男是也。諸侯朝於天子，其禮有六：春見曰朝，夏見曰宗，秋見曰覲，冬見曰遇。今惟覲禮存，而朝宗遇之禮皆亡。若時會曰會，殷見曰同，則諸侯既至天子之國，先朝於國內，然後為壇於國外，更行朝禮。今按：覲、會、同皆得建旂，而會、同則旂置於為壇之處。此詩詠「言觀其旂」，與「在庭之燎」並稱，則明是朝覲之禮，與會、同無涉也。諸侯三朝，同於天子，《玉藻》所云「朝於內朝，群臣辨色始入，君日出而視朝，退適路寢聽政，使人視大夫。大夫退，然後適小寢，釋服」。所謂「內朝」，即同天子之治朝。所謂「路寢」，即同天子之燕朝。其「辨色始入」、「日出視朝」之禮，雖僅見於此文，然竊意廟朝、外朝其禮亦是如此。以其朝旦用事，故名之曰朝也。杜佑云：「朝辨色始入，所以防微；日出而視之，所以優尊。《詩》曰『夜向晨』、『言觀其旂』，臣辨色始入之時也。又曰『東方明矣，朝既盈矣』，君日出而視之之時也。蓋尊者體盤，卑者體蹙。體蹙者常先，體盤者常後。故視學眾至，然後天子至。燕禮，設賓筵，然後設公席。則朝禮，臣入，然後君視之，皆優尊之道也。然朝以先為勤，以後為逸；退以先為逸，以後為勤。朝而臣先於君，所以明分守；退而君後於臣，所以防怠荒。此所以『使人視大夫。大夫退，然後適小寢，釋服』也。然則公、卿、諸侯之朝王，其有先後乎？《詩》曰：『三事大夫，莫肯夙夜。邦君諸侯，莫肯朝夕。』夫夙先於朝，夜後於夕，則公卿朝常先至，

夕常後退；諸侯朝常後至，夕常先退。」今按：向晨視朝，未為失禮。然於宣王初年勤政景象，覺不侔矣。詩人亦窺見其微，逆憂其漸與？《列女傳》云：「周宣姜后賢而有德，宣王嘗早臥而晏起，后夫人不出於房。姜后既出，乃脫簪珥，待罪於永巷，使其傅母通言於王曰：『妾不才，妾之淫心見矣，至使君王失禮而晏朝，以見君王之樂色而忘德也。夫苟樂色必好奢，好奢必窮樂。窮樂者，亂之所興也。原亂之興，從婢子起。婢子生亂，當服其辜。敢請婢子之罪，唯君王之命！』王曰：『寡人不德，實自生過。過從寡人起，非夫人之罪也。』遂復姜后而勤於政事。」此詩之作，倘即其時與？

《庭燎》三章，章五句。《子貢傳》、《申培說》皆以為「美宣王勤政」。朱子之意亦然。俱不達詩旨。申培謂此詩作於史籀，絕無稽據。至程子、呂東萊、嚴華谷皆以規宣王過勤為言，更不成義理。

雲漢

《雲漢》，仍叔美宣王憂旱也。《序》云：「仍叔美宣王也。宣王承厲王之烈，內有撥亂之志，遇災而懼，側身修行，欲銷去之。天下喜於王化復行，百姓見憂，故作是詩也。」朱《傳》從之。鄭玄云：「仍叔，周大夫也。《春秋》：魯桓公五年夏，『天王使仍叔之子來聘。』」孔穎達云：「仍，氏。叔，字。春秋之例，天子公卿稱爵，大夫則稱字。此言仍叔，故知大夫也。以《史記》考之，桓之五年，上距宣王之崩七十六年，至其初則百餘年也，未審此詩何時而作。」按：仍叔未必即《春秋》仍叔。彼仍叔，《公羊》作「任叔」。孔又云：「宣王遭旱早晚及旱年多寡，經傳無文。皇甫謐以為宣王元年，不藉千畝，虢文公諫而不聽，天下大旱，二年不雨，至六年乃雨。以為二年始旱，旱積五年。謐之此言，無所憑據，不可依信。」鄒忠胤云：「嘗考《竹書》，厲之末年，頻年大旱，廬舍俱焚。會其陟也，卜於太陽。兆曰：『汾王為祟。』周定公、召穆公乃立太子靖為王，共伯和歸其國，遂大雨。然則雨不繫新王所禱明矣。《竹書》：宣二十五年，大旱王，禱於郊廟，遂雨。《雲漢》之作，意在此時。觀其詩曰『祈年孔夙，方社不莫』，則涖政蓋亦有年。」愚按：不藉千畝，據《國語》、《史記》、《竹書》繫宣王末年事，皇甫氏指為初元致旱之繇，其謬甚明。乃《皇王大紀》於宣王二年，以天下大旱書；三、四、五年，書旱；六年，書大旱。《通鑒前編》亦載宣王六年，大旱。皆似祖《詩序》及謐說，何也？

倬彼雲漢，昭回于《春秋繁露》作「於」。天。叶真韻，汀因翻。王曰
於《繁露》作「嗚」乎？《繁露》作「呼」。何辜今之人！真韻。天降喪
亂，饑《繁露》作「饉」。饉薦《繁露》作「薦」。臻。真韻。靡神不舉，
靡愛斯牲。叶青韻，桑經翻。圭《繁露》作「圭」。璧既卒，寧莫我聽。
叶青韻，湯丁翻。豐氏本作「玨」。○賦也。「倬彼雲漢」，解見《旱麓》篇。
《淮南子》云：「旱雲煙火。」《左傳》：「梓慎云：『漢，水祥也。』」「昭」，
《爾雅》云：「光也。」「回」，《說文》云：「轉也。」鄭云：「精光轉運於天
也。」陸佃云：「水氣之在天為雲，水象之在天為漢。今皆倬然昭明回轉於
上，則非雨之候也。」此二句與末章「有嘒其星」相照應，皆是同時所見，
而此乃詩人之語，自「王曰」以下則述王仰訴於天之詞，述之所以為美也。
「王」，宣王也。「於」、「烏」同。「乎」，通作「呼」，嗟歎之聲，如烏鳥之
籲呼也。「辜」，《說文》云：「罪也。」「何辜今之人」，乃反求諸己，哀矜惻
怛，不能自己之誠，與第六章「憯不知其故」同意。「天降喪亂」，就大旱言。
衣食無資，民財盡失，是「降喪」也。流離載道，民心不安，是「降亂」也。
或讀「喪」如字，謂死亡者多，亦通。顏師古云：「穀不熟為饑，菜不熟為
饉。」又，《穀梁傳》云：「一穀不升謂之歉，二穀不升謂之饑，三穀不升謂
之饉，四穀不升謂之康，五穀不升謂之大侵。」「薦」，通作「荐」，《爾雅》
云：「再也。」毛《傳》云：「重也。」按：荐即槁也，所以藉席，故有重義。
「臻」，《說文》云：「至也。」孔云：「宣王遭旱，非止一年，故皇甫謐以為
旱積五年。五年之言，未知信否。要言『飢饉薦臻』，必是連年不熟，故云
重至也。」「靡」之言「無」也。「舉」，猶揭也。凡為祀典所載之神，無不一
一揭而祭之也。孔云：「言己為旱之故，祈禱明神，無有神不求而舉祭之者。
即下經所陳上下郊宮之類也。《大司徒》：『以荒政十有二聚萬民。』其一有
曰索鬼神。遭遇天災，必當廣祭群神。神皆用牲祭之，故言『靡愛斯牲』。
遍祈群神，所祭者廣。天地五帝，當用特牲。其餘諸神，或用太牢，或用少
牢。三牲皆用，故言無所愛於三牲也。莊二十五年《左傳》曰：『凡天災，
有幣無牲。』而此云『靡愛斯牲』者，設文之意，各有所主。彼因日食大水
而發。天之見異，所以譴告人君，只欲令改過修善，非為求人飲食而降此災
異。於時魯不罪己修政，謂天求飲食，而用牲祭之，望天不為咎，故傳據正
禮，謂救止天災，告社之法不當用牲也。至於水旱薦至，禱祀群神，以祈福
祥，遏止災沴者，則不得不用牲也。《祭法》曰：『雩禜，祭水旱也。』《注》

謂『祭用少牢』。又，《春官‧大祀〔註58〕》：『掌六祈以同鬼神示：類、造、禬、禜、攻、說。』《注》謂「造、類、禬、禜皆有牲，攻、說用幣而已」。是天災祈禱，有用牲也。」「圭」，《說文》云：「瑞玉也。上圜下方。」《白虎通》云：「璧者，外圜象天，內方象地。」《爾雅》云：「肉倍好謂之璧。」《注》謂「肉，邊也。好，孔也」。按：《周禮‧春官‧大宗伯》職云：「以玉作六器，以禮天地四方。以蒼璧禮天，以黃琮禮地，以青圭禮東方，以赤璋禮南方，以白琥禮西方，以玄璜禮北方。皆有牲幣，各放其器之色。」《典瑞》職云：「四圭有邸，以祀天，旅上帝。兩圭有邸，以祀地，旅四望。裸圭有瓚，以肆先王。圭璧以祀日月星辰。璋邸射以祀山川。」《考工記》玉人之事云：「四圭尺有二寸，以祀天。裸圭尺有二寸，有瓚，以祀廟。圭璧五寸，以祀日月星辰。」鄭玄引《爾雅》曰：「邸者，本也。」四圭有邸，中央為璧，圭末四出。兩圭有邸，僢而同邸。僢謂兩足相向。圭璧者，圭其邸為璧。賈公彥曰：「四圭、兩圭及下璋邸，皆言邸。鄭皆以邸為璧。圭璧不言邸，故鄭還以邸解璧也。」陳祥道云：「璧，天象〔註59〕也，祀天則四圭邸璧。琮，地象也，祀地必兩圭邸琮。日月星辰，天類也，必一圭邸璧。山川，地類也，必一璋邸琮。謂地與山川皆邸璧，非所稱也。或謂璧琮禮天地，四圭兩圭祀天地，皆一祭兼用之。四方有禮玉，無祀玉。日月星辰山川有祀玉，無禮玉。《周官》之書雖或簡略，不應如是之缺也。祀之乃所以禮之。康成以祀為禮其神，於義或然。」孔云：「禮神之主器，自有多名。言圭璧，為其總稱。」「卒」，鄭云：「盡也。」按：「卒」、「殞」通用。殞義訓死，人死而事盡矣，故以卒為盡。「既卒」者，萬象烈云：「某神合用某璧，某璧合祀某神，盡如典禮，用之無有餘者，如是之謂『既卒』也。」羅泌云：「祭天燔燎，祀地瘞埋，蓋特幣耳。惟韓嬰《詩傳》始有『天子奉玉，升柴，加之於牲』之說，而崔靈恩遂引《詩》之『圭璧既卒』以實之為燔玉，且謂肆師立大祀，用玉帛牲牷，為論燎玉之差降。詳考肆師所用玉帛，特禮神之用。《雲漢》所言，亦禮神之玉耳，何自而有燔且瘞哉？」「寧」，猶曾也。後放此。承上文，言我將如此以致其呼籲之意，豈曾無有聽聆我之精誠而興雲雨者乎？蓋追述始事，預擬而懸望之之辭也。孔云：「歲或水旱，皆是上天之為。假祭群神，未必能已。聖王制此禮者何哉？將以災旱不熟，必至於死人。君為之父母，不可忍觀窮厄，固當責躬罪己，求天禱神，

〔註58〕按：下引為《周禮‧春官‧大祝》之職，故「大祀」當為「大祝」之誤。
〔註59〕「天象」，四庫本誤作「象天」。

罄忠誠之心，為百姓請命。聖人緣人之情而作為此禮，非言祈禱必能止災也。」
〇**旱既大**音泰。後同。《春秋繁露》作「太」。**甚，蘊**《韓詩》作「鬱」。陸
德明本作「熅」。**隆蟲蟲**。東韻。《爾雅》作「爞爞」。豐本同。《韓詩》作「炯
炯」。**不殄禋祀，自郊徂宮**。東韻。**上下奠瘞，靡神不
宗**。叶東韻，讀如嵏，祖叢翻。**后稷不克，上帝不臨**。叶東韻，良中翻。
耗斁《說文》、《字林》皆作「殬」。《繁露》作「射」。**下土，寧丁**《繁露》
作「一」。**我躬**。東韻。〇賦也。「旱既太甚」，旱愈久而益甚也。「蘊」，積
也。「隆」，豐大也。俱見《說文》。「蟲」，通作「爞」，《爾雅》云：「薰也。」
《說文》云：「旱氣也。」嚴云：「旱氣。」蘊積隆盛，其熱薰人也。「殄」，《爾
雅》云：「絕也。」「禋」，《說文》云：「潔祀也。」「祀」，《說文》云：「祭無
已也。」「不殄禋祀」者，謂既祭此而復祭彼，相續不絕，如下文所云也。上
章言「靡神不舉」，乃擬議之辭，至此始行其禮也。「自」，從也。「郊」，朱子
云：「祀天地也。」「徂」，往也。「宮」，鄭云：「宗廟也。」輔廣云：「先郊後
宮，先尊而後親也。」陳祥道云：「雩必自郊徂宮，後世或祈山林、川澤、群
廟、百辟、卿士，然後及於上帝，梁、北齊及唐皆然，非古也。」「上下」，猶
云：「陟降也。」「奠」，《說文》云：「致祭也。從酋。酋，酒也。下其丌也。」
「瘞」，《說文》云：「幽薶也。」上言「奠」，謂祭時進之神前；下言「瘞」，
謂言祭畢埋之於土。凡酒食、牲玉、幣帛、祝冊之類皆然。「宗」之言「尊」，
音之轉也。曰靡神不尊祀之，則天神、地祇、人鬼無不在其中矣。按：《周禮·
大宗伯》：「國有大故，則旅上帝及四望。」《小宗伯》：「大烖〔註60〕，及執事
禱祠於上下神示。」《大祝》：「國有大故、天烖，彌祀社稷，禱祠。」《小祝》：
「掌小祭祀，將事候禳、禱祠之祝號，以逆時雨，寧風旱。」《左傳》：「子產
云：『山川之神，則水旱癘疫之災，於是乎禜之。日月星辰之神，則雪霜風雨
之不時，於是乎禜之。』」皆所謂「靡神不宗」者也。「后稷」，周之始祖。「克」
之為言「能」也。「上帝」，鄭玄云：「天之別號。」「臨」，視也。嚴云：「在宮
之神，莫尊於后稷，非不臨顧我，而力不足以勝旱災。在郊之神，莫尊於上
帝，力足以勝旱災，而不肯臨顧我。」愚按：舉「后稷」於「上帝」之前者，
先希望於親而後敢上及於尊也。鄭、孔以為「又明從宮至郊，為不絕之義」，
恐未然。輔云：「不言地及他鬼神者，舉尊親以該之也。」「耗」，本作「秏」，
乃稻屬。《說文》引伊尹曰：「飯之美者，南海之秏。」舊說相傳皆以為虛減之

〔註60〕「烖」，四庫本同，《周禮》作「烖」。

義者，以「耗」通作「毛」，「毛」又通作「無」。《佩觿集》曰：「河朔謂無曰毛。」顏師古曰「今俗語猶謂無為耗」是也。「斁」，通作「殬」，《說文》云：「敗也。」食為民天，民為邦本。旱不能生穀，耗可知矣。民無所得食，敗立見矣，是之謂「耗斁下土」也。「丁」，《爾雅》、毛《傳》皆云：「當也。」愚按：「丁」之為「當」，亦音之轉也。言〔註61〕此耗斁之禍，曾是不先不後而適當我身耶？意者其有所以致之也。○旱既大甚，則不可推。灰韻。兢兢陸本作「矜矜」。業業，如霆如雷。灰韻。周餘《論衡》「周餘」作「維周」。黎民，靡有孑遺。叶灰韻，夷回翻。昊天上帝，則不我遺。見上。胡不相畏，先祖于《爾雅注》作「於」。摧。灰韻。○賦也。每章必以「旱既大甚」發端者，見王之憂旱，念念不忘，故娓娓言之不置也。「推」，《說文》云：「排也。」毛《傳》云：「去也。」排而去之也。「兢」，《說文》云：「競也。」「兢兢」，戰懼之意。「業」，筍虡大版也，所以飾懸鍾鼓者。「業業」，危動之象。災繇人興，自反必有所以致是者，故其且懼且危，有如此也。「霆」者，雷之餘聲。旱久已稱甚矣，而今比前又更甚，如霆之後而又繼以雷也。「孑」，《說文》云：「無右臂也。」「遺」，猶言留餘也。旱甚如斯，周之黎民所餘者固已無幾，若更甚不已，勢必至無復有半身之餘者。甚憂之之辭也。王充云：「詩人傷旱之甚，民被其害，言『靡有孑遺』，增益其文，欲言旱甚也。」《孟子》云：「故說《詩》者，不以文害辭，不以辭害意〔註62〕，以意逆志，斯為得之。如以辭而已矣。《雲漢》之詩曰：『周餘黎民，靡有孑遺。』信斯言也，是周無遺民也。」「昊天」四句，又自「后稷不克，上帝不臨」推深一步說。「昊天」，孔安國云：「元氣昊然廣大。」程子云：「自形體言謂之天，自主宰言謂之帝。」「則不我遺」者，言天意似不欲為我留遺此餘黎，非但不臨而已。「胡」之言「何」也。「胡不相畏」，對大夫君子言之。「先祖」，祖之最先者，指后稷也。「摧」，《說文》云：「擠也。」言我君臣何可不相與畏懼乎？今日旱災，似先祖於冥冥之中陰為摧擠而然者，非果不克之謂也。不知我何罪而見怒於上帝與先祖之深，使黎民受困乃爾乎？○旱既大甚，則不可沮。叶語韻，在呂翻。赫赫炎炎，陸本作「惔惔」。云我無所。語韻。大命近止，靡瞻靡顧。叶語韻，讀如舉，苟許翻。群公先正，則不我助。叶語韻，床舉翻。父母先祖，胡寧忍予？語韻。○賦也。「沮」，

〔註61〕「言」，四庫本作「亦」。
〔註62〕「意」，四庫本作「志」。按：《孟子・萬章上》作「志」。

通作「阻」，險也。人遇險則止，故毛《傳》訓「沮」為「止」。上章言「推」，猶欲排而去之。此但言「沮」，則僅欲其止於是，勿更加益耳。然而亦不能矣。「赫」，《說文》云：「火赤貌。」《韻會》云：「火炙日曝皆曰赫。」「炎」，《說文》云：「火光上也。」「炎炎」，《爾雅》云：「薰也。」郭璞云：「旱熱薰炙人也。」愚按：據上說，則「赫赫」是言日曝之象，「炎炎」是言旱熱之象。「云我無所」者，承上章，言黎民既盡，則我亦無容身之所矣。非但如應瑒所云：「宇宙雖廣，無陰以憩也。」「命」者，人所稟受於天之度。人死則謂之命盡。今曰「大命」，則是以國祚言。《盤庚》篇「懋建大命」是也。「近」，謂滅亡之期不遠。「止」，通作「只」，語已辭也。仰視曰瞻。還視曰顧。瞻似屬下文「群公先正」，遠而疏之也。顧似屬下文「父母先祖」，近而親之也。「靡瞻靡顧」，言若遠若近，俱無可恃賴也。「群公」，即鄭玄所云「古之上公，若勾龍、后稷之類」。《穀梁傳》云：「古之神人，有應上公者，通乎陰陽，君親帥諸大夫道之，而以請焉。」孔云：「《國語》：『鯀為宗伯。』《祭法》有祀之文。社稷五祀，雖為王朝卿士，兼帶上公之官，故《左傳》云：『封為上公，祀為貴神。』」「先正」，季本云：「先世為官之正人，即《月令》所謂『雩祭百辟卿士之有益於民』者也。」萬時華云：「《月令》：季冬，乃畢山川之祀及帝之大臣。季夏，乃命百縣雩祀，百辟卿士，以祈穀實。此即祭群公先正之禮。今則因旱而祭也。」陳祥道云：「鄭氏謂『天子雩上帝，諸侯雩上公』，然《周禮·小祝》：『小祭祀，逆風雨，寧風旱』，則百辟亦天子所祀也。」愚按：此皆在「靡神不宗」之內，特借之以形先祖及上帝耳。「不我助」，言不肯助興雲雨也。「父母先祖」者，孔云：「以其為民父母，故稱父母。」愚按：所以知詩言父母是意屬先祖者，厲王無道，獲罪於天，其必不能挽回天意明矣，況其文又加於先祖之上乎！「忍」，猶言決絕也，言我遍告百神之中，若群公先正，其親與先祖異，固無望其我助也，乃以為民父母之先祖，而亦何故曾若是之忍予乎？朱子云：「以恩望之，所謂垂涕泣而道之也。」此申前「后稷不克」及「先祖于摧」之意。○旱既大甚，滌滌《說文》作「藡」。山川。先旱魃為虐，如惔《後漢書注》作「炎」。如焚。叶先韻，汾沿翻。陸本作「樊」〔註63〕。我心憚暑，憂心如熏。叶先韻，許旃翻。陸本作「薰」，云：「又作『爋』。」群公先正，則不我聞。叶真韻，微勻翻。昊天上帝，寧俾我遯。叶真韻，徒勻翻。陸本、豐本俱作「遂」。按：此詩他章俱無轉韻，惟此章欲全用

〔註63〕「樊」，底本誤作「樊」，據四庫本改。按：下文中底本正作「樊」，可證。

先韻，則於「遯」無叶；欲全用文韻，則於「川」、「遯」無叶；欲全用真韻，則於「薰」無叶。姑分前三韻入先，後二韻入真，俟後博詳。○賦也。「滌」，《說文》云：「灑也。」嚴云：「旱久則山枯川竭，故如滌濯然。」按：《晏子》云：「靈山以石為身，以草木為髮。天久不雨，髮將焦，身將熱。河伯以水為國，以魚鱉為民。天久不雨，水泉將下，百川竭，國將亡，民將滅矣。」此所謂「滌滌」者也。「旱魃」二句，蒙「滌滌山川」言。「魃」，《說文》云：「旱鬼也。」《神異經》云：「南方有人，長二三尺，袒身，目在項上，走行如風，名曰魃。所見之國大旱，赤地千里。一名旱母。遇者得之，投溷中即死，旱災消也。」《山海經》云：「係昆之山有人，衣青衣，名曰黃帝女魃。黃帝攻蚩尤冀北之野，蚩尤請風伯雨師縱大風雨，黃帝乃下天女，曰魃，雨止，遂殺蚩尤。魃不得復上，所居不雨。叔均言之帝，後置之赤水之北。所欲逐之者，令曰：『神北行！』」「魃」，一作「妭」。《文字指歸》云：「女妭禿無髮。或問韋曜：『天有常神，人死為鬼，不審旱氣生魃，奈何？』答曰：『天欲為災虐，何所不生？而云有常神者耶？』」「虐」，《說文》云：「殘也。」「為虐」者，為於山川也。「惔」，通作「炎」，解見四章。「焚」，本作「燓」，《說文》云：「燒田也。」「如惔如焚」，直說言旱熱之氣如火光之延燒然，此所以山川滌滌也。「我心」二句，起下「群公」四句。「憚」，忌難也。「暑」，熱也。俱見《說文》。「憚暑」者，忌熱氣之難退也。「薰」，通作「薰」，《說文》云：「火煙上出也。」心憂之極，熱氣上升，亦如火之炎上也。與《易》「厲薰心」義同。「不我聞」者，猶言若不相關也。「遯」，《說文》云：「逃也。」我心之憂如此，群公先正若無聞知然者，昊天上帝曾是欲使我避位而去，倘我一去而旱庶幾可止乎？自怨之極而為無聊之思也。此申前「上帝不臨」及「昊天上帝，則不我遺」之意。○旱既大甚，**黽勉畏去**。叶遇韻，讀如褲，苦故翻。**胡寧瘨**《韓詩》作「疹」。**我以旱？憯不知其故。**遇韻。**祈年孔夙，方社不莫。**叶遇韻，莫故翻。陸本作「暮」。**昊天上帝，則不我虞。**叶遇韻，元具翻。**敬恭明神，**陸本作「祀」。**宜無悔怒。**遇韻。○賦也。「黽」，《說文》云：「黽黽也。」其性好躍，越王見怒蛙，式之，為其有氣。即此蟲也。「勉」，《說文》云：「強也。」曰「黽勉」者，力所不堪，猶勉強為之，似黽之奮躍而不自量力者然。「畏去」者，承上「寧俾我遯」而又作一轉語。嚴云：「始欲遯去，既又念民命方急，當思救之，故黽勉於此，不敢去也。」蘇轍云：「棄位以避憂患，非人主之義，故黽勉不去，以求濟斯難。」「畏」，不敢

也。「癙」，病也。「懠」，痛也。俱見《說文》。嚴云：「天何偏病我以旱乎？水旱之災，皆由政失，必有以自取之，但痛哉不知其何故而致也。知其故，則當速改矣。」按：《說苑》載「湯之時，大旱七年，雒圻川竭，煎沙〔註64〕爛石。於是使人持三足鼎，祝山川，教之祝曰：『政不節耶？使人疾耶？苞苴行耶？讒夫昌耶？宮室營耶？女謁盛耶？何不雨之極也？』蓋言未已而天大雨」。今宣王能自反如是，幾同符成湯矣，宜其建中興之業也。「祈年」二句，又更端以起下意。「夙」，早。「莫」，晚也。曹氏云：「《月令》：『孟冬，天子祈年於天宗，大割。』《注》謂『天宗，日月星辰也。大割者，大殺群牲而割之也』。又云：『孟春，天子以元日祈穀於上帝。』《注》謂『以上辛郊祭天也』。《春官・籥章氏》：『凡國祈年於田祖，龡豳雅，擊土鼓，以樂田畯。』《注》謂『田祖，始耕田者，謂神農也。后稷配食焉』。夫自去歲之孟〔註65〕冬，已祈今歲之豐稔，其祀至於上帝、日月、星辰、神農、后稷，無不遍及，可謂夙矣。」「方社」，指雩祭四方之神及后土言。詳見《倬彼甫田》篇。前此冬春既行祈年之禮，及巳月萬物始盛，待雨而大復行雩祭請雨之禮，謹遵其時，不為晚矣。又按：秋報亦祭方，春祈、秋報皆祭社。解者或誤以此句兼祈報言，又或謂專指秋報言，皆於詩意未合。詩為閔此時不雨而言，何遠及前歲報賽之事乎？「虞」，鄭云：「度也。」疑通作「慮」。「敬」、「恭」二字雖可通言，既已聯文，義當有異。孔氏謂「在貌為恭，在心為敬」，又謂「貌多心少為恭，心多貌少為敬」。愚意恭字從心，則是當主心言；敬字從攴，則是指其見於作為者言。《論語》曰：「居處恭，執事敬」，是其義也。此「敬恭」，言其外則盡禮，內則盡誠也。神能聰明，故曰「明神」。指「群公先正」也。「悔」，《說文》云：「恨也。」「怒」，《說文》云：「恚也。」《韻會》云：「弩也。若強弩之發，人怒則面目張起。怒當以心節之，故心奴為怒。」愚按：此二字亦當有別。悔猶蓄之於心，怒乃見之於外矣。言我於祈年方社，致其敬恭若此，昊天上帝處尊嚴高遠之地，或未必顧慮及我；群公先正，皆稱明神，宜無所懷恨而逞怒於我者，獨不能代籲上帝，為民請命乎？因上二章有「則不我助」、「則不我聞」之言，故此章特指及之。詩之做法，綿密而條理不紊如此。周昌年云：「『宜無』二字有味。宜無而不無，必有其故矣。此與《孟子》『我竭力耕田』數語意略相似。」○旱既大甚，散無友紀。紙韻。鞫哉庶正，疚陸云：

〔註64〕「沙」，底本誤作「法」，據四庫本、《說苑》卷一《君道》改。
〔註65〕「孟」，四庫本作「春」。

－897－

「或作『宄』。又作『究』。」哉冢宰。叶紙韻，獎里翻。趣馬師氏，紙韻。膳夫左右。叶紙韻，羽軌翻。靡人不周，無不能止。紙韻。瞻卬陸本、豐本俱作「仰」。昊天，云如何里！紙韻。《爾雅》作「悝」。陸本、豐本俱作「痒」。○賦也。此章言救旱之實政也。「散」者，散倉廩以賑濟也。「友」，朱子引「或云：疑作『有』，當從之。「紀」，《說文》云：「絲別也。」謂絲縷之數也。「散無有紀」者，宣王自言發散倉廩為數已多，不可勝計也。「鞫」，《爾雅》云：「窮也。」字從言，當是謂其議論條畫之多，至於窮盡也。「庶正」，鄭云：「眾官之長也。」孔云：「周官三百六十，每官各有其長。」《說文》無「疚」字，當依別本作「宄」，《說文》云：「貧病也。」趙頤光云：「禮，畫不居內，故久在宀下為宄。」「冢宰」，天官，特於庶正中提出之，以其為眾長之長也。殫力倡率，夙夜不遑，故至於病也。「趣馬」、「師氏」、「膳夫」，解俱見《十月之交》篇。趣馬，掌馬之官。師氏，以美詔王。膳夫，進飲食於王。皆近臣也。「左右」，則統指侍御僕從而言，舉大以該小，舉近以該遠。凡在王朝者，具舉之矣。「周」，《說文》云：「密也。」毛《傳》訓「救」。鄭云：「當作『賙』。」《周禮·大司徒》：「相賙。」《注》謂「相給足」是也。但說文無「賙」字。《論語》「君子周急」，《孟子》「周之則受」，俱只用「周」字，蓋恩施密遍之義。孔云：「言汝等無有一人而不賙救其百姓困急者，無有自言不能賙救而止不為者。以此分貧恤寡之故，使汝等益困也。」又按：篇中如「大命近止」，「止」乃語辭，則此「止」字但作語辭。亦通。「卬」，《說文》云：「望也。欲有所庶及也」，字「從匕從卩」。徐鍇云：「匕，傾首望也。卩，庶也。會意。」曰「瞻卬」者，初則舉首而瞻，既則傾首而望也。言我及諸臣之勞於救荒如此，庶乎足以挽回天意矣。而天仍漠然也。乃瞻望昊天而訴之曰：天之去地，不知有幾何里，雖居高而聽則卑，亦曾鑒察我君臣之所為否乎？舊說但以此詩為宣王憂旱之深，禱雨之切，而絕無所作為然者，亦懵於詩旨甚矣。○瞻卬豐本作「仰」。昊天，有嘒《說文》作「讇」。其星。叶庚韻，讀如聲，青盈翻。《說文》作「聲」。大夫君子，昭假音格。豐本作「格」。無贏。庚韻。大命近止，無棄爾成。庚韻。何求為我，以戾庶正。叶庚韻，諸盈翻。瞻卬豐本作「仰」。昊天，曷惠其寧！叶庚韻，讀如苧，泥耕翻。○賦也。此章勉群臣賑救之不怠也。賑救之事，兼公私皆有之。「嘒」，毛云：「微貌。」按：小星為嘒，故有微小之義。陸佃云：「言旱久而繁星備見，繁星備見則尤非雨之候也。且其正言昊天，則夏之時也。以今

觀之，炎夏旱嘆而熱，則小星森布如棋。星，陽之精也。陽盛而亢，則星稠於上，其理然也。」「大夫君子」，通指群臣也。「大夫」，以位言；「君子」，以德言。「昭」，明也。「假」，通作「徦」，《說文》云：「至也。」「無」，通作「毋」，戒辭。下同。「贏」，《說文》云：「賈有餘利也。」言汝諸臣當勤於賑救，明布其惠澤之所至，毋或恡嗇，尚有餘利。王肅謂「無敢有私贏之而不敷散」是也。「大命近止」，解見四章。「成」，成功也。安民所以保國。前者靡人不周，無不能止，庶幾有成功已。然而旱災未已，則賑救猶未可輟，毋或厭倦苦難而棄。爾之成功，亦為國祚計也。「我」，宣王自謂也。我居民上，一夫不獲，皆我之責。今所以求諸臣之為民者，即為我也。「戾」，猶虐也。使諸臣早夜戮力不遑，以紓民之困跡，似乎虐矣。因自致其不安之意曰：奈何以求為我之故，而重苦我庶正乎？「曷」，《說文》云：「何也。」「惠」，猶賜也。「寧」，通作「宭」，《說文》云：「安也。」得雨則民安矣。朱子云：「於是語終，又仰天而訴之曰：果何時而惠我以安寧乎？」張子厚云：「不敢斥言雨者，畏懼之甚，且不敢必云爾。」凌濛初云：「通詩不露一雨字，為後來詩家不露本題法門。」張文潛云：「不誠意於人事而誠之於祭祀，不勉之於吾身而推之於臣僕，何也？蓋人事已修矣，吾身已勉矣，所不可知者，祭祀與臣僕而已。今也祭祀無不誠，臣僕無不善，則本末大小一切皆治矣，此所為側身修行之至也。」晉穆帝永和時，大雩，歌《雲漢》之詩。初，博士議：「宣王承厲王撥亂，遇災而懼，故作是詩。今晉中興，奕葉重光，豈比周人耗斁之辭乎？漢魏之代，別造新詩。晉室太平，不必因故。」司徒蔡謨議曰：「聖人迭興禮樂之制，或因或革。《雲漢》之詩，興於宣王。今歌之者，取其修德禳災，以和陰陽之義，故因而用之。」

《雲漢》八章，章十句。董仲舒云：「周宣王時，天下旱歲惡甚，王憂之。其詩曰云云。」今按：詩中有「王曰」二字，其非宣王自作明矣。《申培說》以為「宣王憂旱，史籀美之」，絕無稽據。凡申說遇宣王時詩，多歸之史籀，亦自可笑。《子貢傳》闕文。

祈父

《祈父》，王師責諸侯也。《序》云：「刺宣王也。」愚按：此王師刺宣王號令不行於諸侯，而用兵無已。考《竹書》：「宣王三十八年，王師及晉，穆侯伐條戎、奔戎，王師敗逋。」《周語》：宣王二十九年，「戰於千畝，王師敗績

於姜氏之戎。」其時諸侯之師亦有在行者。《左傳》所載「晉穆侯之夫人姜氏
以條之役生太子,命之曰仇。其弟以千畝之戰生,命之曰成師」,即其事也。
然諸侯之師皆無恙而王師獨受其敗,則以勤王不力故耳,故恨而責之。毛、
鄭以為此詩之作在「戰於千畝之時」,是也。

祈《左傳》、豐氏本俱作「圻」。父,音甫。後同。予王之爪牙。叶魚韻,
牛居翻。胡轉予于恤,靡所止居?魚韻。○賦也。「祈父」,侯國官名。
「祈」,通作「圻」。《左傳》「叔孫穆叔賦《圻父》」可證。天子六卿:冢宰掌
邦治,司徒掌邦教,宗伯掌邦禮,司馬掌邦政,司寇掌邦禁,司空掌邦土。諸
侯三卿。武王誥康叔曰「矧惟若疇,圻父薄違,農父若保,宏父定辟」是也。
說者以為圻父所掌即司馬之事,農父所掌即司徒之事,宏父所掌即司空之事。
然其官名自與天子不同,故《周禮》之書不載,非如太史、內史之官,則天
子、諸侯皆有之也。舊說皆解「圻父」謂「王之司馬」,非是。所以名為圻父
者:「圻」即「畿」字。《周禮・大司馬》職云「以九畿之籍,施邦國之政職。
方千里曰國畿。」其外有侯畿,有甸畿,有男畿,有采畿,有衛畿,有蠻畿,
有夷畿,有鎮畿,有蕃畿,凡九畿,各方五百里。以各有畿限疆畔,故皆名
畿。父者,官之尊稱,猶尚父、仲父、亞父之類。圻父以薄違為職,主於提師
迫逐違命者,故舊說謂其職掌封圻之兵甲也。先王之制:諸侯有故,則方伯
連帥以諸侯之師討之;王室有故,則方伯連帥以諸侯之師救之。其典兵,則
圻父之事。此詩首章主六軍之眾言之。天子六軍,出自六鄉六遂。「予」,軍眾
自謂也。後放此。以對侯國之圻父言,故自稱為「王之爪牙」。若對王朝之大
司馬言則無此文矣。「爪牙」,凡軍士之通稱。孔穎達云:「鳥用爪,獸用牙,
以防衛己身。此人自謂『王之爪牙』,以鳥獸為喻也。」「轉」,移。「恤」,憂
也。「靡所止居」,慮其不得竣役而安居,言必死也。六軍之眾呼圻父之官而
責之曰:「我以王之爪牙從征,汝為王臣子,分當敵王所愾,胡為坐視成敗,
徒轉移我於優恤之地,使我無所止居乎?」蓋自宣王廢魯嫡立庶,以成魯亂,
諸侯從是不睦。其不肯戮力王室,有自來矣。按:章氏云:「古者,畿內之兵
不出,所以重內也。卒有四方之役,調兵諸侯,亦各從其方之便。武王克商,
實用西土。至於征徐以魯,追貊以韓,平淮夷以江漢,略見於經,可考也。」
然則六軍之怨望圻父,固其宜已。《左傳・襄十六年》:「魯穆叔如晉聘,且言
齊故。晉人曰:『以寡君之未禘祀,與民之未息。不然,不敢忘。』穆叔曰:
『以齊人之朝夕釋憾於敝邑之地,是以大請。敝邑之急,朝不及夕,引領西

望,曰:庶幾乎!比執事之閒,恐無及也。』見中行獻子,賦《圻父》。獻子曰:『偃知罪矣,敢不從執事以同恤社稷,而使魯及此?』」○祈父,予王之爪士。紙韻。**胡轉予于恤,靡所底**豐本作「氐」。**止?**紙韻。○賦也。此章主宿衛之士言之。「爪士」者,虎士也。以其宿衛,故以士名,所以別於軍眾也。宿衛之士,居止輦轂之下,以藩衛王室,原不在調發之列。按:《周禮》虎賁氏,其徒有虎士八百人,「掌先後王而趨以卒伍,軍旅、會同亦如之。舍則守王閑。王在國,則守王宮。國有大故,則守王門。」又,《司士》職云:「正朝儀之位,辨其貴賤之等,虎士在路門之右。」徐氏云:「周之兵制,無事則散之田畝,有役則召以縣師。而宿衛常養之兵,則有虎賁之士八百人。」時蓋空國俱出,六軍與宿衛之士皆在行間。若如舊說,漫無分別,則此章可省矣。「底」,通作「致」,毛云:「至也。」「靡所底止」,猶云不知所究竟也。○**祈父,亶不聰。**東韻。**胡轉予于恤,有母之尸饔?**叶東韻,讀如翁,烏公翻。《韓詩外傳》作「雍」。豐本作「饔」。○賦也。「亶」,實也,解見《常棣》篇。《書》云:「聽曰聰。」《易》曰:「聞言不信,聰不明也。」更端以告,而祈父漠然,全不動念,是聽若無聽也,故以實不聽詆之。「尸」,《說文》云:「陳也。」「饔」,《說文》云:「熟食也。」孔云:「明熟食,故可陳也。」許氏《異義》云:「謂陳饔以祭也。」獨言「有母」者,以母性愛子。又或此從征之人,多是無父。以王師屢喪,復遣孤子出征。猶《戰國策》所謂「今其存者,皆死秦之孤也」,其悲甚矣。蘇轍云:「饔,祭食也。士憂兵敗身沒,不得還守祭祀,而使母獨主祭也。」愚按:蘇解近之。但尸饔非主祭之說,乃是慮己必死,則其母當陳熟食以祭己也。一說:尸,主也。兵敗身沒,無人可以奉養,則必使其母獨主饔飧之事。亦通。舊說謂軍士因久役而興歸養之思,欲如越句踐伐吳,令有父母耆老而無昆弟者皆遣歸,及魏公子無忌救趙,亦令獨子無兄弟者歸養之例,則忘家忘身之謂何?雖在上人行之則為恩,而使人人離心解體,眷懷內顧,則國難何時而平?於同仇之義傷矣。今不取。

《祈父》三章,章四句。《左傳》作「圻父」。《子貢傳》、《申培說》、豐氏本皆作「圻招」。○朱子謂「軍士怨於久役,故呼祈父而告之」,語意亦近似。然祈父乃諸侯之官,實非司馬,則「王爪牙之士」何得繫祈父調發乎?《子貢傳》、《申培說》皆改此詩篇名為《圻招》,謂「穆王西征,七萃之士咸怨,祭公謀父作此詩以諷諫」。而豐氏本徑取《左氏》「《祈招》之詩」列於首章之前。按:《左傳》:「楚右尹子革曰:『昔穆王欲肆其心,周行天下,祭公謀

父作《祈招》之詩以止王心。其詩曰：祈招之愔愔，式昭德音。思我王度，式如玉，式如金。形民之力，而無醉飽之心。』據《左傳注》，「祈招」有三義。杜預依此詩，以祈為祈父之官；招，其名。賈逵本「招」作「昭」，云：「祈，求也。昭，明也」，言求明德也。馬融本「祈」作「圻」，「招」亦作「昭」，云：「圻為王圻千里。王者遊戲，不過圻內。昭，明也。言千里之內，足明德也。」是「祈招」二字在古注中尚無確義。若杜氏以祈為官，招為名，則於下文之「愔愔」三字尤自難通。且無端舉此人以規穆王，更不相涉。而如果為賢人，則史傳何別無經見？愚意「祈招」乃樂章之名。「祈」，通作「祁」，大也。「招」，即徵招、角招之招，通作「韶」。「祈招」者，大韶也。故其聲和樂，而可以式昭德音。穆王盤遊無度，馳八駿以周行天下。祭公欲奏韶樂以鎮定其心，猶「趨以《采薺〔註66〕》，行以《肆夏》」之意耳。又，《詩緯》有午、亥、卯、酉、辰五際之說，以酉為《祈父》，其理無傳。

沔水

《沔水》，畏讒也。疑隰叔所作。隰叔事，詳見《黃鳥》篇《小引》下。是詩也，其作於杜伯遭讒，將見殺之時，左儒九諫而王不聽之日乎？

沔彼流水，紙韻。**朝宗于海**。叶紙韻，虎洧翻。**鴥彼飛隼，載飛載止**。紙韻。**嗟我兄弟**，叶紙韻，蕩以翻。**邦人諸友**。叶紙韻，羽軌翻。**莫肯念亂，誰無父母？**叶紙韻，母鄙翻。○比而賦也。「沔」，毛《傳》云：「水流滿也。」「海」，納百川者。鄭玄云：「水流而入海，小就大也，喻諸侯朝天子亦猶是也。諸侯春見天子曰朝，夏見曰宗。」孔穎達云：「朝，朝也，欲其來之早。宗，尊也，欲其尊王。臣之朝君，猶水之趨海，故以水流入海為朝宗。《禹貢》亦云『江、漢朝宗于海』也。」「鴥彼飛隼」，解見《采芑》篇。「載」之言「則」也。「載飛載止」，飛則有止也。流水以喻讒言，所謂流言也。飛隼以喻讒人，所謂凶人也。水雖漫流，猶有到海之期。隼雖高飛，亦或時有止息。而讒人之造言生事以害人者，偏無所底極，故反言以為喻。《注疏》泥「朝宗」二字，謂興諸侯當來朝，難通。水入海名朝宗。猶大水合小水為會。二水合流，勢均力敵，曰同。亦借名也。會同不必泥，朝宗何必泥乎？「兄弟」，謂僚友也。親之則曰「兄弟」，以其同國而居則曰「邦人諸友」。「莫」

〔註66〕「薺」，四庫本作「齊」。

之言「無」也，「肯」之言「可」也。古訓云爾，於義無所取，當以音通之。「念」，《說文》云：「常思也。」讒說殄行，致亂之繇，誠常思及此，則自不為矣。黃佐云：「嘗誦此詩而歷考之，始知聖人之深惡夫佞人也。自《昊天》之有若人也，而君臣之道喪；自《小弁》之有若人也，而父子之恩絕；自《何人斯》之有若人也，而朋友之義虧；自《巷伯》之有若人也，而士大夫之心離；自《十月》之有若人也，而地震天鳴，下民孽作矣。國有佞人，亦曰殆哉！此《沔水》之所以念亂也。」作此詩者，其父母必有身遭讒言而將罹凶禍之事，故悲痛其詞，以聲動之，曰：諸友縱不肯念亂，然誰人無父母乎？而何獨使我父母至於此極乎？愚所以疑為隰叔之作者，以此。以宣王末年，有殺杜伯一事，而其子隰叔因之以奔晉也。又，王符云：「一國盡亂，無有安身。《詩》云：『莫肯念亂，誰無父母？』言將皆為害。然有親者，憂將深也。是故賢人君子既憂民，亦為身。夫蓋滿於上，沾溥在下，棟折榱崩，懼有壓患。仁者兼護人家者，且自為也。《易》曰：『王明並受其福。』是以次室倚立而歎嘯，楚女揭幡而激王。仁惠之思，忠愛之情，固能已乎？」按：如此說，亦自可通。○**沔彼流水，其流湯湯。**陽韻。音商。**鴥彼飛隼，載飛載揚。**陽韻。**念彼不蹟，載起載行。**叶陽韻，戶郎翻。**心之憂矣，不可弭忘。**陽韻。○比而賦也。「湯湯」，水盛貌。按：湯本熱水之名。而《書》有「湯湯洪水方割」之語者，蓋謂水勢之盛，如湯之沸也。「揚」，《說文》云：「飛舉也。」振羽之意。《爾雅》云：「鷹隼醜，其飛也翬。」鷹亦好揚，《詩》「鷹[註67]揚」是也。水方盛而未殺，則與「朝宗于海」者異矣。隼方揚而未息，則與「載飛載止」者異矣。以喻讒方興而未已。前反言之，此正言之也。「蹟」、「跡」同字，《說文》云：「步處也。」「不蹟」，毛《傳》云：「不循道也。」如所謂「無罪無辜，讒口囂囂」者。「起」，《說文》云：「立也。」「載起載行」，起立而復行也。朱子云：「言憂念之深，不遑寧處也。」「弭」之訓「止」，其義未詳。按：弭乃弓末，反之可以解紛。「不可弭」，猶云不可解也。「忘」，遺也，言不可解此憂而使之遺忘也。上憂國家之將亂，下憂父母之不保，自不能釋然耳。○**鴥彼飛隼，**豐本此句上偽撰「沔彼流水，東灌於瀛」兩句。**率彼中陵。**蒸韻。**民之訛**《說文》、豐本俱作「譌」。**言，寧莫之懲？**蒸韻。**我友敬矣，讒言其興。**蒸韻。○比而賦也。「率」，《說文》云：「捕鳥畢也。象絲網，上下其竿柄也。」大阜曰陵。「中陵」，陵中也。

〔註67〕「鷹」，底本作「膺」，據四庫本改。

「民」，指小人。不欲斥言，故泛指之也。「訛」、「吪」同字，通作「譌」。鄭云：「偽也。小人好詐偽，為交易之言。」孔云：「謂以善言為惡，以惡言為善，交而換易其辭也。」「寧」，反辭也，猶言如何也。「懲」，《說文》云：「忒也。」戒止之意。言隼雖飛在中陵，人猶有持鳥畢而捕之者。今民造為訛言，變亂是非，以熒惑聽聞，奈何遂無禁止之者乎！暗規王也。又，舊說以「率」為「循」，則「率彼中陵」乃讒人優游自得之比，於義亦通。「我友」，即首章所謂「嗟我兄弟，邦人諸友」者，皆慣造讒說之人也。「敬」，猶戒也。「讒」，譖也。就所譖之事言曰讒。以所譖之言而求之於理則是非變亂，曰訛。「其」者，將然之辭。「興」，起也。譖人者，人恒譖之。長惡不悛，從自及也，故警之曰：我友其慎之哉！世風偷矣，讒言方起，其流之敝，必至天下無有完人。吾慮汝之將不免，毋以今日譖人為得計也。後世若唐周興、來俊臣之徒，其明鑒也。出爾反爾，能無懼乎？《韓詩外傳》引此云：「鳥之美羽勾啄者，鳥畏之。魚之侈口垂腴者，魚畏之。人之利口贍辭者，人畏之。是以君子避三端：避文士之筆端，避武士之鋒端，避辨士之舌端。」朱子謂：「我之友誠能敬以自持，則讒言何自而興？」其意亦善。但以首章「邦人諸友，莫肯念亂」之語推之，固知此友非同調者，無緣以同心之言告之耳。王應麟云：「宣王晏起，姜后請愆，則《庭燎》之箴，始勤終怠可見矣。殺其臣杜伯而非其罪，則《沔水》之規，讒言其興可見矣。」

《沔水》三章，二章章八句，一章六句。朱子疑「卒章脫前兩句」，謂「當作三章，章八句」。此大屬蛇足。豐氏本便添兩句，其偽妄可笑甚矣。○《序》謂「規宣王也」，朱《傳》謂「憂亂也」，於詩詞固亦相附，但無所發明耳。《子貢傳》則謂「宣王念亂也」。鄒忠胤為闡其說，云：「厲王流彘，古今一大變也。即曰萬民弗忍，當時必有為之倡亂者。至並欲甘心其太子，微召公以己子易之，周不祀矣。平王忘父讎而奸其位，比於篡逆。東遷而後，日以陵夷，則習亂而忘始治也。使宣王無念亂之志，是亦一平王耳。故人知宣王內修外攘，中興之烈爛然。不知《沔水》一詩，實為干蠱之本。觀其言曰『誰無父母』，抑何情惻而旨痛乎！聞斯言而不相與共圖撥亂者，非人臣矣。乃末章復慮及於讒言，而勉我友以敬。想當時汾王即世，少主踐祚，中外危疑，或有幸亂之徒造蜚語以撼在位，故其卒以此勗也與？」其說雖纚然可聽，然不無辭費。若《申培說》謂[註68]「宣王即位，乞言於群后，而作是詩」，

〔註68〕「謂」，四庫本作「與」。

則篇中殊無乞言意。又,《文昌化書》云:「宣王有賢臣尹吉甫,文武兼資,搢紳所慕。國家中更板蕩,四夷交侵,及王即位,北伐西征,以覆文、武之境。吉甫嘗任專鉞之命,惟予與王居〔註69〕。吉甫居多大略而忽細故,王之左右多不悅者,於是讒諂迭興,王亦未免於疑。方其在鎬,有飛語聞於王,予為多方解釋,意猶未明。予為《沔水》之詩,王聽之。洎吉甫歸,功烈既成,君宰膠固,中興之績視少康、高宗為憂焉。」按:文昌世傳張仲化身,此書乃其自譜以示人者。仙跡幻化,事尚在杳茫間耳。

黃鳥

《黃鳥》,避讒去國也。宣王殺杜伯而非其罪,其子隰叔出奔晉而作此詩。《竹書》紀「宣王四十三年,王殺大夫杜伯,其子隰叔出奔晉」。《汲冢璅語》云:「宣王之姜女鳩欲通杜伯,杜伯不可。女鳩反訴之王。王囚杜伯於焦。杜伯之友左儒九諫而不聽,並殺之。後三年,而杜伯射王。」《周語》:「內史過云:『周之衰也,杜伯射王於鄗。』」《墨子》引《周春秋》云:「宣王殺杜伯而無辜。後三年,宣王會諸侯,田於甫田。日中,杜伯起於道左,衣朱衣朱冠,操朱弓朱矢,射宣王,中心折脊而死。」今按:《竹書》宣王以四十六年陟,距殺杜伯時僅三載,與《璅語》、《周春秋》所記俱合。蓋杜伯為祟也。隰叔者,杜伯子。所以知此詩為隰叔作者,以「復我邦族」三語知之。《晉語》:「訾祏曰:『昔隰叔子違周難於晉國,生子輿為理,世及武子,以受隨範。』」《左傳》:「范宣子曰:『昔匄之祖,自虞以上為陶唐氏,在夏為御龍氏,在商為豕韋氏,在周為唐杜氏。晉主夏盟,為范氏。』」韋昭云:「豕韋,自商之末,改國於唐周。成王滅唐而封弟叔虞,遷唐於杜,謂之杜伯。」張守節云:「周成王時,唐人作亂,成王滅之。」據前數說,則晉地,杜之故封,聚族在焉。國既被滅,而仕於周,然猶不忘其本,以唐杜為氏。今隰叔以父死非罪,還歸故國,故曰「復我邦族」也。

黃鳥黃鳥,無豐本作「毌」。後同。集于穀,屋韻。此「穀」字從木,不從禾。無豐本作「毌」。後同。啄我粟。叶屋韻,讀如菽,式竹翻。此邦之人,不我肯穀。屋韻。言旋言歸,復我邦族。屋韻。○興也。「黃鳥」,解見《葛覃》篇。一名黃鸝留,即黃鶯也。《格物論》云:「鶯,三四月間鳴,

---

聲音圓滑。」羅願云:「《詩》稱『鳥鳴嚶嚶』。按:《禽經》稱『鸎鳴嚶嚶』,則《詩》所言鳥,殆謂此,故後人皆以鸎名之。」陸佃云:「《韓子》曰:『以鳥鳴春。』若黃〔註70〕鳥之類,其善鳴者也。」此詩託興,專取黃鳥善鳴為巧言之況。《沔水》之詩以飛隼喻讒人之雄者。此則所況者下,所指者眾,以當時訛言繁興,夫人而能為讒也,故重言「黃鳥」焉。又,羅云:「此鳥之性,好雙飛,故鸝字從麗。所謂鸝必匹飛,鵙必單棲也。」然則重言「黃鳥」,詩人抑又精於體物矣。「榖」,桑枌,以況讒人所處之地,皆醜之之辭也。「榖」,惡木也,解見《鶴鳴》篇。「啄」,《說文》云:「鳥食也。」鳥之啄物,興讒人之害人。「粟」、「粱」、「黍」,皆嘉穀,則隰叔所以自況也。羅云:「古者不以粟為穀之名,但米之有莩殼者皆粟也。」《春秋說題辭》云:「粟,助陽扶性。粟之為言續也。一變而以陽生為苗,二變而秀為禾,三變而粲然為之粟,四變入臼米出甲,五變而蒸飯可食。西者,金所立。米者,陽精。故西合米而為粟。」金履祥云:「粟即所謂穀也。古人米與穀兼積,米切用而易腐,穀氣全而可久,緩急兼儲。後世軍儲獨以米,故久即不可食。」黃鳥集於榖木之上,與粟判不相及。而來啄我粟,則意外之加也,故呼而戒之。其辭雖隱,亦近於罵矣。後放此。「此邦之人」,指在朝之人。《沔水》篇所謂「邦人諸友」是也。「榖」,毛《傳》云:「善也。」「莫我肯榖」者,造言生事,不肯以善道待我也。驚心於其父之往事,故云然。「言」,發語辭。「旋」、「歸」、「復」三字同義,皆謂返也。以初行言曰旋,以行之本意言曰歸,以返而已至言曰復。「邦族」,謂故國之宗族。此邦之人,非我族類,故反而自求其宗族也。隰叔之先本晉人,於是復出奔晉。○**黃鳥黃鳥,無集于桑**,陽韻。**無啄我粱**。陽韻。**此邦之人,不可與明**。叶陽韻,謨郎翻。**言旋言歸,復我諸兄**。叶陽韻,虛王翻。○興也。桑非惡木,而字音不佳,故以為醜。伊陟相太戊,亳有祥,桑、榖俱生於朝,七日而大拱。劉向以為桑猶喪也。桑、榖俱生,謂之不祥。此詩首章言「榖」,次章言「桑」,其醜可知。「粱」,解見《鴇羽》篇。「不可與明」者,不可與分剖其是非也。兄之親疏不同,凡長於我者謂之諸兄,以況僚友,本猶兄弟,故《沔水》之詩云「嗟我兄弟,邦人諸友」,而今不可與明若此,此所以欲返而依諸兄以居,蓋著其無兄弟之誼也。時杜伯雖死於女鳩之訴,然同朝之臣為杜伯明冤者,惟左儒一人耳。其與女鳩表裏相濟者,必實繁有徒。《沔水》之詩所以致憾於「邦人諸友」,而此詩所以廣慨及

〔註70〕「黃」,陸佃《埤雅》卷八《釋鳥·黃鳥》同,四庫本誤作「萬」。

「此邦之人」也。○**黃鳥黃鳥，無集于栩**，麌韻。**無啄我黍**。叶麌韻，讀如豎，上主翻。**此邦之人，不可與處**。叶麌韻，讀如取此主翻。**言旋言歸，復我諸父**。麌韻。○興也。「栩」，即櫟也。解見《晨風》篇。《莊子》云：「匠石之齊，至乎曲轅，見櫟社樹，其大如牛，絜之百圍。匠伯不顧，曰：『散木也。以為舟則沈，以為棺槨則速腐，以為器則速毀，以為門戶則液樠，以為柱則蠹，是不材之木也，無所可用。』」又，羅云：「木不出火，唯櫟為然。然則櫟亦惡木也。」「黍」，解見《黍離》篇。「處」，止居也。既不肯以善道相與，而又不能與之分理是非，則變亂黑白，何所不至。禍機一動，身且不保，豈可與之久處乎！伯叔謂之「諸父」，乃分之尊者，暗刺王也。王信讒在上，則臣守之在下者無不懷危，計無所出，唯有返而依諸父以居耳。蘇轍云：「夫去，非士之患也。使天下之士從此而逝，則人主之患也。」

《黃鳥》三章，章七句。《焦氏易林》云：「黃鳥來集，既嫁不答。念我父兄，思復邦國。」朱子則云：「民適異國，不得其所，故作此詩。」《子貢傳》同。《申培說》亦云：「民適異國，見拒於人，而思歸故鄉，乃作是詩。」初觀語意，俱似近之。既而尋繹「不我肯穀」、「不可與明」二言，乃知分明為懼讒而發。且於黃鳥啄粟，興義更自了然。《序》但以為「刺宣王」，而不能知其事。

鶴鳴

《鶴鳴》，教宣王求賢人之未仕者。出鄭《箋》。○《序》云：「誨宣王也。」按：《說文》云：「誨，曉教也。」徐鍇云：「丁寧誨之，若決晦昧也。」此詩止一意，而引類曉譬，不一而足，有丁寧之思焉，故謂之誨。陸佃云：「箴規者，友道也。誨誘者，師道也。《記》曰：『能博喻，然後能為師。』《鶴鳴》二章，皆比而不賦，則以誨誘故也。」鄧元錫云：「古納誨者之善誘如是乎？然言已孫，中興之業茲替矣。」愚按：此必宣王末年之詩。意其時山甫、吉甫、張仲、召虎諸賢皆已次第凋謝，故其詩曰「爰有樹檀，其下維蘀」。至如諫廢魯嫡、諫不藉千畝、諫料民太原、諫殺杜伯諸讜論皆不見聽，此詩人所以益致意於他山之石也。

鶴鳴于九皋，聲聞于野。叶語韻，余呂切。**魚潛在淵**，豐本作「開」。後同。**或在于渚**。語韻。樂音絡。**彼之國，爰有樹檀，其下維蘀**。藥

韻。**它**朱子本作「他」。後同。**山之石，可以為錯**。藥韻。《說文》、豐本
俱作「厝」。○比也。「鶴」，鳥名。陸璣云：「形狀大如鵝，長三尺。腳青黑。
高三尺餘。赤頂，赤目，喙長四寸餘，多紅白，亦有蒼色者。常夜半鳴，其鳴
高亮，聞八九里。雌者聲差下。雞鳴時亦鳴。」羅願云：「《繁露》曰：『鶴知
夜半。』鶴，水鳥也。夜半水位感其生氣，則喜而鳴。」陸佃云：「舊云此鳥
性警，至八月，白露降，流於草上，點滴有聲，因即高鳴相警，移徙所宿處，
慮有變害也。蓋鶴體潔白，舉則高至，鳴則遠聞。性又善警，行必依洲嶼，止
必集林木。故《詩傳》以為君子言行之象。」楊觀光云：「鶴，陽鳥也。依火
精以自養，故頂紅而不畏海氣。夜半之鳴，喜陽至也。露降之戒，慮陰盛也。
陽與陽遇則喜而起，陰與陰遘則疑而避。殆《復》後之《臨》，《姤》後之《遯》
與？鶴也而龍德在其中矣。」《禽經》云：「鶴以潔唳。」又云：「鶴愛陰而惡
陽。」《相鶴經》云：「鶴，陽鳥也，而遊於陰。」「皋」，毛《傳》云：「澤也。」
《韓詩》云：「九皋，九折之澤。」按：皋之為澤，於義無取。或亦作「澡」。
《史記·曆書》：「秭鳩先澡。」《索隱》云：「謂子鳩鳥春氣發動，則先出野澤
而鳴。」是「澡」亦訓「澤」也。然「澡」字《說文》不載。愚意「澡」即「澤」
字之訛，故《史記·天官書》云：「其色大圜黃澡」。「澡」亦音「澤」，即潤澤
之義。「澤」或省作「睪」。《荀子》：「側載睪芷。」睪芷者，澤芷也。「睪」或
混作「皋」，故「睪」有「皋」音。《列子》：「望其壙睪如。」《荀子》作「望
其壙皋如」。又，《後漢書·郡國志》以成皋為成睪，皆其明證。然則「九皋」
之「皋」本「澤」字，傳寫訛耳。後人循用，遂忘其本。鄭云：「澤中水溢出
所為坎，自外數至九，喻深遠也。」孔穎達云：「鄭以一鳥不鳴九澤，而云『九
皋』者，然則明深九坎。於時澤有然者，故作者舉之。」郝敬云：「九皋，深
澤，猶九泉、九天，極言其深也。」羅云：「《禽經》曰：『鶴老則聲下而不能
高，近而不能遠。』『鳴于九皋』，鶴之俊者，以喻士之及時而未仕者。」「聲」，
鶴鳴聲也。鶴鳴深澤中，人莫之見而其聲聞於四野。鄭云：「喻賢者雖隱居，
人咸知之。」毛云：「言身遠而名著也。」「潛」，藏也。「洲」，《說文》云「回
水也。」水盤旋處為淵。「渚」，小洲也。解見《江有汜》篇。鄭云：「此言魚
之性，寒則逃於淵，溫則見於渚，喻賢者世亂則隱，治平則出，在時君也。」
孔云：「此文止有一魚，復云『或在』，是魚在二處。以魚之出沒，喻賢者之進
退，於理為密。」「樹」，《說文》云：「生植之總名。」「檀」，良木。解見《將
仲子兮》篇。其材彊韌，可為車，喻賢者之才可以重任也。「樂彼之園，爰有

樹檀」者，言何樂於彼園之遊乎？所以樂遊彼園，以其中有良木故也。「蘀」，木葉墮也。解見《七月》篇。檀之下所見者惟蘀，則凋零之甚，而檀亦已槀矣。喻賢者衰謝也。毛、鄭以檀喻君子，以蘀喻小人，則蘀固檀之蘀也，豈其身足喻君子而其葉乃喻小人乎？不可通矣。「它山之石」，喻賢人之在疏遠者，以其堅質而有廉隅，故以石象之。「它」，本「蛇」字，象形，借為別也、彼也。《說文》云：「上古草居患蛇，故相問無它乎。」因借為別之義。魏較云：「蛇匿莽中，莫知其處，因借為彼之義。後人改作『他』，非古文也。」「錯」，通作「厝」，《說文》云：「厲石也。」旱石曰厲，可以磨刀劍。《荀子》所謂「鈍金必待礱厲然後利」。又，《禹貢》有「磬錯」，則治磬亦用之，不必耑照下章攻玉言。喻得賢人則可以砥世磨鈍，有移風易俗之效也。《詩》雖託喻四事，然轉折止是一意，言賢者身不可見而名則可聞。苟得其所以致之之道，則雖始之不可見者，終亦未嘗不可見也。所以樂遊王之庭者，為賢者在位故耳。此時既衰謝如斯矣，野有遺賢，正當勞於求之，資其砥礪之用，慎毋以落落難合棄之也。「九皋」、「他山」語自相應，皆為側陋之賢者言耳。○**鶴鳴于九皋，聲聞于天。**先韻。**魚在于渚，或潛在淵。**先韻。**樂彼之園，爰有樹檀，其下維穀。**叶沃韻，讀如牿，姑沃翻。陸德明云：「《說文》：『穀從木聲，非從禾也。』」**它山之石，可以攻玉。**沃韻。○比也。上章言「聲聞于野」，僅野之人知之。此言「聲聞于天」，則已升聞在上矣。王充云：「鶴鳴九折之澤，聲猶聞於天，以喻君子修德窮僻，名猶達朝廷也。」《荀卿》云：「君子務修其內而讓之於外，務積德於身而處之以遵道，如是則貴名起之如日月，天下應之如雷霆，故曰君子隱而顯，微而明，辭讓而勝。《詩》曰：『鶴鳴于九皋，聲聞于天。』此之謂也。」「魚在于渚」，喻賢者出而用世也，承「聲聞于天」言。朝廷既聞賢者之聲名，於是迎之，致敬以有禮，言將行其言也，則賢者就之，猶之魚在于渚矣。其或禮貌衰，或言弗行也，則賢者又將去之，如魚始之在渚者，或復潛而在淵。鄭《箋》謂「時塞則魚在渚逃於淵」是也，非變文叶韻之說。「穀」，羅云：「惡木也。易生之物。一說穀田久廢則生穀，此聲所以通於穀。其實正赤如楊梅而無核。《鶴鳴》之詩，園之所有木不同，而其下皆穀，則以穀易生故也。伊陟相太戊，亳有祥，桑、穀共生於朝。《傳》曰：『俱生於朝，七日而大拱。伊陟戒以修德而木枯。』劉向以為桑猶喪也，穀猶生也，殺生之柄失而在下。則是以桑、穀為二物也。而陸璣以為穀，幽州謂之穀桑，或曰楮桑，然則蓋一物也。《論衡》曰：『楓桐之木，生

而速長，故其皮肌不能堅剛。樹檀以五月生葉，後彼春榮之木，其材彊勁，車以為軸。商之桑穀，七日大拱，長速大暴，故為變怪。』穀雖易生，至於七日而拱，則已速矣。江南人績其皮以為布，又搗以為紙，長數丈，潔白光澤，甚好。其葉初生可茹，又取斑穀之皮以為冠。裴淵《廣州記》曰：『蠻夷取穀皮，熟搥為揭裏布，鋪以擬氈。』然則雖惡木，用亦博矣。」陸佃云：「穀，惡木也。而取名於穀者，穀，善也。惡木謂之穀，則甘草謂之大苦之類也。穀，惡木也而疑於美，散木也而疑於才，其別之則難矣，故以誨宣王分別善惡。先賢以為皮斑者為楮，皮白者為穀，有瓣者曰楮，無瓣者曰構，非一種。」首章言「其下惟蘀」，第歎賢人凋謝耳。此言「其下維穀」，則喻所進用者無非小人，又不獨無賢人而已。《孟子》有云：「捨其梧檟，養其樲棘，則為賤場師焉。」然則向所樂遊於彼園而觀之者，既景象一變如此，亦何樂有此園乎！「攻」，治也。磨玉以石，所謂攻也。玉主君言。以玉者貴物，故為君德之比。程子云：「兩玉相磨，不可以成器。以石磨之，然後玉之為器成焉。」王符云：「攻玉以石，洗金以鹽，濯錦以魚，浣布以灰。夫物固有以賤理貴。」愚按：此比首章亦深一層說，喻賢者不特下之可以善俗，上之亦可以正君，故求而用之不可以不亟也。

　　《鶴鳴》二章，章九句。此章依鄭作求賢解，其義甚明而意甚串。試逐語細玩自見。如《子貢傳》云：「所以修身也。」反覺寬泛不切。朱子亦以為「陳善納誨之辭」，謂「鶴鳴」二句「言誠之不可掩」，「魚潛」二句「言理之無定在」，而「樹檀」二段則以「愛當知惡」、「憎當知善」為言。夫然，則固知人之事也，胡前四句之不相蒙耶？《申培說》闕文。